초대박 인생
나에게 물어봐

주식 투자로 12번 깡통 차고 2021년 65세 나이에 13억 원을 벌면서
경제적 자유를 달성한 **불사조 김정수**의 인생 역전 필살기

김정수 지음

누구나 초대박을 이룰 수 있다!

**초대박 인생
나에게 물어봐**

1판 1쇄 발행 2025년 05월 22일

지은이 김정수

교정 주현강　**편집** 김다인　**마케팅·지원** 이창민

펴낸곳 (주)하움출판사　**펴낸이** 문현광

이메일 haum1000@naver.com　**홈페이지** haum.kr
블로그 blog.naver.com/haum1000　**인스타그램** @haum1007

ISBN 979-11-7374-066-4(03190)

좋은 책을 만들겠습니다.
하움출판사는 독자 여러분의 의견에 항상 귀 기울이고 있습니다.
파본은 구입처에서 교환해 드립니다.

이 책은 저작권법에 따라 보호받는 저작물이므로 무단전재와 무단복제를 금지하며,
이 책 내용의 전부 또는 일부를 이용하려면 반드시 저작권자의 서면동의를 받아야 합니다.

당신이 이 책을 보는 순간
당신의 초대박 인생이 시작됩니다!

Prologue

65세에 이룩한 꿈과 희망, 앞으로 이룩할 꿈과 희망

나는 65세에 내 인생에서 가장 중요한 과제를 해결했다.

그 과제는 단 하나, 경제적 자유였다. 수십 년을 쫓기듯 살아왔다. 돈에, 시간에, 사회구조에, 남의 시선에 눌려 살아왔다. 그렇게 지친 몸과 마음을 이끌고, 마침내 65세에 도달했을 때, 나는 모든 것을 걸고 '그 일'을 해결했다. 그리고 나는 완전히 새로운 세상으로 들어섰다. 경제적 자유를 이루는 순간, 삶의 모든 감각이 달라졌다. 숨통이 트였고, 마음이 편안해졌으며, 하루하루가 즐거워졌다. 이제는 내가 원하는 시간에 일어나고, 내가 원하는 일을 하며, 내가 사랑하는 사람들과 온전히 시간을 보낼 수 있다. 진짜 자유. 진짜 인생. 진짜 행복. 그때 나는 처음으로 깨달았다.

'이것이 인간답게 사는 삶이구나.'

하지만 동시에, 가슴 깊은 곳에서 거대한 후회가 고개를 들었다.

'왜 나는 이걸 더 일찍 몰랐을까? 왜 이걸 인생의 최우선 목표로 삼지

않았을까?'

만약 20대, 30대에 지금의 통찰을 가졌더라면, 인생은 완전히 달라졌을 것이다. 쓸데없는 시행착오와 불필요한 고통을 겪지 않아도 되었을 것이다.

그 긴 세월, 나는 경제적 자유를 인생의 '선택'으로만 여겼다. 그러나 이제는 확신한다. 경제적 자유는 선택이 아니라 생존 전략이며, 반드시 해결해야 할 Must다.

많은 이가 말한다.

"이제 나이가 많아서 늦었다고."

그러나 나는 단언한다. 인생을 사는 데 늦은 나이란 없다. 성공에도 마감이란 없다. 중요한 것은 지금이라도 깨어나는 용기, 그리고 새로운 목표로 삶을 다시 설계하려는 결단력이다. 그리고 나는 또 하나의 진실을 깨달았다. 빨리 시작하는 사람은 반드시 유리한 출발선에 서게 된다. 하루라도 젊을 때 시작하라. 시간은 자산이다. 10년 먼저 시작한 사람은 20년 이상의 자유를 더 누린다. 반면, 늦었다고 주저하는 사람은 남은 생을 그저 '버티기'만 하며 살아간다. 나는 그런 사람들을 수없이 봐 왔다.

은퇴한 지 10년이 지나도, 하루하루를 죽지 못해 살아가는 사람들. 자기 삶에 아무런 목적도 없이, 습관처럼 아침을 맞고, 밤을 버티는 사람들. 그들의 오늘은 어제와 같고, 내일은 오늘보다 더 흐릿하다. 그리고 그들은 앞으로도 그렇게 무기력한 삶을 반복할 가능성이 매우 높다. 인생은 그렇게 흘려보내기엔 너무 소중한 것이다. 누구나 두 번째 인생을 만들 수 있다. 다만, 그 시작은 결심이고, 그 결심은 지금, 이 순간에 가능하다.

내 삶을 되돌아보며, 나는 인생이 결코 단순하지 않다는 것을 알게 되었다. 삶에는 분명한 '단계'가 존재한다. 그 단계를 넘어설 때마다 삶의 질은 달라지고, 세상을 바라보는 눈도 바뀐다. 내가 겪어 온 인생의 단계를, 나는 이렇게 구분했다.

나의 인생 5단계

구 간	단계 분류
유년 시절 ~ 취업 전	쪽박 80% / 소박 20%
직장 생활 30년	소박 80% / 중박 20%
강제퇴직 후 10년	쪽박 100% (주식 투자 12번 깡통)
2021년, 65세 이후	중박 20% / 대박 80% (경제적 자유 달성)
2025년, 69세 이후	초대박을 향하여

나는 이 단계를 '쪽박 → 소박 → 중박 → 대박 → 초대박'이라 정의한다. 과거의 나를 포함한 대부분의 사람은 평생을 소박의 삶에 머문다. 가끔 중박의 맛을 보지만, 다시 소박으로 되돌아간다.

왜 그럴까?

눈에 보이지 않는 유리 천장이 존재하기 때문이다. 이 천장은 사회 구조적 요소로 만들어지기도 하지만, 그보다 훨씬 더 무서운 건 스스로 만든 것이다.

'이 정도면 됐지!', '나는 원래 이 정도야.', '이 나이에 뭘 더 하겠어.'라는 내면의 포기와 체념이 가장 강력한 천장이 된다.

나는 그 유리 천장을 65세가 돼서야 깨뜨렸다.

그리고 그 벽을 깨는 데 필요한 5가지 핵심 요소를 발견했다. 그것은 바로 Must, Like, Well, Routine, Luck이다. 이 다섯 가지는 단순한 단어가 아니라, 인생의 단계마다 요구되는 실천 프레임이다. 그중에서도 가장 강력한 요소는 바로 루틴이다. 루틴이 없는 성공은 모래 위에 세운 탑이다. 잠시 올라갈 수는 있지만, 곧 무너지고 만다. 하지만 루틴은 기초를 다지고, 체력을 키우며, 흔들리지 않는 일상의 토대를 만든다. 루틴은 반드시 위로 가게 만들고, 다시 아래로 떨어지지 않게 만든다. 이제 나는 자신 있게 말할 수 있다. 특출난 재능이 없어도, 대단한 배경이 없어도, 누구나 초대박 인생을 살 수 있다. 핵심은 스스로의 유리 천장을 인식하고, 이를 깨뜨릴 실천을 설계하는 것이다.

이 책은 그런 실천의 과정에서 나온 결과물이다. 이론도, 남의 이야기도 아니다. 내가 직접 실패하고, 깨지고, 다시 일어서며 체득한 살아 있는 전략서다. 그래서 더욱 현실적이고, 실행할 수 있다. 지금 이 글을 읽고 있는 당신에게 나는 말하고 싶다. 인생은 바꿀 수 있다. 지금 당장 바꿀 수 있다. 단지 절실해야 하고, 간절해야 하며, 실천해야 한다. 이 책은 당신이 '지금보다 더 나은 내일'을 살 수 있도록 도와줄 것이다. 그리고 당신의 인생도, 초대박 인생이 될 수 있다. 반드시.

134
MODOS
TE VENIAM
LABORES VIS
EVINAM

60
No mundi omnes has
Exancillae pertinacia has

Eu facer possit aliquid
Per omnis imperdiet reformi-
His electram splend
Nonumy regione usu ex
Accumsan partiendo
Exancillae pertinacia has
His electram splend

LOVE YOUR
BODY

→ NOSTER ALIQUANDO

+

ENIAM
COM
MODO

[Season1 - Season2]

no quis debitis efficiantur.u

AVI PERICU

hit!
Model
melting

Big
FASHION
ISSUE

No quis debitis efficiantur
discere feugiat perpetua
Ex probo referrentur per
eu sea modo posidonium
et mel sumo euismod

#follow me

목차

* Prologue 4

PART 1 | 초대박 인생 5가지 핵심 요소

01 Must: 인생의 필수 해결 과제   15
    1) 평생을 'Must' 속에서 갇혀 살다가 65세에 탈출하다   16
    2) 인간답게 살기 위한 4가지 필수 과제   18
    3) 인간다운 삶을 만드는 4가지 전략   20

02 Like: 행복과 삶의 만족도 향상   24
    1) 단순 생존에서 인간다운 삶으로의 전환   25
    2) 행복과 성공의 원동력, 나만의 관심사 찾기   28
    3) 좋아하는 일을 잘하기 위한 실천 로드맵   30

03 Well: 성공의 핵심 코드   35
    1) 특별한 재능이 없어도 성공할 수 있는 비결   36
    2) 잘하는 것을 키워야 성공이 보인다   40
    3) 탁월함으로 가는 길, 자신의 강점을 키워라   42

04 Routine: 삶의 기본 틀 구축   47
    1) 성공을 부르는 나만의 루틴 만들기   48
    2) 나를 성장시키는 최고의 도구   51
    3) 지속 가능한 성장을 이끄는 루틴 실천법   53

05 Luck: 인생을 바꾸는 결정적 순간   61
    1) 불운을 행운으로: 역경을 기회로 바꾼 나의 이야기   62
    2) 운의 힘, 인생을 바꾸는 결정적 순간   65
    3) 행운을 만드는 사람들의 비밀   67

PART 2 | 초대박 인생 5박자

01 쪽박　　　　　　　　　　　　　　　　　　　75
　1) 주식 투자로 8년간 12번의 깡통과 쪽박을 차다　　76
　2) 쪽박이 부르는 인생의 재앙　　79
　3) 쪽박을 피해 성공으로 가는 길　　81

02 소박　　　　　　　　　　　　　　　　　　　88
　1) 소박의 감옥: 그럴듯한 삶의 가면 뒤에 숨은 무력감　　89
　2) 중박으로 가는 길목에서 우리는 왜 소박에 머무는가?　　91
　3) 소박함에 안주할 때, 인생이 조용히 멈춘다　　94

03 중박　　　　　　　　　　　　　　　　　　　100
　1) 소박함에서 중박으로: 자기계발로 이룬 삶의 전환　　101
　2) 중박, 현실적 만족과 지속 가능한 성장　　103
　3) 안정과 성장을 동시에 잡는 중박 전략　　105

04 대박　　　　　　　　　　　　　　　　　　　112
　1) 쪽박에서 대박으로: 실패를 딛고 일어선 성공의 여정　　113
　2) 언제, 어떻게 대박이 오는가?　　115
　3) 영원히 빛나는 성공을 위한 대박의 기술　　117

05 초대박　　　　　　　　　　　　　　　　　　124
　1) 12번의 실패 끝에 성공, 그리고 초대박을 꿈꾸다　　125
　2) 상상을 초월하는 성공, 초대박은 언제, 어떻게 오는가?　　128
　3) 운이 아닌 실력으로 초대박 내는 법　　130

PART 3 | 초대박 인생으로 가는 5단계

01 쪽박 인생: Must, Like, Well, Routine, Luck 중 오직 하나에만 집중할 때 142
1) 쪽박의 아픔에서 인생의 가치를 깨닫다 143
2) 오직 한 가지 핵심 요소에만 집중했을 때의 결과는 과연 무엇일까? 144

02 소박 인생: Routine & Must만 수행 147
1) 꾸준한 루틴으로 필수 과제를 수행하고 소박한 삶을 이루다 148
2) 당신의 삶의 기초를 완성하는 '루틴'과 '필수'의 힘 150

03 중박 인생: 행운 없이 Routine & Must를 수행하고 Like와 Well을 추구 154
1) 중박의 기술: 루틴, 필수, 열정, 능력의 조화로 행운 없이도 중박을 맛보다 155
2) 인생을 바꾸는 균형의 힘: 중박 인생의 가치 158

04 대박 인생: Routine & Must를 수행하고 Like와 Well을 추구할 때 행운이 도래 161
1) 성취를 넘어 대박을 맞다 162
2) 루틴, 필수, 열정, 능력 그리고 행운이 가져오는 인생 역전의 변화 166

05 초대박 인생: Routine & Must를 수행하고 Like와 Well을 추구할 때 좋은 천운이 도래 170
1) 루틴, 필수, 열정, 능력 그리고 천운의 조화로 초대박을 노리다 171
2) 루틴, 필수, 열정, 능력 그리고 천운의 결합으로 만드는 초대박 인생 175

PART 4 | 초대박 인생 5계명

01 나만의 세계 최고의 주특기를 개발하라! — 182
1) 나만의 세계 최고의 주특기 개발: 주식 차트 판독의 달인이 되기까지 — 183
2) 나만의 세계 최고의 주특기, 초대박 인생을 부르는 절대 경쟁력 — 186
3) 나만의 세계 최고의 주특기로 초대박 인생을 끌어당기는 비결 — 188

02 나만의 성공 루틴을 구축하라! — 202
1) 13년간 구축한 성공 루틴: 일관된 습관이 만든 초대박 인생의 비결 — 203
2) 초대박 인생을 만드는 힘, 나만의 성공 루틴 — 207
3) 초대박 인생은 루틴에서 시작된다: 나만의 초대박 인생 습관 만들기 — 209

03 나만의 운빨을 키워라! — 224
1) 빌 게이츠도 실천한 아침 주문: 성공을 부르는 긍정 확언의 힘 — 225
2) 초대박 인생을 부르는 나만의 좋은 운 끌어당기기 — 233
3) 초대박 인생을 여는 행운의 열쇠 6개 — 234

04 나만의 꾸준함과 회복 탄력성으로 무장하라! — 249
1) 초대박 인생을 부르는 포기하지 않는 힘 — 250
2) 초대박 인생을 여는 내면의 엔진 — 253
3) 초대박 인생을 이끄는 꾸준함과 회복 탄력성의 법칙 — 255

05 나만의 돈 불리는 능력을 일구어라! — 269
1) 자본주의 사회에서 나만의 돈 불리는 능력 키우기 — 270
2) 나만의 돈 불리는 능력, 초대박 인생의 시작 — 273
3) 초대박 인생을 위한 부의 황금 열쇠 — 275

* Epilogue — 288
* 돈벼락 투자자문 — 291

PART 1
초대박 인생 5가지 핵심 요소

01

Must:
인생의 필수 해결 과제

1) 평생을 'Must' 속에서 갇혀 살다가 65세에 탈출하다

나는 65세까지 'Must'라는 무거운 족쇄에 발목이 묶여 있었다. 어린 시절부터 장남이라는 운명 아래 부모님의 기대에 짓눌려 항상 책상 앞을 떠나지 못했다. 친구들의 순수한 웃음소리와 뛰노는 발걸음 소리는 창 너머 먼 세상 이야기였다. 억지로 넘기는 책장 사이로 내 유년은 흐릿하게 사라져 갔고 철들기도 전에 삶의 무거운 짐을 짊어지고, 청춘의 꿈을 품어 볼 새도 없이 생존에 매달려 하루하루를 견뎌야만 했다.

시간이 흐를수록 삶의 무게는 가혹해졌다. 결혼과 동시에 아내와 세 아이, 그리고 연로한 부모님까지 가족의 모든 생계를 혼자 책임져야 했다. 찢어지도록 가난한 살림 속에서 형제 중 유일하게 대학을 나온 나는 아버지가 55세부터 경제 활동을 멈춘 이후 93세로 세상을 떠나실 때까지 긴 38년간 가족을 홀로 부양해야 했다. 집안에는 대출만 넘쳐 났고, 단독주택에서 일곱 명의 식구가 함께 살아야 했기에 평범한 아파트조차 꿈꿀 수 없었다. 내 월급은 통장에 들어오기도 전에 쓸 곳이 이미 다 정해져 있었고, 통장은 단지 숫자가 잠시 스쳐 지나가는 허망한 공간이었다.

직장에서도 생존을 위해 매일 밤늦도록 야근을 해야 했지만, 시간외 수당은 30년 동안 1원도 받은 적이 없었다. 끝없이 이어지는 야근과 회식, 음주로 내 몸은 망가지고 부풀어 올랐고, 거울 속 내 모습은 갈수록 낯설고 초라해졌다. 허약한 몸으로 운동을 해야 한다는 간절한 바람은 만성 피로 속에 묻혔고, 현실은 나를 끝없이 뒤쫓으며 괴롭혔다.

삶은 끝없이 악화되었다. 대출의 늪은 점점 깊어졌고, 자녀들이 자라날수록 교육비는 감당할 수 없을 만큼 늘어났다. 30년간 충성을 바친 회사는 나를 하루아침에 내쳤고, 명예퇴직금조차 받지 못한 채 2011년에 강제로 세상으로 내던져졌다. 수입이 전혀 없는 상태에서 매달 지출되는 생활비, 막내딸의 대학 등록금과 부모님의 병원비 앞에서 나는 무력하게 무너져 갔다.

나는 'Must'에 갇혀 살아가는 동안 꿈과 희망은 생각조차 할 수 없었다. 내가 좋아하는 것, 잘하는 것, 원하는 것조차 모르고 살아야 했다. 삶이 하루하루 악몽 같았고, 매일같이 무거운 돌을 산 위로 굴려 올려야 하는 시시포스의 형벌과 같았다. 갈수록 불안은 커졌고, 어둠 속에서 혼자 울며 지낸 날들이 너무도 많았다.

2011년 강제퇴직을 당한 후에 절망 끝에서 먹고살기 위하여, 2012년에 할 수 없이 시작한 주식 투자마저 나를 더 깊은 심연으로 몰아넣었다. 무려 12번의 깡통을 차면서 실패를 거듭한 끝에 누적 11억을 잃고 결국 파산 상태에 직면했다. 창밖의 검은 아스팔트와 마포대교의 어두운 강물이 나를 끊임없이 불렀다. 죽음이 내 옆에 다가와 있었고, 평생의 노력은 오직 절망과 죽음의 그림자만을 남겼다. 가족에게 짐만 되는 존재가 되어 밤마다 몰래 눈물을 삼키곤 했다. 이 모든 것은 내가 1982년 은행에 입사한 이후부터 경제적 자유를 달성한 2021년까지 40년 동안 'Must'의 악순환에서 벗어나지 못하고 허덕이며 살아온 것에 대하여 부담할 수밖에 없는 혹독한 대가였다.

피눈물 나는 각고의 노력으로 나는 65세인 2021년에 간신히 'Must'를 해결하였다. 'Must'에서 벗어나니 비로소 삶의 여유가 생기고 주변을 둘러볼 수 있었다. 너무나 늦게 찾아온 이 자유가 오히려 가슴 깊은 상처를 더 아프게 했다. 내 젊음은 이미 산산이 흩어졌고, 돌아오지 않는 시간에 대한 후회가 가슴을 무겁게 짓눌렀다. 하지만 비로소 나는 '자기 발견'의 단계에 도달했다. 나만의 삶을 살아갈 준비가 되었다.

'Must'의 굴레에서 벗어나려면 자신의 현실을 냉정히 바라보고 변화를 향한 용기를 내야만 한다. 쉽지는 않지만 반드시 필요한 과정이다. 빨리 이 'Must'를 해결하지 않으면 시간이 갈수록 해결은 더 어려워지고 대가는 더욱더 가혹해진다. 아무도 나 대신 해결해 주지 않는다. 오직 내가 해결해야 한다. 내가 흘린 눈물과 견뎌 낸 아픔, 그리고 마침내 이루어 낸 성공의 이야기가 여전히 'Must'라는 굴레 속에서 힘겹게 살아가는 이들에게 작은 희망과 따뜻한 위로의 빛이 되기를 간절히 소망한다.

2) 인간답게 살기 위한 4가지 필수 과제

인간의 삶을 깊이 통찰할수록 결국 누구에게나 예외 없이 주어지는 본질적 과제들, 즉 반드시 감당해야 할 Must의 본질에 다다르게 된다. 인간다운 삶을 영위하려면 피하거나 타협할 수 없는 근본 과제가 있다. 그것은 육체적·정신적 건강 유지, 의식주 해결, 가족 부양의무 이행, 경제적 안정 달성이라는 4가지 핵심 과제다.

첫째, 육체적·정신적 건강은 삶의 가장 기본적인 토대다. 신체가 건강하지 않으면 다른 어떤 성취도 의미 있게 누릴 수 없다. 현대인들은 바쁜 생활과 과중한 스트레스 속에서 건강 관리를 소홀히 하곤 한다. 그러나 건강을 잃고 난 뒤에야 그 가치를 깨닫는다면 이미 늦다. 건강은 예방적이고 지속적인 노력으로 유지되어야 한다. 규칙적인 운동, 균형 잡힌 식단, 적절한 수면은 선택이 아닌 필수다. 또한, 스트레스, 불안, 우울과 같은 정신적 문제를 관리하기 위해 명상, 독서, 취미 생활 등을 통해 마음의 균형을 찾아야 한다. 신체와 정신의 조화로운 건강이 진정한 행복과 삶의 질을 높이는 필수 조건이다.

둘째, 의식주 해결은 인간 생존의 필수 조건이다. 옷을 입고, 먹을 것을 마련하며, 안전한 주거지를 갖추는 일은 인간의 존엄성 유지의 기본이다. 최소한의 의식주를 스스로 해결할 능력을 갖추는 것은 자립과 자존감을 위한 출발점이다. 물질적 풍요 속에서도 기본 욕구 충족이 어려운 이들이 여전히 존재한다. 생존을 넘어 삶의 질을 높이기 위해 더 나은 환경과 생활 수준을 추구하는 자세는 인간다운 삶을 위한 필수 노력이다. 자신의 힘으로 삶을 개선할 때 진정한 자신감과 자긍심이 싹튼다.

셋째, 가족 부양의무는 도덕적이고 현실적으로 꼭 지켜져야 하는 책임이다. 가족은 사회의 기본 단위이며 개인의 정서적, 경제적 안정의 근원이다. 가족이 안정되고 평화롭게 살 수 있도록 경제적·정서적으로 뒷받침하는 일은 성숙한 개인의 기본적 책임이다. 가족 부양을 소홀히 하면 개인은 물론 사회적 불안과 갈등이 초래된다. 가족의 안정과 행복은 개인과 공동체 전체의 조화로운 발전에 필수적이다.

넷째, 경제적 안정은 인간다운 삶을 위한 핵심 조건이다. 경제적 불안정은 삶의 존엄성을 위협하고 미래에 대한 불확실성을 키운다. 재정 관리, 투자, 자산 증식 등 경제적 지식과 능력을 꾸준히 발전시켜 경제적 자립을 이루어야 한다. 경제적 안정은 단지 물질적 풍요가 아니라 자신의 삶을 스스로 결정하고 목표를 자유롭게 추구할 수 있는 힘을 의미한다. 이를 통해 인간다운 삶의 선택과 가능성이 확장된다.

이러한 4가지 필수 과제를 소홀히 할 때 발생하는 부정적인 결과는 개인의 삶과 사회 전체를 깊은 위기로 몰아넣는다. 인간다운 삶의 근본을 무시하면 그 회복 과정은 길고 힘들며 때로는 불가능할 수도 있다. 따라서 인간답게 살아가기 위한 필수 과제들을 철저히 인식하고 지속해서 실천하려는 책임 있는 자세가 반드시 필요하다.

3) 인간다운 삶을 만드는 4가지 전략

인간의 삶에서 반드시 해결해야 하는 일들(Must)을 효과적으로 실천하기 위해서는 구체적이고 체계적인 전략이 필요하다. 이 전략은 단순한 의지나 일시적 열정이 아니라 지속 가능하고 구체적인 계획과 행동으로 뒷받침되어야 한다.

첫째, 육체적·정신적 건강을 유지하기 위한 전략은 생활 속에서 작은 습관을 꾸준히 실천하는 것이다. 나는 지금도 일주일에 세 번 이상, 한 번에 두 시간가량 꾸준히 운동을 실천하고 있다. 이 습관은 단순히 체력을 기르는 것을 넘어 삶의 구조를 정돈하고 자기 통제력을 유지하는 데 핵심적인 역할을 한다. 운동을 하지 않는 날에는 맨손체조와 스트레칭으로 신체의 리듬을 유지하며 흐트러짐 없이 일상의 균형을 지켜 낸다. 이렇게 건강 관리를 이어 온 지도 어느덧 10년, 나는 일관된 루틴의 가치와 지속이 주는 힘을 체감하며 살아왔다. 처음부터 무리한 운동을 선택하지 않고, 걷기나 스트레칭처럼 부담 없는 활동으로 시작해 몸의 반응을 관찰하며 점진적으로 강도와 시간을 조절해 왔다. 이 방식은 몸에 무리를 주지 않으면서도 꾸준함을 유지하게 만들었고, 습관 형성에도 효과적이었다. 정신 건강 관리에도 집중하며 스트레스를 단순히 견디지 않고 명상, 독서, 창작, 운동 등을 통해 주도적으로 다루고 있다. 하루 중 일정 시간은 디지털 자극에서 벗어나 휴식과 자기 성찰의 시간으로 정하고, 그 흐름을 꾸준히 이어 가며 나의 컨디션을 스스로 설계하고 있다.

둘째, 의식주 해결을 위해서는 현실적인 경제 계획과 생활 습관 개선이 필요하다. 나는 물려받은 재산 하나 없이 빚을 안고 사회에 나섰고, 오랜 시간 마이너스 통장을 벗어나지 못한 채 살아왔다. 수입은 들어오는 족족 지출로 빠져나갔고, 통장은 늘 바닥이었다. 하루하루를 간신히 버티는 상황에서 경제 계획이라는 말조차 허무하게 느껴졌고, 미래를 준비하는 일은 사치처럼 보였다. 그러나 지금 돌이켜 보면 그것은 외부 환경 때문만이 아니라 내 안의 무사안일과 자기합리화가 만든 결과였다. 나는 이를 극복하기 위해 생활 전반을 재정비하고, 소득과 지출을 숫자로 명확히 기록하며 예산 안에서 소비하는 규율을 세웠다. 감정적 소비는 배제하고, 반드시 필요한 지출부터 우선순위를 정해 계획적으로 집행했으며, 반복되는 과소비를 끊기 위해 현금 흐름을 정기적으로 점검하고 소비의 목적과 타당성을 분석하는 습관을 들였다. 나는 돈을 쓰지 않는 사람이 아니라, 목적에 따라 돈을 흐르게 할 줄 아는 사람이 되어야 한다는 점을 깨달았다. 동시에 주거 환경을 청결하고 쾌적하게 유지하며 삶의 집중력을 높이고자 했고, 식사는 건강의 질을 결정짓는 핵심 요소라는 인식 아래 영양 균형을 고려한 식단을 실천했다. 허영에서 비롯된 과시적 소비는 철저히 경계하며, 실용성과 기능성 중심의 소비 기준을 세우고 실천에 옮겼다. 나는 이제 안다. 절박한 상황일수록 냉정한 판단과 계획이 필요하며, 그것이야말로 마이너스 인생에서 벗어나기 위한 가장 현실적인 전략이라는 것을.

셋째, 가족 부양의무를 충실히 이행하려면 가족 간의 소통과 신뢰 구축을 중심으로 한 전략이 필요하다. 나는 가족들에게 부담을 주지 않겠다는 신념 아래 오랫동안 모든 경제적 문제를 혼자 감당해 왔다. 반복된 실패와 손실, 무려 12번의 깡통 계좌를 경험하면서도 생활비는 한 번도 미루지 않았고, 경제적 현실을 가족에게 털어놓은 적도 없었다. 언제나 괜찮다고 말하며 상황은 잘 풀리고 있다고 했지만, 그 침묵은 결국 오해를 만들고 신뢰를 약화시키는 결과를 낳았다. 코로나19 이후 더 이상 감출 수 없는 상황이 되었고, 현실을 솔직히 털어놓자 가족들은 큰 충격과 실망을 드러냈다. 나는 그 반응에 당황했지만, 결국 깨달았다. 혼자 감당하는 것이 책임이 아니라, 소통 없는 방식이 오히려 가족 안에서 이기적인 선택이 될 수 있음을 뼈저리게 느꼈다. 진정한 책임은 감정을 나누고 정보를 공유하며 함께 해결책을 모색하는 데 있다는 사실을 이제는 확신한다.

마지막으로 경제적 안정을 달성하기 위해서는 철저한 재정 관리와 효과적인 자산 증식 전략이 요구된다. 나는 직장 생활을 하면서 '돈 불리는 능력'을 키우지 않은 것을 가장 후회한다. 열심히 일하고 아껴 쓰면 언젠가 경제적 안정이 올 것이라 믿었지만, 그 믿음은 내 미래를 위협하는 결과로 돌아왔다. 노력만으로는 경제적 자립이 보장되지 않는다는 현실을 깨달았을 땐 이미 늦었고, 퇴직 후 삶은 막막할 정도로 불안정했다. 나는 누구도 내 노후를 대신 책임져 주지 않는다는 사실을 받아들이고, 수입과 지출을 통제하고 예산을 세우며, 재무 계획을 생활화했어야 했다. 단순히 저축에 머무르지 않고 투자라는 개념을 전략적으로 받아들여야 했고, 금융 지식을 꾸준히 학습하며 자산을 운용할 수 있는 역량을 길러야 했다. 나는 이제 안다. 투자는 선택이 아니라 생존 전략이며, 목표 설정과 실행 계획, 정기적 점검이 반드시 필요하다. 간접 투자에 의존하지 않고 직접 돈을 운용하는 감각도 체득해야 한다. 누구도 대신 살아 주지 않는 삶에서, 경제적 역량은 내가 반드시 키워야 할 생존 기술이다. '돈 불리는 능력'은 하루아침에 만들어지지 않으며, 명확한 목표와 전략, 꾸준한 실천 위에서 서서히 길러진다. 나는 더 이상 미루지 않는다. 지금, 이 순간부터 다시 설계하고, 다시 실행한다. 늦었다고 느꼈던 바로 그때가 내겐 가장 빠른 출발점이었다는 사실을 나는 뼈저리게 경험으로 배웠다.

이러한 전략을 일상생활에서 구체적으로 실천할 때, 인간다운 삶의 기반을 튼튼히 다지고 장기적인 행복과 성장을 지속할 수 있다. 4가지 필수 과제를 성공적으로 해결하기 위해서는 명확한 목표와 현실적인 전략이 필요하며, 이를 꾸준히 실천하는 습관을 만드는 것이 핵심이다.

02

Like:
행복과 삶의 만족도 향상

1) 단순 생존에서 인간다운 삶으로의 전환

나는 평생 내가 진정으로 원하는 것이 무엇인지조차 알지 못한 채 숨이 막힐 듯 살아왔다. 그저 살아남기 위한 생존의 무게가 너무나 무거워서, 내가 좋아하는 무언가를 꿈꾼다는 것은 허락되지 않는 사치였다. 그런 생각조차 나에겐 죄책감으로 다가왔고, 하루하루 벼랑 끝에서 떨어지지 않기 위해 안간힘을 쓰는 삶이었다.

이제야 지나온 길을 돌아보니 내 안에서 희미하게 빛나던 작은 꿈들이 슬프게 반짝이고 있었다. 초등학교 시절, 친구들이 즐겁게 스케이트를 타며 웃고 떠들던 그 겨울날, 나는 썰매 위에 앉아 차가운 얼음을 긁으며 혼자 울고 있었다. 친구들의 웃음소리가 내 가슴 깊이까지 파고들어 더욱 아프게 했고, 그 시간은 아직도 차갑게 얼어붙은 채 내 마음 한편을 시리게 한다.

기타를 품에 안고 행복하게 노래하던 친구들의 모습이 선명히 기억난다. 나는 음악실 창문 너머로 들려오는 그 아름다운 소리를 들으며, 차마 흘리지 못한 눈물을 마음속 깊이 삼켜야 했다. 가슴 깊이 울리던 그 선율이 내게는 너무나 먼 별나라 이야기 같았고, 등록금조차 힘겹게 마련해야 했던 현실 속에서 밤마다 마음속으로 그려 본 기타의 음색은 현실의 벽에 부딪혀 사라지고 말았다.

고등학교 시절, 그림을 잘 그리던 짝꿍을 부러워하며 나도 한 번쯤 멋진 그림을 그리고 싶다는 소망을 품었지만, 현실은 내 작은 희망마저 무자비하게 짓눌렀다. 수학여행조차 가지 못했던 나는 친구들의 설레는 모습 뒤로 초라하게 움츠러들었고, 돌아온 친구들의 행복한 이야기를 들으며 더욱 깊은 외로움과 상실감을 느껴야 했다. 여행 이야기를 나눌

때마다 나는 입술을 깨물며 고개를 숙였다.

　단 한 번도 제때 등록금을 내지 못했던 나는 취미나 꿈을 가지는 것조차 스스로 금지했다. 자전거를 타고 싶었지만, 그저 먼발치에서 바라보기만 해야 했고, 친구들과 함께 갔던 볼링장 역시 비용 부담 때문에 다시는 가지 못했다. 친구들이 찍은 사진 속 환하게 웃는 모습들이 내 가슴에 지워지지 않는 상처로 남았다.

　고등학교 2학년 어느 날, 음악 선생님이 나를 모든 친구 앞에 세워 놓고 노래를 못 부른다며 창피를 준 적이 있었다. 그날의 참담함은 나를 영원한 침묵으로 몰아넣었고, 이후 나는 사람들 앞에서 다시는 노래를 부를 수 없었다. 누구보다 노래를 사랑했고 성악을 꿈꿨지만, 음치라는 자괴감이 결국 나의 꿈마저 앗아 갔다. 노래방에서 친구들이 즐겁게 노래할 때 홀로 외로이 손뼉만 치며 미소 지으려 애쓰던 나의 모습은 지금도 가슴 깊이 아프게 남아 있다.

　독서를 좋아했지만, 학습 위주의 참고서만 읽으며, 도서관 한쪽에 꽂혀 있는 문학 서적들을 먼발치에서 바라보는 쓸쓸한 시간으로 채워졌고 문학의 아름다운 문장들이 내 손끝에서 멀어지는 순간마다 나는 더 깊이 아파했다. 은행에 입사해 해외 지점에 근무하면서 골프에도 관심이 많았지만, 비용 문제로 국내에서는 손댈 엄두조차 낼 수 없었다. 해외에서 잠시 경험했던 짧은 행복마저 다시는 돌아오지 않을 꿈같은 추억이 되어 버렸다.

　평생 'Must'라는 차갑고 무거운 굴레에서 벗어나지 못하고 악순환 속에서 살아온 나에게, 이 모든 아픔과 결핍은 어쩌면 피할 수 없는 운명이었다. 삶은 내게 꿈을 허락하지 않았고, 포기할 때마다 내 마음의 조각은 한 겹씩 무너졌다. 이제 와서 돌아보니 너무나 늦었고, 내 꿈들은 차가운 흙 속에 묻혀 버린 채, 그저 가슴 깊이 묻어 두고 살아가야 하는 아픔만이 내 안에서 여전히 울고 있을 뿐이다.

나는 오랫동안 내가 좋아하는 수많은 것을 제대로 경험조차 하지 못하고 살아왔다. 그러나 인생은 때로 뜻밖의 깨달음을 주기도 한다. 2015년 건강이 악화되어 시작한 헬스는 처음에는 단지 생존을 위한 운동이었지만, 어느덧 열정을 가지고 꾸준히 임하게 되었고, 마침내 2021년 바디 프로필 촬영을 두 번이나 성공적으로 마칠 수 있었다. 또한, 2022년에는 유튜브 출연과 주식 투자 강의를 시작하면서 다른 사람을 가르치고 함께 성장하는 데서 이전에 느껴 보지 못한 깊은 기쁨과 보람을 발견하게 되었다. 이 과정을 통해 진정으로 좋아하는 일을 찾으려면 생각만 하는 것이 아니라 직접 용기를 내어 행동해야 한다는 사실을 절실히 깨달았다.

나는 이제 더는 삶에 끌려다니지 않기로 결심했다. 수동적으로 주어진 대로 살아가는 것이 아니라 내가 진정 원하는 삶의 주인이 되기로 했다. 내가 좋아하는 것을 찾아 용기 있게 도전하고 다양한 경험을 쌓아 가면서 자신을 더욱 깊이 이해하게 되었다. 새로운 도전을 통해 삶이 얼마나 충만하고 아름다울 수 있는지 깨닫게 되었고, 내가 살아가는 이유와 인생의 진정한 의미를 다시 찾게 되었다. 좋아하는 일을 하는 것이 사치나 이기심이 아니라 인생을 더욱 풍요롭게 만드는 필수 조건이라는 사실을 이제야 알게 되었다. 지금, 이 순간, 내가 진심으로 좋아하는 일을 하며 살아가는 이 시간이 비로소 내 인생의 진정한 시작임을 느낀다.

2) 행복과 성공의 원동력, 나만의 관심사 찾기

자신이 진짜 좋아하는 것(Like)을 찾는 일은 인간의 삶에서 가장 중요한 과제 중 하나다. 자신의 진정한 열정과 관심사를 발견하는 것은 개인의 행복과 삶의 만족도를 결정짓는 근본적 요소이기 때문이다. 그러나 많은 사람이 자신의 진짜 관심사를 모르고 살아가며, 그 결과 삶이 공허하거나 방향성을 잃기도 한다.

첫째, 진짜 좋아하는 일을 찾으면 삶이 풍요로워진다. 좋아하는 일을 할 때 우리는 몰입을 경험한다. 몰입이란 시간과 공간을 잊고 자신이 하는 일에 집중하며 깊은 만족을 느끼는 상태다. 이러한 몰입 상태에서는 스트레스가 줄고 성취감과 행복감이 커지며, 자신의 능력을 최대한 발휘할 수 있다. 반면 좋아하지 않는 일을 계속하면 일상에서 스트레스와 무력감이 증가하며 삶의 질이 떨어진다. 좋아하는 것을 찾고 실천할 때 삶은 활력을 얻고, 매 순간 의미 있는 시간을 보낼 수 있게 된다. 진정으로 좋아하는 일을 하면 인간관계도 긍정적으로 변하며 사회적으로 더 크게 이바지할 수 있다.

둘째, 자신이 진정 좋아하는 일을 찾으면 인생의 방향성이 명확해진다. 인생의 목표와 비전이 뚜렷하지 않으면 에너지와 시간을 효과적으로 활용하지 못하고 방황하게 된다. 자신이 좋아하는 것을 발견하면 삶의 우선순위가 명확해지고, 중요한 것과 덜 중요한 것을 쉽게 구분할 수 있다. 명확한 방향성을 가지면 불확실성 속에서도 흔들리지 않고 꿈과 목표를 향해 나아갈 수 있다. 또한, 좋아하는 일에 대한 명확한 목표는 인생의 어려움을 극복할 수 있는 강력한 원동력이 된다.

셋째, 좋아하는 일을 하는 사람은 장기적으로 더 높은 성취를 이룬다.

좋아하는 일을 하면 자연스럽게 더 많은 시간과 노력을 기꺼이 투자하게 된다. 억지로 하는 일이 아니라 스스로 원하고 좋아하는 일이기에 그 과정 자체를 즐기며 지속할 수 있다. 꾸준한 실천과 노력은 결국 뛰어난 성과로 이어진다. 좋아하는 일을 통해 얻은 성공은 경제적 성과를 넘어 삶의 진정한 만족과 내적 성취감을 준다. 또한, 타인의 인정이나 외적 보상보다 훨씬 더 깊고 지속 가능한 행복감을 가져온다.

마지막으로, 자신이 진짜 좋아하는 일을 찾는 것은 개인의 정체성을 발견하는 과정이다. 우리는 사회적 기대나 주변의 영향으로 인해 진정한 자신을 잊고 살 때가 많다. 자신이 좋아하는 일을 탐색하는 과정에서 자신만의 가치관과 성향, 잠재력을 깊이 이해하게 된다. 이러한 과정은 자존감을 높이고 삶을 주체적으로 이끌어 가는 힘을 준다. 또한, 개인의 삶뿐만 아니라 사회적 가치와 공동체 발전에도 이바지하게 된다.

이처럼 자신이 진짜 좋아하는 것(Like)을 제대로 찾지 못하면 개인에게 심각한 부정적 결과를 초래한다. 삶의 의미와 목적을 잃고 공허한 상태로 살아가게 되며, 정신적·육체적 건강까지 악화시킨다. 따라서 진정한 관심사를 찾기 위한 지속적인 노력과 자기 탐색의 과정이 반드시 필요하다. 자신이 좋아하는 것을 발견하는 일은 단지 개인의 선택이 아니라, 인생 전체의 행복과 만족을 위한 필수적인 과제다.

3) 좋아하는 일을 잘하기 위한 실천 로드맵

자신이 진짜 좋아하는 것(Like)을 잘하기 위해서는 구체적이고 체계적인 전략이 필요하다. 좋아하는 일을 제대로 실천하고 그 분야에서 뛰어난 성과를 내기 위해서는 열정만으로는 충분하지 않다. 구체적인 목표 설정과 지속 가능한 실천 계획, 그리고 자기 관리가 반드시 동반되어야 한다.

첫째, 구체적인 목표 설정이 가장 중요하다. 나는 오랜 시간 동안 내가 무엇을 좋아하는지도 모른 채 살아왔다. 생존에 집중된 삶 속에서 진심으로 끌리는 것이 무엇인지 돌아볼 여유조차 없었고, 좋아하는 것을 찾지 못한 채 목표 없는 시간을 흘려보냈다. 나는 이제야 깨달았다. 현실이 척박해도, 시간이 부족해도, 경제적 여유가 없어도 반드시 자신이 좋아하는 것을 찾아야 한다는 사실을. 좋아하는 것을 찾아야 비로소 삶에 에너지가 생기고, 그 에너지가 방향과 지속력을 만든다. 내가 무엇을 좋아하는지를 명확히 인식하고, 그 안에서 어떤 성과를 이루고 싶은지를 구체적으로 정해야 한다. 단순한 즐거움을 넘어 목표 지점을 설정해야 삶이 나에게 의미를 되돌려 준다. 나는 목표 없이 움직이면 쉽게 지치고 흐름을 잃는다는 걸 여러 번의 시행착오를 통해 배웠다. 그래서 장기 목표는 방향을, 단기 목표는 일상의 동기를 제공하는 구조로 나의 계획을 세분화했다. 나는 목표를 설정할 때 '무엇을'보다 '왜'에 집중하며, 그 이유가 분명할수록 추진력이 강해진다는 것을 경험으로 체득했다. 수치화된 단계별 목표를 통해 나의 위치를 객관적으로 점검하며, 지속적인 동기부여가 일회성이 되지 않도록 관리한다. 나는 더 이상 막연하게 열심히 살지 않는다. 좋아하는 것과 원하는 것을 중심에 두고 목표를 설계하며, 그 과정 속에서 나 자신과 시간을 통제하는 감각을 갖추게 되었다. 나는 이제 확신한다. 좋아하는 일을 명확한 목표로 삼고, 그 목표를 향해 단계적으로 전진하는 삶이야말로 가장 강력한 자기 성장의 방식이라는 것을.

둘째, 지속 가능한 실천 계획을 세우는 것이 중요하다. 나는 목표가 없었기에 실천 계획도 세우지 못했고, 막연한 기대만 품은 채 시간을 흘려보냈다. 마음속으로는 변화를 바라면서도 아무 행동 없이 하루를 버티는 데만 에너지를 쏟았다. 하지만 나는 분명히 깨달았다. 정말 좋아하는 일이 있다면 하루에 단 5분이라도 시간을 내야 하고, 아무리 좋은 이유를 대도 실행하지 않으면 아무 일도 일어나지 않는다는 것을. 그래서 결심했다. 좋아하는 일에 매일 시간을 투자하고, 작고 구체적인 실천을 반복하며 성취감을 축적하는 삶을 선택하기로. 나는 매일 실천 항목을 체크하고 하루가 끝날 때 스스로에게 피드백을 주는 루틴을 실천 중이다. 이 작은 루틴은 단순한 반복이 아니라, 나의 가능성을 증명하는 과정이며 삶의 방향을 조정하는 시스템이다. 나는 주간 단위로 나의 실행을 점검하고, 부족했던 부분을 분석해 개선 방향을 설정하며 다음 주 계획에 반영한다. 이러한 루틴은 시간을 소모하는 것이 아니라 목표를 향한 전진이라는 확신을 심어 준다. 성장이란 우연이 아니라 구조에서 비롯된다. 그래서 매일의 실천을 기록하고, 그 결과를 가시화하며 나의 성장 곡선을 직접 확인한다. 나는 이제 안다. 행동하지 않으면 아무것도 변하지 않고, 기록하지 않으면 성장도 인식되지 않는다. 그래서 오늘도 내가 좋아하는 일을 작게라도 실천하며, 반복 속에서 확신을 쌓아 가고 있다.

셋째, 효율적인 자기 관리가 필수적이다. 나는 2011년 강제퇴직을 계기로 자기 관리의 끝판왕이 되겠다는 결심을 했다. 갑작스러운 퇴직은 삶 전체를 재정비하는 전환점이 되었고, 경제적 자유를 목표로 철저한 자기 관리 시스템을 구축해 왔다. 지금 나는 시간도 있고, 돈도 있으며, 좋아하는 것도 명확하다. 하지만 이 모든 것을 지속 가능하게 유지하기 위해서는 육체와 정신의 균형이 필수라는 사실을 절감했고, 그것을 삶의 원칙으로 삼아 실천하고 있다. 나는 신체 건강 유지를 위해 일주일 단위로 정해진 루틴에 따라 규칙적으로 운동하고, 무리하지 않도록 적절한 휴식도 병행한다. 식단 역시 영양 균형을 기준으로 구성하고, 식사의 질과 시간대를 관리해 에너지 흐름을 일정하게 조율한다. 이러한 실천은 단순한 건강 관리를 넘어 집중력과 생산성 유지의 핵심 기반이 된다. 정신 건강 또한 자기 관리의 핵심이라 확신하며, 스트레스 해소를 위해 명상과 독서를 일상 루틴에 통합해 사고를 정돈하고 감정을 조절한다. 명상은 마음을 고요하게 하고, 독서는 내면의 깊이를 확장시키며 나에게 새로운 에너지를 제공한다. 나는 몸과 마음이 함께 건강할 때 비로소 열정과 집중력이 유지된다는 현실을 경험으로 알고 있다. 자기 관리는 결심이 아닌 루틴이고, 나에게 있어 그것은 단순한 성공 전략이 아니라 지속 가능한 삶의 핵심 구조다. 나는 앞으로도 지금에 안주하지 않고, 더 나은 나를 위해 자기 관리 시스템을 지속적으로 강화할 것이다.

넷째, 끊임없는 학습과 자기계발이 필요하다. 나는 지금도 한 달에 한 권 이상의 책을 읽으며 지적 자극을 유지하고 있다. 동시에 나는 스스로에게 묻는다. 나는 무엇을 좋아하는가, 어떤 일에서 진정한 몰입과 기쁨을 느끼는가. 이 질문은 생각만으로 답을 얻을 수 없기에 나는 직접 실행하며 답을 찾는다. 내가 주식 강의를 처음 시작했을 때, 단순한 정보 전달을 넘어 사람들과 소통하고 성장에 기여하는 경험에서 강한 보람을 느꼈고, 그 순간 가르치는 일을 내가 진심으로 좋아한다는 것을 확신하게 되었다. 나는 지금도 다양한 분야에 도전하며 내 안의 반응을 관찰하고, 실제 경험을 통해 나를 이해하려 노력한다. 진정으로 좋아하는 일을 잘해 내기 위해 지속적인 학습은 선택이 아니라 필수라는 사실을 명확히 인식하고 있다. 그래서 관련된 책을 읽고, 전문 강의를 들으며 실무적 통찰을 축적하고, 필요할 때는 전문가의 조언도 적극적으로 구한다. 지적 호기심을 유지하는 것이 평생 성장의 기반이라 믿고, 배움을 통해 사고를 유연하게 만들고 있다. 단순한 정보 소비가 아니라 실제 적용 가능한 지식으로 전환하는 훈련도 나의 핵심 역량이다. 나는 지금도 매일 작게라도 나를 성장시키는 실천을 멈추지 않으며, 그 하루가 쌓여 결국 내가 좋아하는 일을 진짜 가치로 바꾸는 힘이 된다는 것을 스스로의 삶을 통해 증명하고 있다.

마지막으로, 실패와 어려움을 극복하는 전략을 마련해야 한다. 나는 좋아하는 일을 찾기까지 수많은 실패를 경험했다. 단순한 시도에 그치지 않고 진심을 다했지만, 결과는 번번이 기대와 달랐다. 지금도 실패는 계속되고 있지만, 나는 이제 안다. 단번에 좋아하는 일을 찾을 수 있다는 생각 자체가 비현실적인 기대였다는 것을. 나는 수많은 시행착오와 실제 경험을 통해 조금씩 나 자신을 알아 가는 과정이야말로 진짜 성장이라는 사실을 받아들이고 있다. 좋아하는 일을 찾았다고 해도 그 길이 순탄할 것이라는 기대도 내려놓았다. 어떤 일이든 직접 해 보면 반드시 예기치 못한 장애물과 실패가 나타나기 때문이다. 나는 실패를 피하려 하지 않고, 오히려 그것을 성장의 재료로 받아들이는 훈련을 하고 있다. 실패는 잘못이 아니라 경험의 해석이며, 그 안에서 무엇을 배우고 어떻게 다시 시도할지를 고민하는 것이 더 중요하다. 나는 실패할 때마다 스스로에게 묻는다. 이번에 얻은 교훈은 무엇이며, 다음에는 어떻게 접근할 것인가. 이 과정을 반복하며 점점 회복 탄력성을 키워 가고 있고, 낙심하기보다는 다시 도전할 수 있는 내적 근력을 다지고 있다. 나는 실패를 피하는 사람이 아니라, 실패를 통해 배우는 사람으로 변화하고 있으며, 그것이 장기적인 성장의 토대를 만든다고 확신한다. 그래서 현실을 회피하지 않고, 긍정적인 태도를 의식적으로 훈련하며 작은 문제부터 실천 가능한 해답을 찾아가는 삶을 선택하고 있다.

자신이 진짜 좋아하는 것(Like)을 잘하기 위해서는 명확한 목표 설정, 지속 가능한 실천 계획, 효율적인 자기 관리, 끊임없는 학습, 그리고 실패를 극복하는 능력이 필요하다. 이러한 전략을 꾸준히 실천할 때, 좋아하는 분야에서 탁월한 성과를 거두고 삶의 진정한 만족과 행복을 경험할 수 있게 된다.

03

Well:
성공의 핵심 코드

1) 특별한 재능이 없어도 성공할 수 있는 비결

  나는 평생을 내가 무엇을 잘하는지, 무엇을 좋아하는지조차 모르고 살아왔다. 다른 사람들은 각자 한 가지쯤은 특별한 재능을 가지고 있었지만, 나에게는 그런 재능이 없었다. 손재주도 없고, 발재간도 없었다. 말솜씨가 좋아 사람들을 웃게 만드는 친구가 부러웠고, 남들이 쉽게 따라 하는 일조차도 내겐 어렵기만 했다. 당구장에서는 언제나 구석진 자리에 앉아 그저 구경만 하는 신세였고, 노래방에서는 음치라는 낙인이 찍혀 사람들의 웃음거리가 되곤 했다. 그림이나 글씨조차 남들처럼 멋지게 그려 내지 못해 늘 마음속에 좌절을 품고 살아야 했다.

  한번은 내가 잘하는 것이 무엇인지 적어 보라는 조언을 책에서 읽고 종이와 펜을 들었다. 그러나 백지 같은 칸을 바라보며 가슴이 먹먹해졌다. 부족한 점들은 넘쳐 났지만, 단 한 가지 잘하는 것을 떠올릴 수조차 없었다. 그때 나의 무능함과 초라함이 나를 삼켜 버릴 듯 슬픔으로 밀려왔다. 결국, 적지 못하고 있던 그 종이 위에, 마침내 떨리는 손으로 한 단어를 적었다. 그것은 '꾸준함'이었다. 나는 항상 부족하고 뒤처지기에 더욱 악착같이 노력했고, 그 과정이 너무나 고단하고 서러웠다. 남들은 쉽게 얻는 성과조차 내겐 피나는 노력이 필요했지만, 그 꾸준함 하나만큼은 포기할 수 없었다.

  이제 와 돌아보니 내 인생은 부족함과 좌절의 연속이었다. 그러나 한 가지, 꾸준히 노력하며 버텨 온 내 모습만은 위로가 된다. 잘난 재능 하나 없어도 묵묵히 버텨 온 내 삶은, 그래서 더 아프고 슬프지만, 이제야 비로소 그 꾸준함이 나를 지탱해 온 유일한 힘이었음을 깨닫는다. 내가 가진 건 꾸준함밖에 없다는 사실이 슬프면서도 그나마 위안이 된다. 내가 현재 잘하게 된 것들은 모두 후천적인 피나는 노력과 연습을 통해 이루어진 것이다.

⚠️ 주식 투자

2011년에 30년 근무한 직장에서 명예퇴직금도 받지 못하고 갑자기 강제퇴직을 당한 후, 생계를 위해 2012년에 주식 투자를 시작했다. 직장에 다닐 때는 한 번도 해 보지 않았던 분야였다. 하루 24시간, 일 년 365일을 주식 공부에 몰두했지만, 8년 동안 12번의 깡통을 차고, 누적 손실액은 11억 원에 달했다. 하루 최대 손실액은 5억 4천만 원, 코로나 19 사태로 인한 주가 대폭락 시에는 3억 6천만 원의 손실을 겪었다. 그러나 이러한 경험을 통해 점차 실력을 쌓았고, 2021년에는 13억 원 이상의 이익을 실현하며 경제적 자유를 달성하게 되었다.

⚠️ 주식 강의

주식 투자로 어렵게 경제적 자유를 달성한 후, 그 노하우를 공유하고자 『종목 선정 나에게 물어봐』라는 책을 2021년 11월에 출간했다. 이 책은 종합 베스트셀러 4위, 경제/경영 분야 1위, 주식 분야 1위에 오르는 등 큰 성공을 거두었다. 유튜브에 출연한 영상도 최대 조회 수 230만 회 이상을 기록하며 큰 반향을 일으켰다. 여러 곳에서 강의 요청이 들어왔고, 2022년에 온라인 강의를 시작했는데, 당시 한 클래스 수강생이 300명 정도면 최고 수준이었지만, 나는 강의를 시작한 첫해에 3,500명을 돌파하였고 누적 수강생이 5천 명을 넘었다. 강의를 하면서 다른 사람들을 위해 무언가 가르치는 것을 내가 좋아한다는 사실을 새롭게 발견했고, 수강생들이 배움을 얻었다고 말할 때 큰 희열을 느꼈다.

주식 강의를 해 본 적이 없어서 처음에는 잘 못하였으나, 꾸준히 하다 보니 점점 더 잘하게 되었다.

🗨️ 왼손 마우스 사용

모니터 6개를 동시에 보며 주식에 몰두하던 중, 마우스를 오른손으로만 사용하니 손이 왔다 갔다 하는 데 시간이 걸리고 불편함을 느꼈다. 그래서 왼손으로도 마우스를 사용하기 시작했다. 처음에는 익숙하지 않았지만, 몇 달간 꾸준히 연습하다 보니 왼손으로 클릭하는 것이 자연스러워졌다. 지금은 오히려 왼손이 더 빠르다. 이 경험을 통해 무엇이든지 연습하면 잘할 수 있다는 것을 다시 한번 깨달았다.

🗨️ 윗몸일으키기와 턱걸이

헬스장에서 운동하던 어느 날, 윗몸일으키기 기구가 눈에 들어왔다. 호기심에 시도해 보았지만 3개 하기도 힘들었다. 그러나 꾸준히 연습하며 개수를 늘렸고, 한 달에 1개씩 늘려 6개월 만에 10개를 돌파하고, 1년 후에는 100개를 돌파했다. 그 후로는 늘어나는 단위가 달라졌다. 200개, 300개를 계속 돌파하더니 드디어 45도 각도에서 1,000개를 돌파했다. 이 성공 경험을 바탕으로 턱걸이에 도전했는데, 처음에는 1개도 못 했지만, 꾸준히 연습하여 한 개씩 늘려서 마침내 20개를 돌파했다. 지금까지 윗몸일으키기 45도 각도에서 1,111개, 턱걸이 34개가 나의 최고 기록이다.

🗨️ 헬스와 바디 프로필

2012년부터 주식을 하면서 체력 부족을 실감했다. 선천적으로 약골로 태어났는데, 몸과 마음을 몰두하여 장기간 전력투구하다 보니 체력이 고갈되었다. 체력 보강을 위해 2015년부터 헬스클럽에 등록하여 운동을 시작했다. 처음에는 마지못해 나갔지만, 하면 할수록 체력이 늘어나는 것을 느꼈다. 변화를 실감하기 시작한 것이다. 운동할 때 최고의 희열을 느끼는 나 자신을 발견했다. 당시 일주일에 5번 이상, 한 번에 두 시간 이상 운동을 했다. 좋아하는 것을 넘어서 잘하다 보니 욕심이 생겨서 바디 프로필을 찍어야겠다는 생각이 들어 도전한 끝에 2021년 1월에 드디어 꿈을 이루었다. 한 번 찍은 사람은 많아도 두 번 찍은 사람은 없다는 바디 프로필을 21년 가을에 또 한 번 찍었다.

돌이켜 보면 나는 타고난 재능이 없다는 이유로 자신의 가능성을 제한하며 살아왔다. 그러나 오랜 시간 끝에 깨달은 것은 재능의 부족이 좌절할 이유가 되지 않는다는 사실이다. 내게는 특별한 손재주나 뛰어난 말솜씨는 없었지만, 대신 꾸준한 노력을 통해 성장하는 법을 익혔다. 삶 속에서 수많은 좌절과 한계를 마주했지만, 그때마다 나를 지탱해 준 것은 꾸준함이라는 내면의 힘이었다. 작은 목표라도 포기하지 않고 꾸준히 도전할 때 삶은 더욱 의미 있고 충만해졌다. 결국, 중요한 것은 타고난 재능이 아니라 지속적인 도전과 인내라는 진리를 깨달았다. 이제 나는 진정으로 원하는 삶을 살고 있다. 나의 경험이 누군가에게 작지만 소중한 희망과 용기가 되길 바라며, 꾸준한 노력만이 인생을 진정으로 풍요롭게 만든다는 가치를 전하고 싶다. 오늘부터 자신의 꿈을 향해 용기 있게 첫걸음을 내디뎌 보기를 진심으로 응원한다.

2) 잘하는 것을 키워야 성공이 보인다

자신이 정말로 잘할 수 있는 분야(Well)를 찾아서 키우는 것은 인생에서 중요한 과제 중 하나다. 자신의 재능과 능력을 제대로 발견하고 발전시키는 것은 단순한 성공을 넘어 삶의 진정한 의미와 가치를 발견하는 데 필수적이기 때문이다.

첫째, 자신이 잘하는 일을 발견하면 개인의 자신감과 자존감이 크게 향상된다. 인간은 누구나 자신의 강점을 발휘할 때 진정한 만족과 행복감을 느끼게 된다. 자신이 잘할 수 있는 분야를 찾고 이를 지속해서 발전시켜 나가면, 성취감을 통해 삶의 질이 높아지고 긍정적인 자아상이 형성된다. 반대로 자신의 강점을 모르고 살아가면 자신감 부족과 불안감을 느끼며, 장기적으로 자존감마저 낮아져 삶의 만족도가 저하된다. 그러므로 자신이 잘하는 분야를 찾고 키워 나가는 것은 개인적인 행복과 안정감을 높이는 핵심적인 방법이다.

둘째, 자신이 잘하는 일을 발전시키는 것은 높은 수준의 성과와 성공을 보장한다. 누구나 모든 일에 능숙할 수는 없으며, 진정한 성공은 자신만의 강점을 집중적으로 키우는 데서 온다. 자신이 탁월한 성과를 낼 수 있는 분야에 시간과 에너지를 집중하면 효율적으로 높은 성과를 이룰 수 있다. 이러한 성과는 경제적 보상과 사회적 인정으로 이어질 뿐 아니라, 개인의 전문성과 경쟁력을 높여 장기적인 성공을 가져온다. 자신의 강점과 능력을 정확히 파악하여 그 분야에 집중적으로 투자하는 것이 성공의 지름길이다.

셋째, 잘하는 분야를 키우는 것은 인생의 방향성과 목표를 명확히 해준다. 자신의 강점을 명확히 알면 인생에서 어떤 목표를 세우고 어디로 나아갈지 결정하는 데 혼란이 줄어든다. 잘할 수 있는 분야를 발견하면 에너지와 자원을 더욱 효율적으로 활용할 수 있고, 방향성을 잃거나 방황하는 일을 최소화할 수 있다. 분명한 목표를 가진 사람은 어려움과 장애물을 만나더라도 쉽게 포기하지 않고 지속해서 앞으로 나아가는 힘을 가지게 된다.

넷째, 자신이 잘하는 분야를 발전시키는 것은 개인뿐 아니라 사회에도 긍정적인 영향을 미친다. 개인이 자신의 강점을 잘 발휘하면 타인에게도 긍정적인 에너지와 영감을 전달할 수 있다. 또한, 사회적으로 의미 있는 성과를 창출할 수 있으며, 공동체 발전에도 이바지하게 된다. 자신의 능력을 잘 발휘하는 사람은 주변 환경을 긍정적으로 변화시키는 리더로 성장하게 된다.

마지막으로, 자신이 잘하는 분야를 키우는 과정은 지속적인 자기 발전과 성장으로 이어진다. 자신의 강점을 꾸준히 개발하는 과정에서 개인은 끊임없이 배우고 성장하며 삶의 활력을 유지하게 된다. 자기 발전은 단지 경제적 성과나 사회적 지위 상승을 위한 수단을 넘어 삶 전체를 의미 있게 만드는 과정이다. 꾸준한 학습과 발전을 통해 개인은 인생의 의미를 더욱 깊이 이해하고 내적 충만함을 얻게 된다.

따라서 자신이 정말로 잘할 수 있는 분야를 제대로 발견하고 키우는 것은 선택이 아니라 필수다. 이를 무시하거나 소홀히 하면 삶에서 심각한 부정적 결과를 초래할 수 있다. 자신의 강점을 명확히 인지하고, 지속해서 개발하는 노력은 개인의 행복과 성취를 위한 가장 중요한 과정이다.

3) 탁월함으로 가는 길, 자신의 강점을 키워라

자신이 정말로 잘할 수 있는 분야(Well)를 탁월하게 만들기 위해서는 명확한 전략과 실천이 필요하다. 누구나 자신만의 독특한 강점과 재능이 있지만, 그것을 최고 수준으로 발전시키기 위해서는 체계적이고 지속적인 노력이 필수적이다.

첫째, 자신의 강점을 정확히 파악하는 것이 중요하다. 초등학교 시절, 나는 숫자에 대한 감각이 남다르다는 사실을 일찍이 깨달았다. 수학 문제를 풀며 복잡한 계산이 재미있었고, 숫자 속 패턴을 발견하는 과정에 큰 흥미를 느꼈다. 자연스럽게 경영학을 전공했고, 대학원에서는 경제학을 선택했다. 이후 금융기관에서 30년 동안 숫자와 관련된 업무를 수행하며 경력을 쌓았다. 숫자에 강하다는 자부심은 내 안에 확고히 자리 잡았고, 퇴직 후에는 그 자신감을 바탕으로 주식 투자 시장에 진입했다. 그러나 현실은 예상과 달랐다. 실전 경험이 없던 나는 연이은 실패를 겪으며 계좌를 12번이나 깡통으로 만들었다. 고통스러웠지만, 나는 그 시간을 시장과 나 자신을 재정비하는 훈련의 장으로 삼았다. 실패 속에서도 포기하지 않고 학습과 전략 수정을 거듭한 끝에 의미 있는 성과를 만들 수 있었다. 이 과정을 통해 '잘한다고 믿는 것'과 '실제로 잘하는 것'은 다르며, 강점이 성과로 이어지기 위해선 성찰과 전략이 필요하다는 교훈을 얻었다. 그래서 어떤 일을 할 때 내게 자연스럽게 성과가 나는지를 관찰하고, 몰입과 즐거움을 함께 살핀다. 나는 강점 진단 도구와 주변의 피드백을 활용해 나 자신을 점검하며 자기 인식의 정확도를 높이고 있다. 지금도 가능성과 방향성을 스스로 점검하며, 더 정교한 성장을 위한 내면 탐색을 지속하고 있다.

둘째, 명확한 목표 설정과 구체적인 실천 계획이 필요하다. 나는 먹고 살기 위해 주식시장에 뛰어들었고, 절박함만 앞선 채 명확한 목표도 실행 계획도 없이 되는 대로 움직였다. 전략도 학습도 없이 감에 의존했고, 방향 없이 헤매며 수많은 시행착오를 반복했다. 결국, 12번의 깡통, 11억 원 손절이라는 혹독한 대가를 치렀다. 경제적 손실도 컸지만, 정신적인 타격이 더 깊었고, 처음부터 설계와 전략이 있었다면 훨씬 적은 대가로 성과를 낼 수 있었을 거라는 후회가 남았다. 나는 이 실패를 통해 어떤 분야든 성과를 내려면 목표 설정과 구체적 실행 계획이 반드시 필요하다는 교훈을 얻었다. 그래서 무엇이든 시작할 때마다 가장 먼저 최종 목표를 정하고, 그 목표를 현실적인 단계로 세분화한다. 그리고 그 목표를 다시 작고 실천 가능한 단위로 나누고, 일상에 녹여 행동으로 옮긴다. 이 구조화된 계획 방식은 동기 유지를 가능하게 하고, 방향을 잃지 않도록 돕는다. 목표는 구체적이고 측정 가능하며 지금의 나에게 적절히 도전적인 수준이어야 한다. 막연하거나 과도하게 이상적인 목표는 오히려 지속력을 떨어뜨리고 성취감을 흐리게 만든다. 나는 실천 계획을 하루·주간 단위로 정리하고, 체크리스트를 통해 진행 상황을 수시로 점검한다. 그리고 지금도 그 루틴을 기반으로 나의 목표를 주기적으로 조정하며, 실패를 반복하지 않기 위해 스스로를 시스템으로 관리한다.

셋째, 강점을 키우기 위해서는 꾸준한 연습과 자기 훈련이 필수적이다. 나는 지난 10년 이상을 오롯이 주식 투자에 올인하며 하루 24시간, 일 년 365일을 공부와 실전에 집중해 왔다. 단순히 이론에 머물지 않고 차트 분석과 시장 흐름 체화에 모든 시간을 쏟았고, 지금까지 누적 600만 개 이상의 차트를 직접 보았다. 지금도 하루 평균 1,000개 이상의 차트를 분석하며 집중 훈련을 지속하고 있다. 나는 한 분야를 깊이 파고들며 훈련한 시간이 결국 실력의 격차를 만든다는 사실을 몸으로 깨달았다. 어떤 분야든 탁월함은 하루아침에 만들어지지 않으며, 수천 번의 반복과 연습이 실질적인 역량을 구축한다. 잘하는 것을 탁월하게 만들기 위해서는 집중적인 반복과 몰입 훈련이 반드시 필요하다. 단순한 흥미 수준을 넘어서 일정 시간 이상을 꾸준히 투자하는 자세가 실력을 만든다. '1만 시간의 법칙'은 나에게 이론이 아닌 실제 전략이자 성장 도구로 작동했다. 나는 시간이라는 자원을 전략적으로 분배하고, 반복 가능한 루틴을 만들어 집중했다. 그 과정에서 분석력과 통찰력이 비약적으로 성장했고, 초기에는 보이지 않던 신호들도 분명하게 인식되기 시작했다. 반복의 힘은 숙련도를 넘어 본질적 감각을 만들어 내며, 판단의 속도와 정확도를 눈에 띄게 향상시킨다. 지금도 나는 일정 시간을 반복 훈련에 투자하며, 실천이 자동화된 루틴 속에서 전문성을 확장하고 있다.

넷째, 효율적인 피드백과 지속적인 평가가 필요하다. 나는 오랜 시간 동안 스스로 피드백을 주는 방식으로 성장하려 노력해 왔다. 일의 결과를 되돌아보고 원인을 분석하며, 나만의 방식으로 개선점을 찾는 과정을 반복했다. 하지만 돌이켜 보면 멘토나 전문가로부터 받은 외부 피드백이 거의 없었던 점이 늘 아쉬움으로 남는다. 그 시절 누군가가 나를 객관적으로 바라보고 조언해 주었다면 시행착오를 훨씬 줄일 수 있었을 것이다. 나는 그 경험을 통해 혼자만의 성장은 방향을 잃기 쉽고, 판단의 왜곡에서 자유롭기 어렵다는 사실을 절실히 깨달았다. 그래서 지금은 신뢰할 수 있는 멘토와 전문가, 같은 길을 걷는 동료들에게 정기적으로 피드백을 요청하는 시스템을 만들었다. 이 피드백 구조는 내가 인식하지 못한 사각지대를 드러내고, 강점을 더욱 정교하게 다듬을 수 있도록 도와준다. 나는 피드백이 단순한 비판이 아니라 다음 실행의 품질을 높이는 성장의 촉매라고 확신한다. 나의 실행 과정과 결과에 대해 실용적인 피드백을 받을 때, 그것은 다음 도전의 자산이 된다. 특히 자기 평가와 성과 점검을 병행하며 실행 전략을 주기적으로 조정하고 있다. 단기 목표의 달성 여부를 체크하고 장애 요인을 기록하며, 대응 전략을 루틴화하여 점진적 개선을 이어 간다. 나는 자기 점검과 외부 피드백이 상호 보완적이며, 함께 작동할 때 성장의 속도와 깊이가 폭발적으로 확장된다는 사실을 경험으로 체득했다.

다섯째, 지속적인 학습과 자기계발의 태도를 유지해야 한다. 나는 지금도 주식 공부를 위해 매일 주식 관련 자료를 읽고 최신 정보를 탐색하는 데 집중하고 있다. 시장은 끊임없이 변하기 때문에 과거의 성공 방식에 머물 수 없으므로 늘 새로운 흐름과 패턴을 포착하려고 노력한다. 잘하는 분야에서 탁월함을 이루기 위해서는 현재의 지식에 안주하지 않고, 새로운 정보를 흡수하고 적용하는 태도가 필수적임을 체감해 왔다. 나는 특정 기술이나 전략에 집착하기보다는 다양한 관점을 받아들이고, 사고의 유연성을 키우는 훈련을 꾸준히 반복한다. 급변하는 주식시장에서 살아남기 위해서 최신 트렌드와 분석 도구, 투자 전략을 적극적으로 탐색한다. 정보의 양보다 질을 중시하고, 검증된 전문가의 견해와 시장 데이터를 바탕으로 판단하려고 한다. 단순한 학습이 아니라 그것을 실전 판단에 어떻게 연결시킬지를 고민하며, 행동으로 전환하는 연습을 반복한다. 나는 지식이 성과로 이어지려면 실천 가능성과 연결돼야 한다는 믿음을 갖고 공부를 지속한다. 지적 호기심은 장기 경쟁력을 키우는 핵심이며, 나만의 투자 철학을 정교하게 다듬는 힘이 된다. 그래서 배움을 생활화하고 있으며, 하루 일정 시간을 반드시 공부에 투자하는 루틴을 실천하고 있다. 이 루틴은 단순한 지식 축적이 아닌 시장 대응력을 기르는 가장 강력한 기반이 되고 있다. 나는 오늘의 학습이 내일의 판단을 바꾸고, 그 판단이 성과로 이어지도록 매일 스스로를 한 단계씩 끌어올리고 있다.

　마지막으로, 긍정적 마인드셋과 실패 극복 능력을 갖추는 것이 필수적이다. 나는 주식 투자 과정에서 12번의 깡통 계좌와 11억 원의 손실을 경험했지만, 결코 포기하지 않았다. 깊은 좌절과 불안 속에서도 다시 차트를 열고 분석을 반복하며 실전에 나섰고, 그 과정에서 나 자신에게 긍정의 메시지를 끊임없이 주입했다. "실패 없는 성공은 없다."라는 확신은 단순한 위로가 아닌 행동의 연료가 되었고, 그 믿음으로 절망을 딛고 일어섰다. 실패는 나에게 끝이 아니라 다음 단계로 나아가기 위한 학습의 기회였으며, 좌절은 더 단단해지는 계기가 되었다. 나는 반복되는 실패 속에서 오히려 새로운 통찰을 얻었고, 실전 감각과 함께 멘탈의 내구성도 키워 갔다. 실수를 분석하고 원인을 찾아 재발을 막기 위한 전략을 수립하며, 회복력을 하나의 실력으로 단련해 왔다. 나는 감정에 휘둘리지 않고 상황을 냉정하게 받아들이는 태도를 훈련했고, 자기 확신과 마인드셋의 힘으로 스스로를 다시 세웠다. 포기하고 싶은 순간에도 내가 걸어가는 길의 가치를 믿으며, 반드시 이겨 낼 수 있다는 자기암시로 중심을 지켰다. 실패는 여전히 두렵지만, 동시에 나를 더 성장시키는 자산임을 잘 알고 있다. 나는 지금도 넘어질 수 있다고 인정하지만, 그보다 더 나은 방식으로 반드시 다시 일어날 것이다. 이것이 내가 선택한 길이며, 내가 몸으로 증명해 온 성장의 공식이다. 나는 실패 앞에서 도망가지 않고, 정면으로 마주한 끝에 진짜 실력을 완성해 가고 있다.

　이러한 전략들을 꾸준히 실천하면 자신이 잘하는 분야에서 뛰어난 성과와 높은 만족감을 얻을 수 있으며, 삶의 전반적인 질과 행복도를 향상할 수 있다.

04

Routine:
삶의 기본 틀 구축

1) 성공을 부르는 나만의 루틴 만들기

내가 수많은 실패를 딛고 끝내 성공을 거둘 수 있었던 단 하나의 결정적 비결을 꼽는다면, 그것은 바로 '나만의 성공 루틴'을 만들어 철저히 지켜 온 것이다. 단순한 습관이나 일과를 넘어 명확한 목표 설정과 꾸준한 실행력, 철저한 자기 관리가 정교하게 결합된 강력한 성공 시스템이자 자기계발의 핵심이다. 이 루틴은 어떤 좌절과 시련 속에서도 흔들리지 않는 중심축이 되어 나를 목표했던 경제적 자유와 성공으로 안내해 주었다. 루틴이 반복될수록 형성된 긍정적인 관성은 성공으로 가는 길을 빠르게 열어 주었고, 결국 나는 원하는 성취를 현실로 이루었다. 누구든 자신만의 성공 루틴을 설계하고 꾸준히 실행한다면, 반드시 원하는 인생에 도달할 수 있을 것이다.

이처럼 성공적인 삶의 핵심은 자신만의 '성공 루틴'을 설정하고 이를 지속해서 실천하는 데 있다. 특히 멘탈 관리를 위해 개인에게 최적화된 루틴을 마련하면 최소한의 노력으로 최대의 성과를 얻을 수 있으며, 어떤 위기 상황에서도 흔들리지 않고 내적 평정심을 유지할 수 있다. 명확한 루틴을 가진 사람은 감정의 기복이나 인생의 어려움에도 쉽게 흔들리지 않으며, 높은 자기 통제력을 발휘한다. 이러한 자기 통제력은 특히 주식 투자에서 그 중요성이 더욱 두드러진다. 급격한 시장 변동 속에서도 꾸준히 버티고 지속할 수 있는 힘은 바로 일관된 루틴에서 비롯되기 때문이다. 따라서 험난한 주식시장에서 성공적으로 살아남기 위해서는 자신만의 확고한 루틴이 반드시 필요하다.

가수 박진영은 20년 넘게 철저히 관리된 루틴을 지속하며 항상 최상의 컨디션을 유지한다. 그는 60세가 되어서도 20대 못지않은 뛰어난

춤 실력을 유지하기 위해 변함없이 자신만의 루틴을 성실히 실천하고 있다. 일본 야구의 전설 이치로 또한 30년 이상 철저한 루틴을 유지해 왔으며, 경기장 입장 시에도 미리 정해 놓은 발부터 내딛는 등 작은 행동까지도 신중히 관리한다.

나 역시 나만의 철저한 루틴을 가지고 있다. 매일 아침 6시 24분에 일어나 밤 11시 24분 잠자리에 들 때까지의 모든 활동을 정해진 시간대로 수행한다. 하루 24시간, 일 년 365일을 13년간 한결같이 유지하면서도 필요에 따라 점진적으로 업그레이드하고 있다. 심지어 컴퓨터를 켜고 끄는 시간, 작업과 휴식의 시간, 화장실을 사용하는 시간까지 철저하게 관리한다(자세한 내용은 PART 4 「나만의 성공 루틴을 구축하라!」의 '종목왕 김정수의 성공 루틴' 참조). 나는 루틴을 하면서 단순히 루틴만 하는 것이 아니라, 나의 확언과 시각화도 같이 한다. 아마 다른 사람들이 보면 미쳤다고 할 것이다. 그러나 이런 것들이 나에게 강한 회복 탄력성을 주고 엄청난 자신감과 에너지를 불어넣어 준다(자세한 내용은 PART 4 「나만의 운빨을 키워라!」 참조).

일부 사람들은 이런 루틴이 지나치게 엄격해 여유 없는 삶이라고 우려할 수도 있다. 그러나 실제로 루틴을 성실히 지키면 시간적 여유가 오히려 증가한다. 업무 효율성이 높아져 남는 시간을 여유롭게 활용할 수 있고, 심리적으로도 더 안정되고 편안한 상태를 유지할 수 있다. 또한, 루틴을 완수한 후에는 성취감과 자존감 또한 높아진다.

주식 투자자라면 시황과 실적에 따라 흔들리지 않고 꾸준히 평정심을 유지하기 위해 나만의 루틴을 반드시 마련해야 한다. 특히 시장 상황이 어려울수록 루틴 준수의 중요성은 더욱 강조된다. 개인적인 예로, 나는 주식시장이 폭락하는 날에도 술을 마시는 대신 운동을 택하고 더욱 열심히 운동에 집중한다. 코로나19 사태로 인해 3억 6천만 원의 손실을 감수했던 상황에서도 나는 운동 루틴을 멈추지 않았다.

성공한 사람들의 사례를 통해서도 루틴의 중요성은 더욱 명확히 드러난다. 많은 성공한 사람은 자신만의 특별한 아침 루틴을 유지하며, 이를 통해 하루를 더욱 효과적으로 준비하고 성공으로 이어지는 동력을 얻는다. 루틴은 일상에 질서와 조직력을 부여하고 목표 달성을 위한 안정적 기반이 되어 주며, 자기 관리와 스트레스 해소에도 큰 도움이 된다. 또한, 꾸준한 실천과 일관성을 통해 지식과 기술을 지속해서 확장할 수 있다.

이러한 루틴은 거창한 변화가 아니라 작은 습관의 지속적 실천에서 출발한다. 작은 성공을 매일 반복하며 경험하다 보면 사고와 행동에도 긍정적인 변화가 생긴다. 작은 성공의 누적은 결국 자기 신뢰의 강화로 이어지고, 더 큰 목표와 도전에 과감히 임할 수 있는 강력한 자신감을 부여한다.

루틴은 결코 강압적이거나 고정된 틀이어서는 안 된다. 각자의 상황과 목적에 맞추어 유연하게 구성할 수 있어야 하며, 필요에 따라 언제든지 수정하고 재조정할 수 있어야 한다. 대표적인 예로 나는 성공 루틴에 회음 호흡을 추가하여 꾸준히 실천했고, 그 결과 정신적, 육체적 건강을 획기적으로 향상할 수 있었다. 루틴의 진정한 목적은 일상에 구조와 일관성을 부여하여 목표 달성을 더욱 효과적으로 지원하는 데 있다.

결국, 성공은 목표 자체보다는 이를 이루기 위한 매일의 작고 지속 가능한 루틴에서 비롯된다. 우리가 이루고자 하는 장기 목표는 루틴을 통해 쉽게 접근 가능해지며, 큰 결단 없이도 꾸준히 성공의 길을 걷게 해 준다.

따라서 성공을 진정으로 원한다면 자신에게 최적화된 루틴을 만들어 꾸준히 실천하는 것이 필수적이다. 일관된 루틴은 삶을 안정적이고 생산적으로 만들어 궁극적으로 성공의 길을 안내하는 최고의 길잡이가 되어 줄 것이다.

2) 나를 성장시키는 최고의 도구

자신이 잘 실천할 수 있는 루틴을 만드는 것은 개인의 삶에서 매우 중요한 전략이다. 루틴이란 반복적으로 수행되는 행동과 습관을 말하며, 성공적인 삶을 구축하는 강력한 도구가 된다. 일상에서 효과적인 루틴을 확립하면 삶의 질을 높이고 목표 달성 가능성을 크게 향상할 수 있다.

첫째, 잘 설계된 루틴은 삶에 일관성을 가져다준다. 일관된 행동은 목표 달성을 위한 지속적인 노력을 가능하게 하며, 불필요한 의사 결정의 피로도를 줄여 준다. 매일 반복되는 행동들은 자동화되어 에너지를 효율적으로 사용하게 해 준다. 루틴을 통해 생활의 구조가 명확해지면 더욱 안정적이고 집중력 있는 삶을 살 수 있으며, 장기적으로 삶의 만족도와 행복감을 증가시킬 수 있다.

둘째, 루틴은 목표 달성의 효율성을 극대화한다. 자신의 강점이나 목표를 실현하기 위해 매일 실천할 작은 행동들을 루틴으로 구성하면, 목표에 더욱 빠르고 정확하게 다가갈 수 있다. 예를 들어, 매일 아침 일정한 시간에 독서나 운동을 하는 습관을 들이면, 이러한 작은 행동들이 장기적으로 축적되어 큰 성과를 만들어 낸다. 효과적인 루틴은 목표를 위한 필수적인 행동들을 일상 속에서 자연스럽게 수행하게 하여 목표 달성 확률을 높인다.

셋째, 루틴은 자기 관리 능력을 강화시킨다. 규칙적이고 반복적인 행동을 습관화하면 자기 통제와 절제력을 키울 수 있다. 자기 통제 능력이 뛰어난 사람들은 즉각적인 욕구보다는 장기적인 목표에 초점을 맞출 수 있으며, 이는 개인적 성장과 성공을 위한 중요한 요소다. 루틴을 통해 자기 관리 능력이 강화되면 업무 효율성과 생산성도 높아져 개인적, 직업적 성과를 향상시키게 된다.

넷째, 루틴은 스트레스와 불안감을 줄여 준다. 예측 가능한 하루의 패턴이 형성되면 불확실성이 감소하여 스트레스가 감소한다. 일상에서 해야 할 일이 명확하고 미리 계획되어 있으면 심리적으로 안정감을 느끼며, 예측하지 못한 상황에서도 침착하고 효과적으로 대응할 수 있는 능력이 길러진다. 따라서 일상에 효과적인 루틴을 도입하면 정신적 건강과 정서적 안정에도 큰 도움이 된다.

다섯째, 루틴은 창의성을 높이고 개인의 발전을 촉진한다. 반복적이고 규칙적인 일상은 창의적 사고를 위한 여유와 공간을 만들어 준다. 불필요한 고민과 결정이 줄어들면, 정신적으로 더 많은 에너지를 창의적인 활동과 자기계발에 집중할 수 있다. 규칙적인 루틴을 통해 확보된 시간과 정신적 여유를 통해 새로운 아이디어와 발전 가능성을 발견하고, 지속해서 성장할 수 있는 환경을 마련할 수 있다.

마지막으로, 잘 설정된 루틴은 개인의 삶에 장기적인 긍정적 변화를 가져온다. 루틴을 통해 형성된 습관은 시간이 지남에 따라 삶의 일부가 되어 자연스럽게 지속된다. 이는 개인의 성장과 발전을 위한 지속 가능한 기반을 제공하며, 장기적으로 큰 성취와 성공을 가능하게 한다.

이러한 이유들로 인해 효과적인 루틴을 만드는 것은 선택이 아니라 필수적이다. 루틴을 제대로 실천하지 못하면 삶에서 심각한 부정적 결과를 초래할 수 있으며, 반대로 이를 잘 구축하면 개인적 성장과 성공의 확실한 기반이 된다.

3) 지속 가능한 성장을 이끄는 루틴 실천법

루틴을 평소 잘 실천하기 위해서는 체계적이고 전략적인 접근이 필요하다. 루틴은 습관의 힘을 활용해 개인의 목표와 성장을 돕는 핵심 도구이므로, 효과적인 실천 전략을 세우는 것이 중요하다.

첫째, 구체적이고 명확한 루틴을 설정하는 것이 필수다. 나는 하루의 루틴을 분 단위로 계획해 실행하며, 아침 6시 24분에 기상해 밤 11시 24분까지 철저히 흐름을 설계한다. 이 루틴은 단순한 시간 관리가 아니라 내가 집중해야 할 일의 우선순위를 정리하고 실천력을 높이는 핵심 도구다. 나는 계획을 세울 때 추상적인 목표보다 행동 중심의 구체적인 루틴을 우선시하며, 예를 들어 '운동하기'가 아닌 '매일 아침 7시에 30분 조깅'처럼 명확히 설정한다. 이렇게 구체화된 일정은 실행 가능성을 높이고 실천 과정에서의 혼란을 줄여 준다. 나는 루틴을 단순한 반복이 아닌 습관을 설계하는 전략으로 받아들이고 있다. 해야 할 일은 반드시 계획표에 기록하며, 이 기록은 나에게 일종의 자기 약속이자 실행의 체크리스트가 된다. 이 습관 덕분에 하루를 더욱 집중력 있게 활용하고, 작은 일 하나도 빠뜨리지 않고 처리할 수 있는 실천력을 키웠다. 루틴의 진가는 꾸준함에서 발휘되며, 일정 기간이 지나면 자연스럽게 자동화된 나만의 시스템이 된다. 나는 이 과정을 통해 반복되는 일상에서도 의미 있는 성과를 만들 수 있다는 확신을 갖게 되었다. 계획 없이 움직이면 에너지는 쉽게 분산되고 비효율이 커지기 마련이다. 그래서 매일 아침 또는 전날 밤, 반드시 다음 날의 루틴을 점검하고 정비한다. 분 단위까지 설계된 하루는 내가 시간을 지배하는 방식이며, 루틴 속에서 성과는 차곡차곡 쌓여 간다. 나는 이 구조를 통해 스스로를 관리하고, 목표를 행동으로 바꾸는 힘을 매일의 습관으로 만들어 가고 있다.

둘째, 작은 변화부터 점진적으로 루틴을 도입해야 한다. 나는 루틴을 처음 시작할 때 단 몇 가지 실천 항목으로 출발했다. 하루에 꼭 해야 할 행동들을 작게 나누고, 그것을 기록하고 점검하는 단순한 습관부터 시작했다. 처음엔 낯설고 부담스러웠지만, 반복을 통해 익숙해졌고 실천의 저항감도 사라졌다. 나는 루틴을 무리하게 늘리기보다 가능한 범위에서 하나씩 추가하며 자연스럽게 확장해 나갔다. 지금은 수십 개의 루틴 항목을 운영 중이지만 대부분을 실제로 실행하고 있다. 처음부터 무리하지 않았기에 지치지 않았고, 꾸준한 실행력으로 이어질 수 있었다. 루틴 설계에서 가장 중요한 원칙은 '작고 구체적인 행동부터 시작하는 것'이라고 확신한다. 물 한 잔 마시기, 5분 책 읽기, 일과 한 줄 기록하기처럼 부담 없는 실천부터 시작하는 방식이 효과적이다. 루틴은 양보다 실행률이 핵심이며, 실천 가능한 단위로 구성된 루틴이 자기 효능감을 빠르게 키워 준다. 나는 매일 아침, 전날의 루틴을 점검하고 실행이 어려웠던 항목은 원인을 분석해 조정한다. 이 과정을 반복하면서 루틴은 내 일상에 안정적으로 자리 잡았고, 지금은 삶을 설계하는 핵심 시스템이 되었다. 나는 앞으로도 변화는 크기가 아니라 방향에서 시작된다는 원칙에 따라, 작게 시작해 꾸준히 확장하는 방식을 계속 실천해 나갈 것이다.

　셋째, 루틴의 실천을 쉽게 하기 위해 환경을 구성하는 전략이 필요하다. 나는 턱걸이 루틴을 자연스럽게 실천하기 위해 생활 공간 자체를 조정했다. 집 안 화장실과 현관 입구에 턱걸이 봉을 설치하고, 그 공간을 지날 때마다 자동으로 운동하도록 설정했다. 또한, 5kg 철판을 넣은 배낭을 메고 스쾃을, 요가 매트를 이용한 플랭크를 짬 나는 시간을 활용하여 수시로 하고 있다. 이 방식은 별도의 시간을 내지 않아도 하루에 수차례 운동을 반복할 수 있게 해 주며, 의지력을 거의 소모하지 않아도 루틴이 유지되는 환경을 만든다. 내가 매번 헬스장을 가야 했다면 결코 지금처럼 꾸준히 실천하지 못했을 것이다. 나는 이 경험을 통해 루틴은 의지가 아니라 환경이 만든다는 사실을 분명히 깨달았다. 어떤 습관이든 생활 속에 자연스럽게 스며들 수 있도록 환경을 설계하면 실천 가능성이 비약적으로 높아진다. 나는 루틴을 구성할 때 언제나 환경 요소를 함께 고려하며, 책을 읽고자 할 땐 자주 머무는 공간 곳곳에 책을 두고, 운동을 위해선 운동복과 도구를 눈에 띄는 자리에 배치한다. 이러한 작은 준비는 행동으로 이어지는 흐름을 단순화하고, 실행의 진입 장벽을 낮추는 데 효과적이다. 루틴 실천이 어려울 때는 의지를 탓하기보다 환경을 점검하며, 반복을 유도할 수 있는 조건을 확인하고 즉시 개선한다. 수차례의 경험을 통해 나는 루틴 실패의 본질은 환경의 제약에 있다는 사실을 절감했다. 그래서 지금도 새로운 루틴을 만들 때마다 가장 먼저 실행 조건을 어떻게 설계할지를 고민한다. 내가 습관을 유지할 수 있었던 비결은 결심이 아니라 환경 설계의 힘이었고, 앞으로도 나는 생활 속에 실천할 수밖에 없는 구조를 심는 데 집중할 것이다.

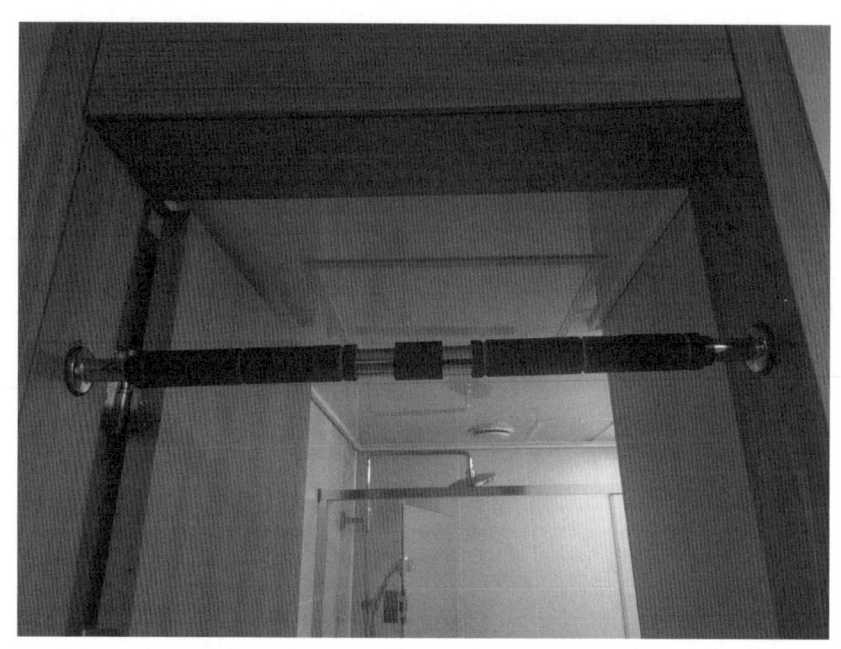

<철봉 1>

<철봉 2>

< 배낭 >

< 요가 매트 >

넷째, 루틴을 유지하기 위해 지속적인 보상과 평가 시스템을 만들어야 한다. 나는 루틴을 꾸준히 유지하기 위해 나만의 보상 시스템을 설계해 활용하고 있다. 정해진 루틴을 성공적으로 수행했을 때는 즉시 나 자신에게 칭찬을 건네고, 짧은 휴식이나 좋아하는 활동으로 스스로를 격려한다. 이러한 작은 보상은 단순한 기분 전환이 아니라 루틴의 지속 가능성을 높여 주는 강력한 강화 장치다. 나는 긍정적 피드백이 실천력을 높인다는 행동 심리의 원리를 경험으로 체득했고, 보상은 습관을 공고히 만드는 핵심 요소라고 확신한다. 루틴이 지루하게 느껴질 때, 스스로를 인정하는 태도가 동기부여를 회복시켜 준다는 사실을 수차례 느껴 왔다. 단순히 해냈다는 결과보다, 그 과정이 나의 성장과 연결되어 있다는 자각이 루틴을 지속하는 힘이 된다. 나는 주 단위 혹은 월 단위로 루틴 수행 현황을 점검하고 있으며, 무엇이 효과적이었고 어떤 부분이 반복적으로 막혔는지 구체적으로 분석한다. 이 과정을 통해 루틴은 단순한 반복이 아니라 학습과 조정의 통로로 전환된다. 나는 실행의 완벽함보다 지속 가능한 구조에 초점을 맞추고, 계획이 어그러진 날조차도 피드백의 기회로 활용한다. 평가와 조정을 반복하며 나만의 루틴은 점점 더 정교해졌고, 일상의 리듬 속에 안정적으로 자리 잡았다. 지금도 나는 매일 루틴 점검표를 활용해 실천 여부를 확인하고 필요한 조정을 곧바로 반영하고 있다. 이렇게 정기적인 피드백을 통해 루틴의 밀도와 실행력이 높아지고, 그 안에서 성취감과 자기 효능감을 안정적으로 유지하고 있다. 앞으로도 나는 작은 성공에 스스로를 칭찬하고, 피드백을 통해 루틴을 한층 더 세련되게 다듬으며 지속 가능한 성장을 실현해 갈 것이다.

다섯째, 루틴 실천 과정에서의 실패와 장애물을 대비한 전략을 마련해야 한다. 루틴이 예상치 못한 외부 변수나 내면의 흐트러짐으로 인해 무너지는 날이 종종 있다. 그런 날에는 자책하기보다 내일 다시 회복할 수 있다는 긍정적인 상상으로 스스로를 다독이며 중심을 잡는다. 루틴은 완벽하게 지키는 것이 아니라 흐트러졌을 때 얼마나 빠르게 회복하느냐에 따라 지속 가능성이 달라진다는 사실을 나는 경험을 통해 배웠다. 모든 계획이 항상 계획대로 흘러가진 않으며, 예외 상황은 누구에게나 존재하기에 실패를 전제로 한 루틴 설계가 필요하다고 본다. 처음부터 변수를 고려하고 복귀 전략을 함께 마련하면 심리적 부담이 줄고 실행 지속력이 높아진다. 나는 루틴을 제대로 실행하지 못하였을 때도 실패로 간주하지 않고 다음 날 다시 시작할 수 있는 구조, 즉 '복귀 규칙'을 만들어 실천하고 있다. 이 전략은 실패를 유연하게 수용하게 해 주고, 다시 일어서는 힘을 길러 주는 역할을 한다. 나는 하루가 무너졌다고 해서 일주일을 포기하지 않고, 다음 날에는 최소 하나의 루틴이라도 반드시 실행하는 것을 원칙으로 삼는다. 루틴은 완벽이 아니라 복귀 가능성에서 힘을 얻는 구조이며, 이 점을 체득한 이후 나는 실천 중심의 사고방식을 유지할 수 있었다. 실패한 날은 그 이유를 간단히 기록하고, 반복되는 패턴이 보이면 루틴 자체를 조정하는 방식으로 접근한다. 나는 루틴을 성과 그 자체가 아니라 나를 관리하는 시스템으로 바라보며, 실패에 대한 복원력이 장기적 성공의 열쇠라고 확신한다. 지금도 루틴이 흔들렸을 때를 대비한 복구 전략을 명확히 갖추고 있고, 이 유연한 시스템 덕분에 루틴을 꾸준히 이어 가고 있다. 앞으로도 나는 완벽을 좇기보다 다시 시작할 수 있는 자신감을 바탕으로 단단하면서도 지속 가능한 루틴을 실천해 나갈 것이다.

  마지막으로, 루틴을 지속해서 유지하기 위한 명확한 동기와 목적을 설정하는 것이 중요하다. 나는 루틴을 단순한 습관 형성 차원을 넘어 분명한 목적과 동기를 가지고 실천하고 있다. 매일 루틴을 지키는 이유는 중요한 일을 이른 시간 안에 처리하고, 그 성취감을 통해 하루의 흐름을 주도하기 위함이다. 예기치 못한 변수나 시련이 생겨도 일상으로 빠르게 복귀할 수 있는 회복 탄력성을 확보하기 위한 전략이기도 하다. 나는 루틴이 단지 시간 관리를 위한 도구가 아니라 삶의 안정성과 심리적 복원력을 높이는 강력한 수단임을 인식하고 있다. 그래서 매일 루틴을 시작하기 전, 왜 이 루틴을 해야 하는지 스스로에게 질문하며 목적을 명확히 한다. 이러한 자기 점검은 단순한 반복이 아닌 의미 있는 실행으로 나를 이끌고, 몰입도를 높이는 데 효과적이다. 나는 경험을 통해 실행에 의미가 있어야 지속할 수 있고, 목적이 있을 때 어려움도 이겨 낼 수 있다는 사실을 배웠다. 피로하거나 집중이 흐려질 때마다 나는 루틴을 시작했던 이유를 되새기며 중심을 바로잡는다. 루틴은 나의 목표를 현실로 연결하는 기반이며, 미래를 설계하는 핵심 도구라는 점을 항상 의식한다. 실행 동기가 뚜렷할수록 실천력은 강해지고, 습관은 더욱 단단해진다. 나는 루틴을 통해 작은 성공을 반복하고, 그 성공이 쌓이며 더 큰 자신감과 자기 효능감으로 이어지는 선순환을 만들고 있다. 결국, 내가 매일 루틴을 지키는 이유는 삶을 의도적으로 조율하고, 외부 변수에 흔들리지 않는 나만의 중심을 구축하기 위해서다. 나는 앞으로도 루틴의 본질을 잊지 않고, 목적 있는 실천으로 매일을 단단히 축적해 나갈 것이다.

이러한 전략을 체계적으로 실천하면 효과적인 루틴을 확립하고 지속 가능한 성장을 이룰 수 있다. 명확한 목표 설정, 작은 변화의 점진적 도입, 환경 최적화, 지속적 평가와 보상 시스템, 실패 대응 전략, 그리고 명확한 동기와 목적 설정을 통해 개인의 삶을 더욱 효율적이고 성공적으로 이끌 수 있다.

05

Luck:
인생을 바꾸는 결정적 순간

1) 불운을 행운으로:
역경을 기회로 바꾼 나의 이야기

운(運)은 흔히 통제할 수 없는 요소로 간주되곤 하지만, 실상은 우리의 대응과 태도에 따라 얼마든지 바뀔 수 있는 변수이다. 불운을 맞이했을 때 우리가 어떻게 대처하는지에 따라 그것은 오히려 기회의 문을 열 수도 있으며, 반대로 행운조차 잘못 다루면 불운으로 전락할 수 있다. 즉, 삶의 성패는 결국 우리 자신이 결정하는 것이다.

(1) 불운의 경험

삶에서 우리는 예상치 못한 불운을 마주하게 된다. 그러나 이러한 불운을 어떻게 대처하느냐에 따라 우리의 미래는 크게 달라질 수 있다.

❗ 적록 색약 판정과 진로의 변화

고등학교 1학년 신체검사에서 적록 색약 판정을 받았을 때, 이는 장래 직업 선택에 큰 영향을 미쳤다. 수학을 잘한다는 이유로 담임 선생님이 이과로 배정했지만, 이 때문에 대학교 기계공학과 필기시험에 합격하고도 신체검사에서 적록 색약으로 인해 불합격하는 상황을 겪었다. 이는 당시 정보 부족과 준비 부족으로 인한 불운이었다.

❗ IMF 외환 위기와 건강 문제

1997년 IMF 외환 위기로 인해 많은 국민이 어려움을 겪었다. 그 당시 조흥은행도 존폐 위기를 겪으면서 활로를 모색하였고 위기를 극복하기 위해 조흥은행 종합기획부 비상대책반에서 매일 야근을 하며 근무하던 중, 열악한 근무 환경으로 인해 천식에 걸렸고, 약 10년간 치료를 받아야 했다. 이러한 건강 문제는 예상치 못한 불운이었다.

💬 정권 교체로 인한 세금 제도 변경

가난의 악순환에서 벗어나기 위해 집을 매각하고 전세로 전환하여 땅에 투자했지만, 정권 교체로 인해 장기 보유 세금 감면 혜택이 심하게 축소되는 바람에 예상치 못한 막대한 세금 부담을 겪게 되었다. 결국, 이러한 정책 변화로 인해 집을 그대로 보유했을 때보다 오히려 더 나쁜 결과를 맞이하고 말았다. 이는 나의 투자 결정이 아닌 외부적 요인으로 인한 불운한 결과였다.

💬 트럼프 무역 전쟁과 주식 투자 손실

2018년 미국과 중국 간 무역 전쟁으로 세계 경제와 국내 주식시장이 크게 흔들렸다. 이로 인해 주가가 급락하며, 2018년 한 해에만 세 번의 깡통을 차며 큰 손실을 겪었다. 한 해에 세 번이나 깡통을 차다 보니 심리적인 충격은 이루 말할 수가 없었다. 일 년 내내 참담하고 비참한 심정으로 살았다. 이러한 상황은 투자자에게는 예기치 못한 큰 불운이었다.

💬 코로나19 사태와 주식 투자 손실

2019년, 오랜 고심 끝에 이제는 때가 왔다고 판단하고 10년 넘게 보유했던 땅을 매각하여 그 자금을 주식 투자에 투입했으나, 곧이어 발생한 코로나19 팬데믹으로 인해 국내외 주식시장이 급격히 폭락했다. 결국, 기대했던 수익은커녕 오히려 더 큰 손실을 보았고, 당시 손절로 인한 손실액만 무려 3억 6천만 원에 달했다. 이러한 예상치 못한 사태는 나에게 크나큰 불운으로 다가왔다.

(2) 불운을 행운으로 전환한 경험

그러나 이러한 역경 속에서도 끈질긴 의지와 긍정적인 사고방식을 통해 위기를 기회로 전환하는 경험도 함께했다.

💬 강제퇴직과 새로운 도전

2011년, 30년간 근무한 직장에서 명예퇴직금도 받지 못하고 강제퇴직을 당했다. 수입이 전혀 없는 상황에서 일자리를 구하려 했지만, 쉽지 않았다. 그러던 중 2012년 주식 투자에 도전하게 되었고, 수많은 실패를 겪었지만 포기하지 않고 노력한 끝에 2021년 경제적 자유를 이루었다. 만약 강제퇴직을 당하지 않았다면 이러한 도전과 성취는 없었을 것이다.

💬 기획사 결별과 독립적인 성장

2023년 2월, 동업하던 주식 온라인 강의 회사로부터 갑작스러운 계약 중도 파기 통지를 받아 크게 실망했지만, 좌절하지 않고 독립하여 회사를 설립하고 주식 투자 강의를 이어 갔다. 그 결과, 수입이 증가하였고 2024년 투자자문업 진출에 성공하여 2025년 1월 '돈벼락 투자자문' 신상품을 출시하는 새로운 성과를 이루었다. 이러한 경험은 불운을 행운으로 전환한 대표적인 사례이다.

(3) 행운을 만드는 삶의 태도

운이란 단지 외부에서 우연히 주어지는 것이 아니라, 우리의 태도와 노력에 의해 얼마든지 창조될 수 있는 것이다. 행운을 자신의 삶으로 끌어오기 위해서는 열린 마음과 적극적인 행동이 필수적이다. 낯선 사람들과의 소통을 즐기고, 미지의 경험에 도전하며, 항상 긍정적인 시각으로 세상을 바라보는 자세가 필요하다. 또한, 일상에서 감사의 마음과 겸허한 태도를 유지하는 것은 행운을 불러들이는 강력한 원동력이 된다. 우리는 때때로 피할 수 없는 불운을 맞닥뜨릴 수도 있지만, 그것을 어떻게 받아들이고 대처하는지에 따라 우리의 미래가 달라진다. 긍정적인 마인드와 지속적인 노력으로 불운마저도 행운으로 바꾸고, 스스로 운명을 개척하며 살아가는 삶을 선택하자.

2) 운의 힘, 인생을 바꾸는 결정적 순간

인생에서 좋은 운이 필요한 이유는 우리가 살아가는 세상이 단지 개인의 노력과 능력만으로 모든 것을 해결할 수 없는 복잡한 구조로 이루어져 있기 때문이다. 노력과 실력은 필수적이지만, 성공의 결정적인 순간에는 종종 좋은 운이 큰 영향을 미친다. 따라서 좋은 운이 가져다주는 기회와 이점을 이해하고, 이를 잘 활용할 수 있는 준비된 자세가 필요하다.

첫째, 좋은 운은 기회를 제공한다. 인생에서 성공을 거둔 많은 사람은 노력과 열정 외에도 적절한 시기에 찾아온 기회를 놓치지 않았던 행운이 있었다고 말한다. 운이 좋을 때 찾아오는 기회를 잘 포착하면 평범한 삶에서 특별한 성취를 만들어 낼 수 있다. 특히 경쟁이 치열한 현대사회에서는 좋은 운을 통해 찾아오는 기회가 더욱 큰 차이를 만들어 낸다.

둘째, 좋은 운은 자신감을 높이고 긍정적인 마인드셋을 강화한다. 운이 좋았던 경험은 개인에게 자신감과 긍정적인 사고방식을 심어 준다. 이런 경험은 앞으로의 삶에서 도전적인 상황을 마주했을 때도 자신감을 유지하며 문제를 해결할 수 있는 힘을 준다. 긍정적인 마인드는 성공 가능성을 높이고, 더 많은 행운을 끌어들이는 선순환을 만든다.

셋째, 좋은 운은 인간관계를 더욱 풍요롭게 한다. 우연히 만난 사람이 평생의 친구나 중요한 비즈니스 파트너가 되는 경우가 종종 있다. 인생에서 좋은 사람들과의 만남은 계획이나 노력만으로는 얻기 어렵다. 우연한 만남을 통해 얻은 인맥과 관계는 삶에 큰 변화를 가져오며, 이는 개인의 성장과 성공을 위한 중요한 자산이 된다.

넷째, 좋은 운은 위기 상황을 극복할 수 있는 결정적인 도움을 준다. 인생을 살아가면서 우리는 다양한 어려움과 위기를 겪는다. 때로는 자신의 능력만으로 해결하기 힘든 문제들도 찾아온다. 이때 좋은 운이 작용하면 예상하지 못한 해결책이나 도움이 나타나 상황을 극복할 수 있게 한다. 따라서 좋은 운은 위기에서 벗어나게 하는 중요한 요소가 된다.

다섯째, 좋은 운은 삶에 예상치 못한 기쁨과 즐거움을 선사한다. 인생의 즐거움은 계획적이고 예측 가능한 것들만으로 채워지지 않는다. 오히려 우연히 발생하는 즐거운 일들과 예상하지 못한 작은 행운들이 삶을 더욱 풍성하고 다채롭게 만든다. 이러한 행운은 개인의 삶에 활력과 행복감을 주어, 삶의 만족도를 높인다.

마지막으로, 좋은 운은 노력을 더욱 빛나게 만든다. 어떤 사람이 뛰어난 능력을 갖추고 노력을 하고 있다고 해도 적절한 기회와 환경이 없으면 큰 성과를 내기 어렵다. 좋은 운은 이러한 능력과 노력이 제대로 발휘될 수 있는 환경을 만들어 주어, 개인의 노력이 더욱 값지고 의미 있는 결과로 이어질 수 있도록 돕는다.

이처럼 큰 영향을 끼치는 좋은 운이 찾아오지 않으면 삶은 여러 가지 부정적인 결과 때문에 어려움을 겪게 된다. 그렇기에 우리는 좋은 운이 가져다주는 기회와 가치를 인식하고, 운이 찾아왔을 때 이를 적극적으로 활용할 수 있도록 항상 준비하고 있어야 한다.

3) 행운을 만드는 사람들의 비밀

좋은 운을 적극적으로 끌어들이고 삶에서 자주 경험하기 위해서는 구체적인 실천 전략이 필요하다. 단순히 운이 찾아오기를 기다리기보다는 운이 잘 찾아오도록 조건과 환경을 조성하는 능동적 태도가 중요하다.

첫째, 긍정적이고 개방적인 마인드셋을 유지해야 한다. 나는 주식 투자 과정에서 무려 12번이나 계좌를 깡통으로 만들며 반복적인 실패를 겪었지만, 포기하지 않고 매번 다시 도전했다. 실패를 좌절로 해석하기보다 성장의 기회로 바라보았고, 그 태도가 결국 나를 더 강하게 만들었다. 또한 과거에 몸담았던 회사에서 갑작스러운 계약 해지를 통보받는 시련을 겪었지만, 그 상황을 전화위복의 기회로 전환해 나만의 회사를 설립했고 의미 있는 성과를 창출했다. 이런 경험을 통해 나는 분명히 깨달았다. 성공의 이면에는 언제나 실패와 시련이 존재하며, 그것을 어떻게 받아들이느냐에 따라 인생의 방향은 완전히 달라진다는 사실을. 나는 운이 좋은 사람들의 공통점이 긍정적이고 개방적인 태도라는 점에 주목하며, 나 역시 의식적으로 그런 태도를 훈련하고 삶에 적용해 왔다. 환경을 탓하지 않고 자신이 통제할 수 있는 부분에 집중하는 자세는 현실 속에서 기회를 포착하게 해 준다. 나는 어떤 위기 속에서도 "이 안에 분명 기회가 있다."라는 전제를 놓지 않으며, 모든 경험을 나의 성장 자산으로 바꾸기 위해 노력한다. 반대로 부정적인 태도는 눈앞의 기회를 가리고 도전 의지를 약화시킨다는 사실을 수없이 확인했다. 그래서 어려운 순간일수록 더 의식적으로 희망의 시각을 유지하고, 스스로 방향을 찾아내려는 태도를 실천하고 있다. 내가 겪은 수많은 실패와 변화의 순간들은 결국 하나의 전환점이 되었고, 그 전환은 나를 더 높은 수준으로 이끄는 계기가 되었다. 나는 앞으로도 어떤 상황에서도 희망의 가능성을 먼저 떠올릴 것이며, 외부 환경이 아닌 나의 선택으로 삶의 방향을 주도할 것이다. 긍정적 태도는 단지 낙관이 아니라, 현실을 이겨 내는 가장 실용적이고 강력한 전략임을 나는 삶으로 증명하고 있다.

둘째, 지속적으로 새로운 경험과 도전을 추구해야 한다. 내가 퇴직 후 지금까지 해 온 모든 일은 한 번도 경험해 보지 않은 새로운 도전이었다. 주식 투자를 시작한 것도, 책을 집필한 것도, 유튜브 채널을 개설하고 운영한 일도 모두 처음이었고, 주식 강의와 라이브 방송, 유사 투자자문업 진출 및 운영과 주식 투자자문사 인수, 모두 낯설고 불확실한 시도였다. 특히 웹 기반 자문 상품인 '돈벼락 투자자문'을 출시한 과정은 기술적 이해와 전략적 기획이 동시에 요구되는 완전히 새로운 경험이었다. 나는 이런 도전들을 단순한 용기가 아니라 변화의 필요성과 성장을 위한 전략적 선택으로 받아들였다. 경험을 통해 나는 깨달았다. 정체된 일상에서는 운이 찾아오지 않으며, 낯선 환경에 스스로를 던질 때 비로소 기회의 문이 열린다는 사실을. 새로운 사람을 만나고, 처음 가 보는 장소에 발을 디디며, 해 보지 않은 일을 시도할 때마다 내 삶에는 전혀 예상하지 못한 기회가 찾아왔다. 나는 안정 속에 머무르면 평온은 얻을 수 있지만, 성장과 기회는 제한된다는 현실을 실감했다. 그래서 지금도 의식적으로 내가 아직 해 보지 않은 일들을 찾아 도전하려 노력한다. 실패할 수도 있지만, 새로운 시도 자체가 나를 성장시킨다는 믿음이 나를 움직이게 만든다. 나는 운이 따르는 사람들의 공통점이 도전을 멈추지 않는 데 있다고 생각하며, 외부 변화보다 스스로의 변화를 먼저 선택한다. 매번 낯선 세계로 발을 들이는 순간, 나는 또 다른 가능성과 기회를 마주했고, 그 경험들이 나를 키웠다. 앞으로도 나는 처음이라는 이유로 주저하지 않을 것이며, 나 자신을 한정 짓지 않고 더 넓은 가능성에 도전할 것이다. 운은 기다리는 것이 아니라, 움직이는 사람에게 따라오는 결과라는 진리를 나는 실전 경험으로 확신하고 있다.

셋째, 준비된 상태를 유지하는 것이 중요하다. 나는 운이 언제, 어떤 모습으로 찾아오는지 예측할 수 없다는 사실을 삶의 여러 순간을 통해 체감해 왔다. 좋은 운이든 나쁜 운이든, 그것이 내 앞에 도착했을 때는 대개 그것이 운인지조차 인식하지 못했고, 시간이 지난 뒤에야 그것이 인생의 전환점이었다는 사실을 깨달았다. 나는 뒤늦은 시점에서야 그것이 기회였는지, 혹은 교훈을 남긴 실패였는지를 이해하곤 했다. 운은 조용히 다가오고, 종종 평범한 일상 속에 숨어 지나간다. 그래서 늘 스스로에게 묻는다. 지금, 이 순간도 어쩌면 중요한 기회가 지나가고 있는 건 아닐까. 그런 가능성에 대비하기 위해 나는 늘 준비된 상태를 유지하려고 노력한다. 아무리 좋은 운이 온다 해도 그것을 활용할 준비가 되어 있지 않다면 아무 의미가 없다는 것을 잘 알고 있기 때문이다. 나는 내 역량을 키우는 데 집중하며, 지식과 기술을 축적하고 실전 적용 능력을 강화하는 데 시간과 에너지를 투자한다. 준비가 되어 있을수록 기회는 더 명확히 보이고, 더 빠르게 대응할 수 있다. 나는 이 원칙을 삶의 기준으로 삼고, 학습과 실행을 일상화하며 작은 루틴 속에서 실천을 이어 간다. 준비되지 않은 사람은 기회를 흘려보내지만, 준비된 사람은 평범한 기회도 의미 있는 성과로 바꾼다는 사실을 나는 경험으로 확인했다. 그래서 운을 단순한 우연이 아닌, 준비된 태도가 만들어 내는 가능성으로 해석하며, 지금, 이 순간에도 좋은 운을 맞이할 수 있도록 나 자신을 끊임없이 단련하고 있다.

넷째, 인맥과 인간관계를 중요하게 생각해야 한다. 나는 한때 함께하던 주식 온라인 강의 회사와 갑작스럽게 결별하며, 기반 없이 홀로서기를 시작해야 하는 위기를 맞았다. 부담은 컸지만, 그 상황을 전화위복의 기회로 전환할 수 있었던 데는 평소 쌓아 온 인간관계의 힘이 결정적이었다. 나는 이해관계를 떠나 진심으로 사람들을 대하려 노력했고, 인심을 잃지 않기 위해 작은 신뢰도 소중히 여겼다. 덕분에 예상치 못한 시점에 여러 우군이 나를 도왔고, 그 도움으로 다시 일어설 수 있었다. 이 경험을 통해 나는 좋은 운은 종종 사람을 통해 찾아온다는 사실을 깊이 체감했다. 인간관계를 단순한 네트워크가 아니라 인생의 자산으로 인식하며, 지금도 정성껏 관계를 관리하고 있다. 다양한 사람들과 열린 자세로 소통하며, 경쟁보다 존중을, 시기보다 축하를 선택하는 태도를 유지한다. 내가 보낸 긍정적 에너지는 결국 나에게도 되돌아오며, 진심 어린 축하는 오래 기억에 남는다는 것을 나는 수차례 경험했다. 그래서 새로운 프로젝트를 시작할 때 항상 '사람'을 먼저 떠올린다. 누구와 함께하면 더 멀리 갈 수 있을지, 어떤 조언이 나를 한 단계 끌어올릴 수 있을지를 고민하며 먼저 다가간다. 인간관계는 능동적으로 구축하고 성의 있게 유지해야 하며, 그것이 위기를 기회로 바꾸는 가장 현실적인 기반이 된다는 것을 나는 실전에서 반복적으로 체험해 왔다. 앞으로도 나는 사람이라는 통로를 통해 행운이 도달한다는 믿음을 잃지 않고, 더 단단하고 진정성 있는 관계로 새로운 기회를 만들어 갈 것이다.

  다섯째, 자기 관리와 건강 유지에 힘써야 한다. 나는 30년을 몸담았던 회사에서 갑작스럽게 강제퇴직을 당하며, 끝까지 나를 지켜 줄 수 있는 유일한 존재는 결국 나 자신뿐이라는 사실을 절실히 깨달았다. 그 순간부터 나는 자기 관리의 끝판왕이 되겠다는 각오로 일상을 재정비했고, 신체적·정신적 컨디션을 항상 최상으로 유지하는 훈련을 시작했다. 삶의 모든 결정과 결과에 책임지는 사람이 되기 위해, 가장 먼저 내 에너지를 안정적으로 유지하는 데 집중했다. 활기찬 몸과 마음은 단순한 컨디션 문제가 아니라 내가 세상에 전하는 긍정적 에너지의 원천임을 체감했다. 그래서 규칙적인 운동, 균형 잡힌 식사, 충분한 수면과 휴식을 루틴화해 매일 회복과 재충전을 실천하고 있다. 이 루틴은 단지 건강을 위한 관리가 아니라, 삶 전체의 흐름을 바꾸는 전략적 선택이 되었다. 나는 컨디션이 좋을 때 더욱 명확한 판단을 내릴 수 있고, 감정의 기복 없이 내면의 안정도 유지할 수 있다는 점에서 자기 관리를 일종의 방어 시스템으로 본다. 예기치 못한 위기 앞에서도 나는 건강한 몸과 정신력 덕분에 쉽게 무너지지 않고 유연하게 대응할 수 있었다. 최적의 상태는 외부 상황에 흔들리지 않는 중심을 만들어 주며, 때로는 운을 부르는 여유까지 창출하는 기반이 된다. 나는 지금도 하루 루틴 속에 운동, 명상, 수면, 식사 관리를 포함시키며, 이 작은 실천들이 모여 나를 지탱하는 거대한 힘이 된다는 것을 실감하고 있다. 자신을 신뢰한다는 것은 곧 스스로를 잘 관리하고 있다는 의미이며, 나는 그 신뢰를 증명하기 위해 오늘도 자기 관리에 최선을 다한다. 앞으로도 나는 내 중심을 지키는 데 집중하며, 언제든 변화에 대응하고 기회를 끌어당기는 자기 관리형 인생을 흔들림 없이 이어 갈 것이다.

마지막으로, 감사하는 마음을 꾸준히 실천해야 한다. 나는 지금도 무슨 일이 생기면 가장 먼저 "고맙습니다. 감사합니다. 사랑합니다."라는 말을 입에 올린다. 특별한 상황이 아니어도 작고 평범한 순간마다 이 말을 반복하며, 내 일상에 자연스럽게 녹여 내고 있다. 식당에서 음식을 주문하거나 계산할 때, 누군가 내게 작게나마 도움을 주었을 때, 혹은 평온하게 하루가 지나간 저녁에도 나는 이 세 가지 말을 습관처럼 실천한다. 말은 단순한 표현이 아니라 에너지의 방향이며, 내가 어떤 파장을 내보내느냐에 따라 세상의 반응이 달라진다는 사실을 나는 여러 경험을 통해 체감했다. 감사의 말을 자주 건넬수록 사람들의 표정이 부드러워지고, 예상하지 못한 긍정적 반응이 돌아온다는 것을 분명히 느꼈다. 나는 "감사합니다."라는 한마디가 관계의 온도를 바꾸고, 아주 작은 친절에도 따뜻한 미소와 응원이 따라온다는 것을 여러 번 경험했다. 진심 어린 감사 표현은 삶에 긍정적인 흐름을 만들어 내고, 나아가 예상하지 못한 운과 기회를 부르는 선순환을 형성한다. 나는 이것이 단순한 매너가 아니라, 내가 가진 것을 인식하고 현재의 풍요를 자각하게 만드는 훈련이라는 점에서 매일 실천하고 있다. 아침이나 저녁마다 감사했던 일을 짧게 정리하거나 마음속으로 떠올리는 루틴을 통해, 하루의 끝을 긍정으로 마무리하고 다음 날을 새로운 에너지로 시작한다. 이런 감사 루틴은 나의 사고방식을 긍정 쪽으로 단단히 정렬해 주는 핵심 도구가 되었다. 삶이 완벽하지 않더라도, 감사하는 사람은 언제나 문제보다 기회를 먼저 본다. 감사는 시선을 바꾸고 태도를 바꾸며, 결과를 바꾸는 힘을 지녔다. 나는 앞으로도 매일 감사의 언어를 잊지 않고 실천하며, 그 작고 따뜻한 말들이 인생 전체를 긍정으로 이끄는 흐름을 만들 것이라 믿는다.

결론적으로, 운은 단순히 기다리는 것이 아니라 적극적으로 준비하고 실천하는 사람에게 찾아온다. 긍정적인 마인드, 새로운 도전, 철저한 준비, 풍성한 인간관계, 자기 관리, 감사의 습관을 통해 좋은 운을 자주 만나고 삶을 더욱 풍요롭고 행복하게 만들 수 있다.

PART 2
초대박 인생 5박자

01

쪽박

1) 주식 투자로 8년간 12번의 깡통과 쪽박을 차다

나는 30년간 몸 바쳐 일했던 직장에서 2011년 명예퇴직금도 받지 못하고 강제퇴직을 당한 후에 2012년, 먹고살기 위해서 생전 한 번도 해보지 않은 주식 투자라는 길에 발을 들였다. 그것은 꿈이나 열정 때문이 아니라 그저 막다른 골목 끝에서 필사적으로 잡은 마지막 지푸라기였다. 평생을 바쳐 일했던 직장에서 어느 날 갑자기 강제퇴직을 당한 뒤, 명예퇴직금 한 푼 없이 거리에 내던져졌다. 노후를 준비할 겨를도 없었다. 새로 일자리를 구하려 애썼지만, 냉혹한 현실은 나 같은 사람에게 자리를 내어 주지 않았다.

하지만 처음 주식 투자를 시작할 땐 자신감이 있었다. 대학에서는 경영학을, 대학원에서는 경제학을 전공했고, 은행에서 30년을 숫자와 함께 살아왔으니 나름대로 잘할 수 있다는 믿음이 있었다. 그러나 그것은 순진한 착각에 불과했다. 주식시장은 내게 절대 친절하지 않았다. 시장은 주식 초보자인 나를 먹잇감으로 여기고 있었던 것이다.

나는 8년 동안 무려 12번이나 깡통을 차야 했다. 그 과정에서 총 11억 원이라는 엄청난 돈을 손절하며 잃었다. 쪽박이라는 단어가 뼛속 깊이 새겨질 만큼, 가진 모든 것을 완전히 잃었다. 평생 모아 둔 예금과 적금, 보험마저 전부 해지했고, 땅까지 팔았지만 단돈 천 원조차 없이 막막한 현실 앞에 절망했다. 돈을 빌리려 해도 손을 내밀 곳조차 없었고, 나를 믿고 돈을 빌려줄 사람은 단 한 명도 없었다. 그때 느낀 외로움과 비참함은 이루 말할 수 없었다.

계속된 쪽박 앞에서 나는 철저히 무너졌다. 자신감은 바닥을 뚫고 지하로 내려갔으며, 나 자신에 대한 증오와 혐오, 자기 의심이 극에 달했다. 거울 속에 비친 내 모습조차 직면할 용기가 없어졌다. 반복되는 실패와 고통 속에서 우울과 불안이 내 영혼을 잠식했다. 나날이 나는 무기력의 늪에 빠졌고, 정신적으로도 무너져 불안장애와 우울증이라는 그림자가 나를 따라다녔다.

결국, 나는 사람들을 만날 용기조차 없어졌다. 실패한 내 모습이 남들에게 보일까 봐 스스로 사람들을 피해 숨어 버렸다. 사회적 고립은 점점 깊어져 갔고, 그로 인해 외로움과 고독이 내 삶을 완전히 장악했다. 미래를 향한 희망이나 자신감은 이미 오래전에 사라졌고, 내 능력과 가능성에 대한 믿음도 완전히 흔들려 버렸다.

이것이 바로 내가 찬 쪽박이었다. 경제적 파탄 그 이상의 고통, 자존감의 붕괴와 정신적 고통, 그리고 극도의 외로움이 뒤섞인 처절한 현실이었다. 쪽박은 내 삶의 균형을 완전히 무너뜨리고, 깊고 어두운 심연으로 나를 내던졌다.

12번 깡통의 역사

	시기	사유	지속기간	무거래기간	손실	추가투입자금
1	2012. 8.	종목 잘못 선정, 몰방	1년	1년	-5%	소액
2	2013. 12.	대주 거래 추세 상승 전환	3달	3달	소액	소액
3	2015. 7.	위안화 절하	2달	2달	거액	거액
4	2015. 12.	그리스 사태	2달	1달	소액	없음
5	2016. 2.	중국 증시 붕괴	2달	1달	소액	소액
6	2016. 10.	박근혜 대통령 탄핵	4달	2달	소액	거액
7	2017. 9.	북한 핵 실험	2달	6달	소액	없음
8	2018. 5.	미·중 무역 전쟁	2달	2달	소액	소액
9	2018. 7.	미·중 무역 전쟁 악화	2달	1달	소액	소액

10	2018. 10.	미·중 무역 전쟁 격화	3달	1달	거액	거액
11	2019. 8.	한·일 경제 전쟁	4달	1달	소액	없음
12	2020. 3.	코로나 사태	2달	3달	거액	거액

주가는 끊임없이 떨어지고, 평가손은 눈덩이처럼 불어나고, 손실률은 악마처럼 커지고, 예수금은 빠르게 줄어들고, 담보 부족으로 강제매도 당하는 것을 막기 위해 보유 주식을 마구잡이로 처분하고, 머리는 철퇴를 맞은 것처럼 지끈거리고, 위는 점점 쓰려오고, 온몸은 피 말리는 고통으로 바싹바싹 오그라들고, 다음날의 담보 부족 걱정으로 전신이 경련을 일으키며 마비되고, 언제 회복될지 모르는 주가지수를 피눈물 흘리면서 쳐다보고, 공포의 저승사자 발걸음 소리가 점점 가까워지고…… 아! 이 참담하고 처참한 피 말리는 고통을 어떻게 해야 하나? 내가 왜 이렇게 되었을까? 왜 사전에 이런 사태를 막지 못하였을까? 왜 위기가 계속 반복되는가?

_피 말리는 고통, 2017. 9. 25.

< 12번 깡통의 역사 >

흘러내리는 피눈물

두 눈에서 저절로 눈물이 흘러내렸다. 코가 막혀 숨을 쉴 수가 없었다. 이미 다 말라 버린 입술이 벌어진 채 다물어지지 않았다. 심장은 오래전에 폭발한 것 같았고, 온몸의 피가 거꾸로 도는 것을 느꼈다. 사지가 오그라들어 손가락 하나 까딱할 수가 없었다. 양다리의 힘이 빠져 한 걸음도 내디딜 수가 없었다.

최악의 상황을 스스로 만들고 쫓기는 짐승처럼 울부짖으며 손절매하다니…… 수십 번

연속 수익을 냈지만 단 한 번의 실패로 시장에서 영원히 사라진 고수가 숱하다는 말이 가리키는 사람이 바로 '나'라는 생각이 나를 점점 가라앉게 했다. 대낮인데도 불구하고 창밖이 컴컴하였다. 창밖으로 보이는 검은 아스팔트가 나를 부르고 있었다. 죽고 싶어 죽는 것이 아니라, 죽을 수밖에 없는 상황이 되었다. 다시는 똑같은 실수를 반복하지 않으리라 맹세하고 또 하였다. 아무리 정신을 차리고 움직이려고 해도 할 수가 없었다. 손가락 하나 까딱거릴 수도 없었다. 한 발자국도 뗄 수가 없었다.

냉동인간처럼 모든 것이 얼어붙었다. 어떤 명언과 위로도 들리지 않았다.

< 2019년 2월 28일 하루 5억 4천만 원 손실 시 심정 >

2) 쪽박이 부르는 인생의 재앙

쪽박이란 본래 그릇의 한 종류를 의미하지만, 흔히 비유적으로 경제적 실패나 파산, 극심한 빈곤 상태를 가리킬 때 사용된다. 특히 투자나 사업에서 큰 실패를 겪어 모든 재산을 잃고 빈털터리가 되는 상황을 일컫는다. 쪽박을 차게 되면 개인의 삶은 물론 가족과 주변 사람들에게까지 심각한 영향을 미친다.

첫째, 경제적 피해가 심각하다. 쪽박을 차는 순간 그동안 모아 두었던 재산과 자산이 한순간에 사라지며, 빚과 부채가 급격히 늘어난다. 경제적 자립이 무너지면 기본적인 의식주조차 해결하기 어렵게 되어 삶의 질이 급격히 하락한다. 이는 단순히 금전적 손실에 그치지 않고 심리적 압박과 스트레스로 이어져 개인의 신체적, 정신적 건강까지도 악화시킬 수 있다.

둘째, 심리적 타격과 자존감의 붕괴를 초래한다. 경제적 실패는 개인의 자존감과 자신감을 크게 훼손한다. 실패감과 무력감에 빠지면 다시 일어서고자 하는 의지마저 상실할 수 있으며, 이는 우울증이나 불안장애 같은 심각한 정신적 문제로 발전하기도 한다. 지속적인 자기 비하와 부정적인 사고는 결국 회복할 수 있는 힘을 잃게 만들고 인생 전반에 걸친 무기력을 초래한다.

셋째, 인간관계와 가족 관계의 붕괴를 일으킬 수 있다. 경제적 실패는 개인적 문제를 넘어 가족이나 주변 사람들과의 관계에도 악영향을 미친다. 재정적인 어려움으로 인해 가족 간 갈등과 불화가 증가하며, 극단적인 경우 가족의 해체나 이혼과 같은 상황까지 초래할 수 있다. 또한, 친구와 지인과의 관계마저 소원해지며, 사회적 고립과 외로움을 겪게 된다.

넷째, 장기적인 사회적 불이익이 발생한다. 경제적 실패 경험은 신용등급의 하락이나 금융 거래 제한 등 장기적으로 사회적 활동과 재기 가능성을 저하시킨다. 신용이 무너지면 새로운 경제활동이나 재취업이 어려워지고, 삶을 회복하려는 노력이 더욱 힘들어질 수밖에 없다. 사회적 신뢰가 무너지면 개인이 다시 안정적인 삶으로 복귀하기 위한 기회를 얻는 것이 어려워진다.

마지막으로, 미래에 대한 희망과 가능성을 상실하게 된다. 쪽박을 차게 되면 개인의 삶은 희망과 꿈을 잃고 절망에 빠지게 된다. 미래에 대한 기대나 계획조차 할 수 없는 상황에 부닥치게 되어 장기적인 관점에서 삶의 목표와 방향성을 완전히 상실할 수도 있다. 이러한 상황은 개인의 삶을 근본적으로 흔들어 놓아 정상적인 삶으로 돌아오는 데 많은 시간과 노력이 필요하게 된다.

결론적으로 쪽박이라는 상황은 개인과 가족, 그리고 사회 전반에 걸쳐 극심한 피해와 끔찍한 결과를 초래한다. 이를 예방하기 위해서는 철저한 계획과 신중한 판단, 그리고 위험 관리 능력을 갖추고 있어야 하며, 무엇보다 과욕을 부리지 않고 현실적이고 합리적인 경제활동을 지속하는 것이 중요하다. 인생에서 쪽박을 피하고 안정적인 삶을 유지하기 위해서는 언제나 주의 깊고 책임감 있는 선택이 필요하다.

3) 쪽박을 피해 성공으로 가는 길

쪽박을 피하는 현실적이고 확실한 방법을 알고 실천하는 것은 인생에서 매우 중요한 과제다. 경제적 위기를 예방하고 안정적인 삶을 유지하기 위해서는 신중하고 체계적인 전략이 필요하다. 다음의 방법들을 실천하면 경제적 파산과 그로 인한 심각한 피해를 최소화할 수 있다.

첫째, 현실적이고 신중한 목표를 설정해야 한다. 나는 2011년, 30년간 몸담았던 직장에서 명예퇴직금도 없이 강제퇴직을 당하며 생계가 막막한 현실에 직면했다. 그 절박함 속에서 나는 먹고살기 위해 주식 투자에 뛰어들었고, 처음에는 단순히 생활비를 마련하려는 현실적인 목적이었다. 그러나 시간이 지날수록 '빨리 돈을 벌어야 한다.'라는 강박감이 나를 지배했고, 나는 점점 과도한 욕심과 탐욕에 빠져들었다. 감당할 수 없는 수준의 신용을 사용하며 무리한 투자를 반복했고, 결국 12번이나 계좌를 깡통으로 만들며 처절한 실패를 경험했다. 돌이켜 보면 가장 큰 원인은 명확한 목표 없이 조급하게 움직였던 나의 태도였다. 나는 이 경험을 통해 과도한 욕심과 일확천금을 노리는 접근이 실패를 부른다는 진실을 뼈저리게 깨달았다. 지금은 내 역량과 자산 규모에 맞는 현실적인 목표를 설정하고, 점진적인 실행 전략을 중심에 두고 있다. 나는 투자든 사업이든 단기 성과보다 장기 생존이 중요하다는 원칙에 따라 안정성과 리스크 관리에 집중한다. 무리한 레버리지를 피하고, 기회가 왔을 때도 내 준비 수준과 타이밍을 냉정하게 점검한 후 결정한다. 나는 이제 경험에서 체득한 원칙들을 실천에 옮기며 다시 성장의 기반을 구축해 나가는 중이다. 빠른 성공보다는 지속 가능한 성장을 추구하고, 단기 수익보다 장기 생존을 선택하는 전략으로 나 자신과 회사를 운영하고 있다. 그것이야말로 실패 이후 다시 일어서는 가장 현실적인 길이라는 것을 나는 누구보다도 깊이 이해하고 있다.

둘째, 철저한 계획과 사전 준비가 필수적이다. 나는 주식 투자에 처음 뛰어들었을 때, 막연한 자신감과 근거 없는 기대감만으로 시작했다. 주식 관련 서적 몇 권만 읽으면 감이 올 것 같았고, 특별한 준비 없이도 수익을 낼 수 있을 거라는 착각에 빠져 있었다. 하지만 시장은 그런 나 같은 초보자를 정확히 노리고 있었고, 나는 실전 감각도 전략도 없이 무방비 상태로 진입해 혹독한 대가를 치렀다. 가상 투자나 소액 연습도 없이 가진 현금을 그대로 투입했고, 감정에 치우친 채 분석 없는 결정을 반복하며 스스로를 실패로 몰아넣었다. 이 경험을 통해 나는 철저한 사전 준비 없이 내리는 경제적 판단이 얼마나 위험한지를 뼈저리게 깨달았다. 투자든 사업이든 직관이 아닌 데이터와 분석에 기반해야 한다는 원칙을 그때부터 진지하게 받아들였다. 나는 지금 어떠한 결정을 내릴 때도 시장 흐름, 산업 동향, 경쟁자 전략, 자금 상황, 감당 가능한 리스크까지 종합적으로 검토한다. 하나의 시나리오에 의존하지 않고 다양한 변수와 예외 상황을 고려한 복수의 전략을 설계하며, 최악의 상황까지도 가정한 대응책을 반드시 마련한다. 이러한 접근 방식은 리스크를 줄이는 것을 넘어 변화에 빠르게 대응할 수 있는 유연성을 제공한다. 나는 준비 없는 용기가 얼마나 위험한지를 체험했기에, 지금은 행동보다 준비를 먼저 하는 습관을 확고히 구축했다. 특히 금전이 오가는 경제적 결정에서는 절대 감정적으로 움직이지 않고, 철저한 전략과 분석 이후에만 실행에 나선다. 실패는 피할 수 없지만, 무모함에서 비롯된 실패는 줄일 수 있다는 사실을 나는 몸으로 배웠다. 지금 나는 제대로 된 준비를 갖춘 투자자로서, 냉철하게 판단하고 전략적으로 움직이는 법을 실천하고 있다.

셋째, 체계적인 재정 관리 능력을 갖춰야 한다. 나는 8년 동안 주식 투자로 무려 12번이나 쪽박을 찼지만, 단 한 번도 생활비 지급을 미루지 않았고, 매달 정확한 날짜에 가족에게 생활비를 전달했다. 그 행위를 책임감이라 믿었지만, 결과적으로는 가족에게 경제적 현실을 숨긴 셈이었고, 가정의 소비 패턴은 전혀 조정되지 않았다. 나는 힘든 시간을 혼자 감내했고, 가족은 내가 모든 걸 잘해 내고 있다고 생각하며 평소처럼 생활했다. 지금 돌아보면, 내가 조금만 더 용기를 내어 상황을 공유하고 협조를 요청했다면 분명 결과는 달라졌을 것이다. 나는 그 경험을 통해 경제생활의 핵심은 단순한 수입의 유지가 아니라 체계적이고 투명한 재정 관리라는 사실을 절감했다. 지금은 수입과 지출을 철저히 구분하고, 월 단위 예산을 설정한 뒤 항목별 지출을 정기적으로 점검하는 루틴을 실천하고 있다. 불필요한 소비를 줄이기 위해 결제 내역을 주기적으로 검토하고, 충동적 소비를 차단할 수 있는 구조를 생활에 적용하고 있다. 나는 소비를 단순한 지출이 아닌 재정 전략의 일부로 바라보며, 장기적인 자산 축적의 관점에서 매일의 소비 결정을 내린다. 특히 현금 흐름을 면밀히 관리하며 수입이 줄거나 예상치 못한 지출이 생겨도 흔들리지 않는 구조를 만드는 데 집중한다. 나는 비상 상황에 대비한 긴급 자금을 따로 운용하고 있으며, 이는 위기 상황에서도 심리적 안정을 유지하게 해 주는 중요한 기반이 된다. 재정 관리란 단순히 돈을 아끼는 것이 아니라, 돈의 흐름을 이해하고 통제하는 힘을 기르는 일이라는 점을 나는 실전 경험을 통해 배웠다. 지금도 매달 재무 상태를 점검하고 있고, 앞으로도 책임 있는 태도와 전략적 사고를 바탕으로 흔들리지 않는 재정 관리 시스템을 만들어 갈 것이다.

넷째, 객관적인 현실 인식을 유지해야 한다. 나는 재직 시절 단 한 번도 주식 투자를 하지 않았지만, 경영학 전공과 경제학 석사, 은행에서의 30년 경력을 바탕으로 주식시장에서도 성공할 수 있을 것이라 확신했다. 숫자에 밝다는 이유로 다른 사람과는 다를 것이라 믿었고, 실전 경험 없이 곧장 시장에 진입했다. 그러나 주식 투자가 단순한 숫자 이해와는 차원이 다르다는 사실을 그때는 알지 못했다. 실전은 이론과 달랐고, 시장은 냉혹했으며, 과도한 자기 확신은 나를 현실 인식 없이 움직이게 만들었다. 그 결과는 참담했다. 나는 12번의 계좌 깡통과 11억 원의 손절이라는 대가를 치렀고, 그 고통은 지금도 또렷이 기억된다. 이 경험을 통해 나는 과신도 과소평가도 모두 위험하다는 교훈을 뼈저리게 배웠다. 자기 능력을 객관적으로 파악하지 못하면 전략이 왜곡되고, 결과는 무너진다. 그래서 중요한 결정을 앞두고 가장 먼저 나 자신의 역량과 자산 상태를 냉정하게 점검한다. 어떤 지식과 경험을 보유하고 있는지, 감당 가능한 리스크는 어디까지인지, 외부 환경은 어떤 흐름으로 작동하는지를 철저히 분석한다. 특히 투자 결정을 내릴 때 희망보다는 현실 가능성에 무게를 두고 판단하며, 손실 시나리오를 먼저 시뮬레이션해 최악의 경우를 감당할 수 있는지를 기준으로 삼는다. 강점은 무기가 될 수 있지만, 자각 없이 휘두르면 실패를 부르는 칼날이 된다는 사실을 나는 실전에서 값비싸게 배웠다. 앞으로도 나는 냉정한 자기 인식과 균형 잡힌 판단력을 바탕으로 모든 경제적 결정을 이어 갈 것이다.

다섯째, 신뢰할 수 있는 정보에 의존해야 한다. 나는 주식시장에 진입하기 전, 충분한 정보 수집과 분석 없이 성급하게 뛰어들었고, 지금 돌이켜 보면 그 결정은 준비 부족에서 비롯된 무모한 행동이었다. 만약 내가 시장 구조와 작동 원리, 리스크 요인까지 사전에 철저히 조사하고, 다양한 데이터와 분석을 바탕으로 종목과 시황을 판단했더라면 12번의 깡통이라는 참혹한 결과는 피할 수 있었을 것이다. 나는 근거 없는 낙관에 기대어 '잘되겠지.'라는 막연한 기대만으로 투자를 결정했고, 검증 없는 판단은 결국 실패로 이어졌다. 이 경험은 나에게 경제적 판단의 핵심은 감정이 아닌 정보라는 분명한 교훈을 남겼고, 이후 나는 모든 결정을 철저히 데이터 기반으로 접근하고 있다. 시장에 진입하기 전에는 공식 통계, 신뢰할 수 있는 자료, 전문가 의견 등을 다각도로 검토하며, 정보의 출처와 신뢰도를 가장 먼저 따진다. 나는 루머나 감정적 해석에 휩쓸리지 않기 위해 늘 경계하고, 과장되거나 왜곡된 정보가 투자 심리를 자극하는 방식에 특히 주의한다. 과거에는 자극적인 정보에 쉽게 반응하며 잘못된 판단을 반복했지만, 지금은 그런 실수를 막기 위해 정보 선택의 기준을 명확히 설정해 두었다. 나는 투자뿐 아니라 모든 경제적 선택에서 사실 위에 사고를 세우며, 데이터를 수집하고 분석한 후 실현 가능성과 리스크를 비교하여 가장 합리적인 시나리오에 따라 움직인다. 이 과정은 단순해 보이지만 실제로는 수많은 유혹과 감정의 파도 속에서 냉정함을 유지해야 하기 때문에 더욱 어렵다. 나는 실패를 통해 이

냉정함의 중요성을 체득했고, 지금은 정보 없이 결정하는 일이 없도록 철저하게 나를 관리하고 있다. 앞으로도 나는 정보 기반의 사고방식을 삶 전반에 적용하며, 감정보다는 사실에 근거한 선택을 통해 지속 가능한 성과를 만들어 갈 것이다.

마지막으로, 지속적인 자기계발과 학습을 통해 경제적 능력을 키워야 한다. 나는 지금도 나 자신의 경쟁력을 높이기 위해 매달 최소 한 권 이상의 책을 꾸준히 읽는다. 단순한 독서가 아니라 정치·경제 상황에 대한 정보 수집과 분석을 목표로 하며, 이를 통해 경제 감각을 예리하게 다듬고 있다. 경제를 읽는 힘은 단기 수익을 넘어 장기 생존과 직결된 역량이라는 사실을 알기에, 나는 학습을 절대 멈추지 않는다. 동시에 시장에 대한 감각과 직관을 유지하기 위해 매일 1천 개 이상의 차트를 분석하며 실전 훈련을 지속한다. 숫자를 보는 데 그치지 않고 흐름과 패턴을 체화함으로써 실전 감각을 날카롭게 다듬고 있다. 데이터 분석과 차트 해석이 반복될수록 예측의 정확도는 높아지고, 시장을 꿰뚫는 눈은 더욱 깊어진다. 나는 급변하는 환경 속에서 살아남기 위해 끊임없는 학습과 자기계발을 병행하며, 과거 지식에 안주하지 않기 위해 매일 자신을 새롭게 만든다. 금융 지식, 투자 기술, 리스크 관리 전략 등 실전적 역량을 꾸준히 업데이트하고 있으며, 이를 내 루틴 속에서 적용할 수 있도록 체화한다. 단순히 배우는 데 그치지 않고, 학습한 내용을 반복 적용하고 검증하며 진짜 내 것으로 만들기 위해 훈련을 멈추지 않는다. 단기 수익보다는 장기 생존을 우선하며, 특히 경제적 파산을 막기 위한 안정적 자산 운용 전략을 수시로 점검한다. 나는 하루하루 배우고, 생각하고, 실천하는 루틴을 통해 어떤 경제 환경에서도 흔들리지 않는 기반을 다지고 있다. 앞으로도 나는 자기계발과 실전 감각 훈련을 두 축으로 삼아 경제적 자유를 넘어 지속 가능한 성장과 성공적인 삶을 실현할 것이다.

　결론적으로 쪽박을 피하는 가장 현실적이고 확실한 방법은 신중하고 현실적인 목표 설정, 철저한 계획과 준비, 체계적인 재정 관리, 객관적 현실 인식, 신뢰할 수 있는 정보의 활용, 그리고 지속적인 자기계발과 학습에 있다. 이를 꾸준히 실천함으로써 경제적 위기에서 벗어나 안정적이고 풍요로운 삶을 실현할 수 있다.

02

소박

1) 소박의 감옥:
그럴듯한 삶의 가면 뒤에 숨은 무력감

소박한 삶이란 물질적 풍요나 과도한 욕망을 좇기보다 자신에게 주어진 현실과 능력에 감사하며 살아가는 삶의 태도다. 이는 결코 부족함이나 빈곤을 뜻하지 않는다. 오히려 지나친 욕심과 허영을 내려놓고, 자신이 가진 것에서 진정한 만족과 행복을 발견하는 지혜로운 삶이다. 작은 것에서도 기쁨과 의미를 찾으며 내면의 안정과 충만감을 추구하는 현명한 삶의 방식이다.

나는 1982년 조흥은행에 입행하여 30년간 이러한 소박한 삶을 살아왔다. 어린 시절에는 가난으로 인해 연탄을 배달하거나 막걸리 통을 짊어지고 산을 넘는 고생을 겪었다. 등록금을 내지 못해 학교에서 눈치를 보았고, 대학교 시절에는 도시락 하나를 점심과 저녁으로 나눠 먹으며 버텨야 했다. 이런 어려움 속에서 처음 직장을 얻고 매달 안정적인 월급을 받게 되었을 때의 기쁨은 이루 말할 수 없었다. 내가 취직한 이듬해 아버지는 일을 그만두셨고, 당시 우리 집의 재정 상태는 빚만 가득했다. 월세방에서 살아야 했으며, 내 월급은 가족의 빚을 갚는 데 쓰였고, 두 동생의 결혼 비용까지 책임져야 했고 나 자신의 결혼 역시 빚을 얻어야만 가능했다. 이런 상황 속에서 월급날이 찾아오면 숨통이 트이는 듯한 안도감을 느꼈다.

가족이 늘어나면서 생활비 부담도 커졌고, 더 철저히 아끼며 살아야 했다. 혼자 버는 월급으로 부모님을 포함한 가족 모두를 부양하는 것은 쉬운 일이 아니었다. 주변의 동료들은 부모님의 도움을 받아 점점 더 여유로워졌지만, 내게는 하루하루가 늘 같은 반복이었다. 은행원이라 매달 또박또박 월급이 나왔기에, 큰 기복 없이 그저 현실에 안주하는 소박한 삶이었다.

그래도 성실히 노력한 덕분에 직장 내에서 능력을 인정받아 평사원인 행원 시절부터 본점의 핵심 부서인 종합기획부에서 근무할 수 있었다. 그 후 조흥은행 역사상 최초로 종합기획부, 인사부, 국제부와 같은 핵심 부서를 모두 근무하는 영광을 누리기도 했다. 당시에는 이것이 매우 특별하고 대단한 성취로 여겨졌지만, 돌이켜 보면 결국은 도토리 키 재기였고 부처님 손바닥 안의 일에 불과했다. 이 모든 과정은 나의 자의와 타의가 뒤섞인 평범한 직장 생활이었고, 그 속에서 내 삶의 진정한 만족감은 너무나 낮았다.

시간이 지날수록 소박한 삶의 현실에 갇혀 있는 나 자신이 암울하게 느껴졌다. 경제적 자유와 안정된 미래를 꿈꾸며 기회가 생길 때마다 재테크 차원에서 이사했지만, 부모님을 모셔야 했기에 아파트 청약 등 제대로 된 투자 기회를 놓쳤다. 내가 결혼 후 무려 열 번 넘게 이사를 하는 동안 사촌 형은 한 번도 이사하지 않고 부모님에게 물려받은 집에서 살며 자연스럽게 부를 축적했고, 은퇴 후 집을 재건축하여 월세 수입으로 여유롭게 생활하는 모습을 보며 자괴감을 느끼기도 했다.

나는 30년간 은행에 재직하는 동안 정신적으로는 자발적으로 소박함을 추구하며 살아왔지만, 경제적으로는 어쩔 수 없이 소박함을 강요받는 삶을 살아야 했다. 소박한 삶이 내면의 평화와 정신적 안정을 가져다줄 수는 있지만, 자본주의 사회에서 100세 시대를 맞이한 지금의 현실에서는 노후 빈곤으로 이어질 수 있다는 사실 또한 깨달았다. 자녀들조차 자신들의 삶이 바쁘고 경제적 여유가 없어서 부모 부양은 생각조차 어려운 시대라 경제적 자유의 중요성을 절실히 인식하게 되었다.

돌이켜 보면, 인생의 여러 단계에서 소박함이란 단어는 내 삶을 지배한 핵심 철학이었다. 사치나 과시보다는 진솔한 마음으로 살아왔고, 가족과의 관계를 소중히 여기며 일상의 작은 행복에서 의미를 찾았다. 그 과정에서 정신적 성숙과 깊은 인내심을 배웠지만, 한편으로는 현실적 한계와 경제적 압박에 괴로워하기도 했다. 특히 퇴직을 앞두고 점점 커지는 미래에 대한 불안감은 나의 소박한 철학을 다시금 돌아보게 만들었다.

나이가 들수록 자연스럽게 내 인생을 되돌아보게 되었다. 오랜 시간 은행원이라는 안정된 직장에 안주하며, 매달 들어오는 급여에 의존해 살아온 삶이었다. 안정은 있었지만, 성장도 없었다. 나는 스스로 설정한 행동의 프레임 안에 갇혀 있었고, '지금 이 정도면 괜찮다.'라는 착각 속에서 진짜 나의 가능성을 외면해 왔다. 자발적 선택이 아닌 환경에 떠밀려 살아가는 소박함은 어느새 내 인생의 족쇄가 되었고, 나는 그 안에서 돌고 도는 악순환의 루틴을 반복하고 있었다. 더 나아가고 싶다는 마음보다 현실을 유지하려는 본능이 앞섰고, 그렇게 나는 정체된 시간 속에서 수십 년을 흘려보냈다. 되돌아보면, 그 시간은 단단하지도, 뜨겁지도 않았다. 보람 없이 소모된 인생의 조각들만이 남아 있을 뿐이었다.

2) 중박으로 가는 길목에서 우리는 왜 소박에 머무는가?

인생은 누구나 다섯 가지 단계 위에 놓여 있다. 쪽박, 소박, 중박, 대박, 초대박. 이 다섯 단계는 단순한 자산 규모나 사회적 성공의 기준만을 뜻하지 않는다. 삶의 안정성, 성취감, 자유도, 그리고 자기 자신에 대한 기대 수준까지 포괄하는 총체적 지표다.

우리는 대부분 쪽박의 상태를 벗어나는 데 집중한다. 생존이 급선무이기 때문이다. 그리고 어느 정도 경제적 안정과 반복되는 일상 속에 놓이게 되면, 그다음의 질문을 잊는다. "나는 지금 어디로 가고 있는가?" 그래서 많은 이가 '소박'의 단계에서 멈춘다. 큰 불편은 없고, 치명적인 결핍도 없다. 당장의 생계는 유지되고, 적당한 여유도 있다. 그러나 그 안온함이 오래될수록 사람들은 무언가를 잃어버린다. 그것은 바로 '도전하고자 하는 마음'이다. 우리는 왜 소박에서 중박, 대박, 초대박으로 나아가지 못하는 것일까?

(1) 안정이라는 이름의 두려움

가장 근본적인 이유는 두려움이다. 도약은 언제나 불확실성을 동반한다. 지금 누리고 있는 안정을 잃을지도 모른다는 생각이, 새로운 시도를 망설이게 만든다. 소박의 상태는 편안하지만, 동시에 우리를 가만히 붙들어 매는 보이지 않는 족쇄가 된다. 사람들은 현실을 잃는 것이 두려워 더 큰 가능성을 외면한다. "괜히 모험했다가 지금 가진 것마저 잃을 수 있어." 이 속삭임이 무의식 속에서 반복된다. 그 결과, 도전은 미뤄지고, 기회는 지나간다. 더 높은 단계로의 진입은 그렇게 조용히 좌절된다.

(2) 익숙함이라는 늪

소박함은 처음에는 감사할 일이다. 하지만 그것이 오래되면, 사람은 어느 순간부터 새로운 것을 꿈꾸지 않게 된다. 도전은 피곤하고, 변화는 불편하다. 매일 반복되는 익숙한 일상이 무기력이라는 이름으로 굳어진다. "이 정도면 괜찮아."라는 자기 위안은 더 이상 성장의 의지를 품지 않는다. 그렇게 우리는 변화를 멈추고, 성장의 속도를 놓친다.

(3) 주변 기준에 길든 삶

인간은 사회적 동물이다. 그리고 우리는 늘 주변과 비교하며 자신을 판단한다. 만약 나와 비슷한 사람들이 다 비슷한 수준의 삶을 살고 있다면, 그 안에서 만족하게 된다. "이 정도면 평균은 하네."라는 안도감은, 때로는 스스로의 한계를 만드는 벽이 된다. 내 안의 더 큰 가능성이 있었지만, 그것을 자극해 줄 환경이 없었다. 결국, 우리는 우리를 가장 덜 자극하는 환경에 스스로를 묶는다. 그 결과, 성장은 정체된다.

(4) 준비 없는 미래에 대한 착각

사람들은 지금의 소박함이 앞으로도 지속될 것이라 믿는다. 건강도 유지될 것이고, 직업도 당분간은 괜찮을 거라 생각한다. 그러나 미래는 언제나 변수가 많다. 직장의 변화, 건강의 위기, 가족의 돌발 상황은 누구에게나 닥칠 수 있다. 이때를 대비하지 않은 소박한 삶은 그 순간 '취약한 삶'으로 전락한다. 중박, 대박, 초대박의 단계는 단지 더 많은 돈이나 성공을 의미하는 것이 아니다. 그것은 '위기 대응 능력'이자 '불확실성 속에서의 생존력'이다.

(5) 가능성을 가두는 자기 한계

마지막으로, 많은 사람이 스스로의 가능성을 축소한다.
"나는 그 정도는 아니야."

"그건 특별한 사람들만 할 수 있는 일이야."

성공은 재능 있는 소수의 전유물이라고 믿는 것이다. 그러나 현실은 다르다. 성공은 대부분 '도전의 지속성'에서 비롯된다. 반복적인 시도, 자기 성장에 대한 갈망, 실패를 감내할 용기. 이 모든 것이 쌓일 때 비로소 한 단계 위로 도약할 수 있다. 소박함에 머무는 사람들은 이 첫 단추를 끼우지 않는다. 시도하지 않기에 실패도 없지만, 동시에 가능성도 닫혀 있다. 안 되는 게 아니라, 하지 않았기 때문에 안 되는 것이다.

우리는 소박이라는 상태를 미덕처럼 여긴다. 그러나 그것이 무의식적 정체의 결과라면, 그것은 더 이상 미덕이 아니다. 쪽박을 벗어났다는 사실에 안도한 나머지, 더 높은 가능성을 스스로 포기하는 삶. 그것이야말로 조용한 퇴보다. 중박, 대박, 초대박은 단지 욕심의 대상이 아니다. 그것은 성장을 멈추지 않겠다는 삶의 태도이고, 불확실한 시대를 살아가기 위한 주도적 전략이다. 지금 당신은 어느 단계에 있는가? 그리고 다음 단계로 나아갈 준비는 되어 있는가? 성찰은 변화의 시작이고, 도전은 삶의 방향을 바꾸는 힘이다. 이제는 안주를 멈추고, 가능성의 문을 다시 두드릴 때다.

3) 소박함에 안주할 때, 인생이 조용히 멈춘다

인생에는 누구나 겪게 되는 다섯 단계가 존재한다. 쪽박, 소박, 중박, 대박, 초대박. 이 다섯 단계는 단순한 경제적 척도가 아니다. 삶의 전반적인 질, 자율성, 만족도, 영향력, 그리고 자기 자신에 대한 기대치까지 아우르는 총체적인 삶의 지형도다. 많은 사람이 쪽박을 피하고 싶어 하고, 가능하다면 초대박까지 도달하고 싶어 한다. 그러나 현실은 대부분 소박에서 멈춘다. 문제는 이 소박이 우리가 선택한 의식적인 삶의 방식인지, 아니면 더 나아갈 용기가 없어 머무른 무의식적 포기인지에 달려 있다.

소박함은 겉으로는 미덕처럼 보인다. 단순함을 추구하고, 작은 것에 감사하며, 불필요한 경쟁에서 벗어나겠다는 태도는 충분히 존중받을 수 있다. 그러나 그 소박함이 내면의 성찰에서 비롯된 것이 아니라 도전과 불확실성에 대한 두려움에서 비롯된 것이라면, 그것은 더 이상 성숙함이 아니라 정체다.

실제로 많은 이가 '이 정도면 괜찮다.'라는 마음으로 자신을 설득한다. 이 상태에서 사람들은 점차 도전을 멈추고, 새로운 기회를 외면하며, 그럭저럭 살아가는 삶에 익숙해진다. 그런데 바로 이 지점이 위험하다. 조용한 퇴보는 언제나 익숙함이라는 가면을 쓰고 다가오기 때문이다.

돌이켜 보면, 나 역시 크게 다르지 않았다. 30년 동안 은행에 몸담으며 매달 정해진 월급이 들어오는 삶에 익숙해졌고, 당장의 생계가 안정되었다는 이유만으로 현실에 안주했다. 도전을 멈췄고, 새로운 기회는 애써 외면한 채 '그럭저럭 괜찮은 삶'이라는 이름 아래 스스로를 묶어두었다. 그 당시에는 몰랐다. 그 선택이 얼마나 깊은 대가를 요구하게 될지, 그 안일함이 얼마나 참혹하고 비참한 결과로 돌아올지, 전혀 알지 못했다. 당시의 나는 그저 지금을 버티는 데 급급했을 뿐, 미래를 준비하지 않았고, 준비하지 않은 미래는 언젠가 반드시 혹독한 현실로 찾아온다는 사실을 너무 늦게 깨달았다.

소박함에 안주하면 무엇이 문제일까?

첫째는 에너지의 상실이다. 나는 30년 동안 은행이라는 단단한 조직 안에서 근무했다. 겉보기엔 안정적인 커리어였지만, 내면은 점점 에너지를 잃어 가는 긴 침묵의 시간이었다. 새로운 것에 도전하거나, 한계를 넘어서려는 시도는 거의 없었다. 내가 처한 현실을 '당연한 것'으로 받아들이며, 변화의 문 앞에서 스스로 걸음을 멈추었다. 특히 내가 마주한 유리 천장에 대해서도 나는 그저 체념하고 있었다. 그 벽은 너무나 두껍고 단단해 보였고, 그것을 깨려는 시도조차 '무모한 일'처럼 느껴졌다. 어느 순간부터 나는 그 벽을 깨는 것이 아니라, 그냥 피하는 것에 익숙해졌고, 그렇게 철옹성 같은 조직 안에서 무기력한 순응으로 세월을 흘려보냈다. 돌이켜 보면, 진짜 벽은 조직이 아니라 내 안의 두려움과 체념이었다. 변화를 외면하고 안정을 선택한 대가는 생각보다 컸다. 그 대가는, 내 가능성이 침묵 속에 묻히는 것, 그리고 나조차 나 자신을 제한하며 살아온 세월의 깊이였다. 도전은 힘들지만, 우리에게 활력을 준다. 새로운 것을 배우고, 시도하고, 실패와 성공을 오가는 그 과정에서 우리는 살아 있음을 느낀다. 반면 소박함에 머물러 있는 삶은 점점 단조로워지고, 생기는 사라진다. 감정은 무뎌지고, 하루하루가 복사된 듯 흘러간다. 삶에 긴장이 사라지면, 열정도 함께 사라진다.

둘째는 자기 이미지의 축소다. 처음에는 '조금만 쉬자.'라는 마음이었지만, 그 시간이 길어지면 스스로에 대한 기대치가 낮아진다. '나는 이 정도 사람이야.'라는 자기규정이 굳어지며, 더 큰 목표를 세울 능력을 상실한다. 은행원들 사이에는 종종 습관처럼 오가는 말이 있다. "은행원이 그게 되겠어?", "은행원 주제를 알고 행동해." 이 말들은 겉으론 농담처럼 들리지만, 그 이면에는 조직 문화에 뿌리 깊이 스며든 자기 제한적 사고방식이 존재한다. 문제는 이 말들이 단지 입버릇에 그치지 않는다는 점이다. 오랜 시간 반복되며 무의식 깊숙이 각인된 자기 인식은, 결국 사고와 행동의 프레임을 결정짓는다. 좋은 기회가 눈앞에 와도, 그것을 기회로 인식하지 못하거나, 설령 인식하더라도 "그건 나 같은 사람이 할 수 있는 일이 아니야!", "내가 감히 그 영역까지 넘볼 수 있을까?"라는 자기 검열로 인해 스스로 문을 닫아 버린다. 이처럼 내면에 자리한 한계 의식은 외부의 제약보다 훨씬 강력하다. 결국, 그것은 개인의 가능성을 축소시키고, 삶의 스케일 자체를 좁혀 버리는 은밀한 자기 검열의 덫이 된다.

셋째는 시대와의 격차다. 세상은 빠르게 변하고 있다. 기술, 경제, 트렌드 모두가 하루가 다르게 진화한다. 그러나 소박함에 안주한 사람은 변화에 둔감해진다. 익숙한 것을 반복하면서 새로운 흐름에 눈을 감는다. 나는 '은행'이라는 거대한 조직의 울타리 안에서 오랜 시간 안주하며 살았다. 안정된 직장, 정해진 루틴, 반복되는 업무 속에서 별다른 불안 없이 지냈지만, 그 사이 세상은 빠르게 변하고 있었다. 문득 돌아보니, 나는 어느새 시대의 흐름과는 점점 멀어져 있었다. 흔히들 말한다. "은행원이라면 정치와 경제, 금융에 정통하지 않겠는가?" 그러나 현실은 그와는 거리가 멀다. 단지 금융기관에 몸담고 있다는 이유로 시대의 흐름에 밝고, 재테크에도 능할 것이라는 환상은, 안타깝게도 환상일 뿐이다. 세상에는 '왠지 돈을 잘 굴릴 것 같지만 의외로 그렇지 못한 세 직업군'이 있다는 우스갯소리가 있다. 은행원, 경제부 기자, 경제학 교수. 이들은 경제와 금융에 대해 누구보다 정통할 것 같지만, 실제로는 자산 관리나 투자에 있어 의외의 허점을 드러내곤 한다. 그 이야기를 처음 들었을 때, 나는 쓴웃음을 지었다. 왜냐하면, 그 말의 진실을 누구보다 뼈저리게 느끼고 있는 사람이 바로 나였기 때문이다. 지금 생각해 보면,

나는 그 셋 중에서도 맨 앞에 서 있었다. 지식은 있었지만, 실천이 없었고, 정보는 있었지만 활용하지 못했다. 겉보기엔 전문직처럼 보였지만, 내 삶은 철저히 조직에 종속된 '시스템 속 부속품'이었다. 이제야 깨닫는다. 세상의 변화는 지식보다 빠르고, 생존은 직업이 아닌 능력에 달려 있다. 나는 '은행'이라는 거대한 조직의 울타리 안에 오랜 세월 있다 보니 결국 세상과의 격차는 점점 벌어지게 되었고, 변화에 적응하지 못해 큰 위기를 맞았다. 안정만을 추구한 결과가 오히려 불안을 초래하는 역설에 직면하게 된 것이다.

  마지막은 늦게 찾아오는 후회다. 지금은 그럭저럭 괜찮다고 느낄 수 있다. 하지만 인생의 후반부에 들어서면 누구나 스스로에게 묻게 된다. "내가 정말 이 정도였을까?", "그때 조금만 더 해 볼 걸 그랬다." 이러한 후회는 실패보다 더 깊고 오래 남는다. 도전하지 않은 인생, 시도조차 하지 않았던 시간은 결국 스스로에 대한 실망으로 돌아온다. 나는 노후 준비가 전혀 되지 않은 상태로, 30년을 몸담았던 직장에서 어느 날 갑작스럽게 퇴직 통보를 받았다. 명예퇴직금조차 없이 강제로 밀려난 그 순간, 내 삶은 말 그대로 공중에 붕 떠 버렸다. 가장 깊은 후회는 따로 있었다. 직장에 다닐 때, 돈을 불리는 능력을 키우지 않았다는 것이다. 안정된 월급에 안주하며 나는 오로지 '열심히 일하면 된다.'라는 믿음만을 붙잡고 있었다. 하지만 세상은 그런 믿음을 보상해 주지 않았다. 돈을 불리는 능력은 아무도 대신해 줄 수 없다. 그 어떤 회사도, 그 어떤 조직도 내 자산을 책임지지 않는다. 오직 나 스스로 키워야 할 생존의 기술이자 생애의 전략이었다. 이제는 100세 시대다. 돈 없는 노후는 선택이 아닌 재앙이다. 삶의 질은커녕, 생존마저 위협받는 현실 앞에서 나는 절실히 깨달았다. 나의 노후는 누구도 대신 살아 주지 않는다. 그 책임은 전적으로 내 몫이다. 그리고 그 책임을 감당할 힘은, 미리 준비된 나만이 가질 수 있다.

그렇다면 어떻게 해야 하는가? 소박함을 비난하자는 것이 아니다. 중요한 것은 그것이 의식적인 선택이냐는 점이다. 자발적 소박함은 존중받아야 마땅하다. 그러나 그것이 자기 포기의 결과라면, 반드시 경계해야 한다.

소박함을 디딤돌로 삼아야 한다. 그 위에 중박을 설계하고, 대박을 상상하며, 초대박까지 도전할 수 있는 의지를 유지해야 한다. 삶은 멈추는 순간부터 쪽박이 시작된다. 쪽박은 실패가 아니라, 도전을 멈춘 태도, 성장을 포기한 사고, 가능성을 제한한 마음속에 있다.

소박함에 머무르지 말자. 그것이 진정한 선택이 아니라면, 지금 당장 움직여야 한다. 멈춤은 정체이며, 정체는 곧 후퇴다. 도전은 불편함을 동반하지만, 그 불편함 속에서 진짜 인생이 자란다. 성장은 편안한 자리에서 시작되지 않는다. 지금, 당신의 소박함은 어떤 성격의 것인가? 선택인가, 포기인가? 그 물음에 정직하게 답하는 순간, 인생은 다시 움직이기 시작할 것이다.

03

중박

1) 소박함에서 중박으로:
자기계발로 이룬 삶의 전환

인생은 쪽박, 소박, 중박, 대박, 초대박과 같은 단계로 구성되어 있다. 이러한 단계들은 개인의 노력과 경험을 바탕으로 끊임없이 순환하며, 각 단계에서 얻는 교훈과 성장은 다음 단계로의 도약을 가능하게 만든다. 지난 60년 이상의 세월 속에서 나는 이 모든 과정을 겪어 왔다. 특히 자기계발과 끊임없는 도전을 통해 때로는 쪽박을 차면서도 소박함 속에서 중박, 그리고 마침내 대박의 성과를 이루었다.

1982년, 나는 조흥은행에 입행하여 30년간 성실하고 소박한 삶을 살아왔다. 여기서 소박한 삶이란 단순히 물질적 풍요를 추구하거나 욕망에 이끌리지 않고, 자신의 현실과 능력을 인지하며 절제와 감사의 마음으로 사는 삶이다. 이는 결코 빈곤이나 부족함을 뜻하지 않으며, 오히려 허영과 과욕에서 벗어나 진정한 만족을 찾는 삶이다. 어린 시절의 가난과 역경을 극복하며 안정된 직장 생활 속에서 나는 이 같은 소박한 삶의 가치를 체득했다.

그러나 소박함에 머무르지 않고 꾸준히 자기계발을 추구한 결과, 인생에서 예상치 못한 중박의 기회를 맞이하게 되었다. 그 대표적인 사례가 은행 내 해외 유학 선발 시험에서 1등으로 합격하여 미국 일리노이 주립대학교 대학원에서 경제학을 공부할 기회를 얻은 일이었다. 급히 떠나게 된 유학 생활은 많은 난관이 기다리고 있었다. 특히 언어적 장벽으로 인해 수업과 토론 참여에 큰 어려움을 겪었으며, 시험 기간마다 빠르게 영어로 답안을 작성하는 일은 큰 부담이었다. 그런데도 나는 좌절하지 않고 매일 도서관에서 새벽부터 불이 꺼질 때까지 공부에 매진했다. 모든 교재를 통째로 암기하는 심정으로 철저히 준비했고, 예상 문제 답안을 미리 작성해 외우는 방식으로 철저히 대비했다. 그 결과 전 과목에서 A 학점을 받으며, 대학원 수석 졸업이라는 중박의 성과를 이뤄 냈다. 지도교수는 박사 과정 진학을 적극적으로 권유했지만, 당시 현실적인 경제적 제약으로 인해 그 기회를 포기할 수밖에 없었다. 돌이켜 보면 아쉬운 선택이었지만, 이 경험은 내 인생의 귀중한 자산으로 남았다.

유학 시절의 또 다른 기억은 여름방학에 15인승 차량을 빌려 다른 유학생 가족들과 함께 미국 서부를 한 달간 여행한 경험이다. 시카고에서 출발해 사흘 동안 끝없는 평원을 달려 도착한 옐로스톤 국립공원에서 난생처음 만난 웅장한 자연의 모습은 나에게 깊은 감명을 주었다. 최소한의 경비(4인 가족 기준 총 2,700달러)로 최고의 여행을 경험하며, 나는 소박함 속에서 얻을 수 있는 진정한 중박의 행복과 감동을 체험했다. 이후 시카고 지점에서 근무하면서도 미국 서부와 캐나다 지역의 여러 국립공원을 여행하며 삶의 풍성한 열매를 맺었다.

1991년, 미국 유학을 마치고 돌아와 국제부에서 근무하던 중 1993년 미국 시카고 지점으로 발령을 받았다. 당시 시카고는 미국 중부 경제의 중심지로, 특히 선물거래가 활발하게 이루어져 금융기관들이 몰려들던 시기였다. 나는 미국 시카고 선물거래소와 같은 건물에서 근무하며 자연스럽게 선물거래를 공부할 기회를 얻었다. 비록 실전 투자의 기회는 없었지만, 선물거래의 위험성을 깊이 이해하게 되어 이후 개인 투자자로서 선물거래를 피할 수 있었다. 이는 역설적으로 큰 위험을 피함으로써 중박의 안정된 성과를 가져오는 결과가 되었다.

이러한 모든 경험을 통해 깨달은 것은 소박한 삶을 추구하면서도 자기계발과 도전을 멈추지 않는다면 중박과 대박의 기회는 반드시 찾아온다는 것이다. 중요한 것은 현재의 삶에 안주하지 않고 끊임없이 배우고 성장하는 자세다. 이렇게 얻은 경험과 교훈은 결국 더 나은 미래를 향한 든든한 발판이 되어 줄 것이다.

2) 중박, 현실적 만족과 지속 가능한 성장

중박의 삶은 쪽박이나 소박보다는 나은 상태지만, 대박에는 이르지 못한 중간 지점이다. 극단적인 빈곤이나 지나친 절제를 피하면서도 큰 성공이나 부에는 도달하지 못한 상태다. 안정성과 일정 수준의 만족, 행복은 제공하지만, 성취의 아쉬움이나 미련이 남을 수 있다. 초대박 인생 5단계에서 중박은 쪽박과 소박을 지나 대박, 초대박으로 가는 여정 중 하나의 이정표다. 소박에 기반을 두었지만, 소박보다 한층 더 진전된 삶이라 할 수 있다.

첫째, 중박은 현실적이고 안정적인 경제적 기반을 유지한다. 대박의 경우 큰 위험과 함께 막대한 성과를 가져오지만, 중박은 무리한 위험을 피하고 신중한 선택을 통해 경제적 안정을 추구한다. 일상생활에 필요한 충분한 경제적 기반을 갖추고 있으며, 기본적인 생활은 물론 가끔 여유를 누릴 수 있을 정도의 경제력을 유지한다. 이러한 상태는 큰 성공의 화려함은 없지만, 안정적으로 유지되는 편안함을 제공한다.

둘째, 중박은 적절한 만족감을 준다. 과도한 성공을 목표로 하지 않기 때문에 일상에서 작은 만족을 찾는 능력을 키우게 된다. 중박을 추구하는 사람은 지나친 욕심이나 허황된 꿈을 버리고 현실 속에서 소소한 행복과 성취를 경험한다. 이로 인해 정신적인 스트레스와 불안감에서 비교적 자유롭고, 삶의 질을 꾸준히 유지할 수 있다.

셋째, 중박의 삶은 지나친 경쟁이나 압박에서 자유로운 편이다. 대박을 추구하면 큰 성취를 위해 끊임없이 경쟁해야 하고 많은 압박감을 느끼게 된다. 반면 중박은 자신의 능력과 환경에 맞게 적당한 목표를 설정하고, 이 목표를 천천히 이루어 나가는 과정에서 과도한 스트레스 없이 비교적 편안한 마음으로 살아갈 수 있다. 이는 삶의 장기적인 만족과 심리적 안정을 높이는 데 이바지한다.

넷째, 중박의 상태에서는 균형 잡힌 인간관계를 유지하기 쉽다. 극단적인 성공이나 실패는 인간관계를 악화시키기 쉽지만, 중박의 균형 잡힌 삶은 주변 사람들과의 원만한 관계를 유지하는 데 유리하다. 상대방과 과도하게 경쟁하거나 지나치게 의존하지 않고 서로의 삶을 존중하고 배려하는 관계를 유지할 수 있다. 이로 인해 인간관계에서 오는 스트레스나 갈등이 상대적으로 적으며, 더욱 풍요로운 사회적 관계를 유지할 수 있다.

다섯째, 중박의 삶은 현실적인 자기계발과 지속적인 발전을 강조한다. 대박을 목표로 하는 경우 큰 위험을 감수하고 급격한 변화를 추구하지만, 중박은 점진적이고 현실적인 발전을 추구한다. 꾸준히 학습하고 성장하면서 자신의 능력과 경쟁력을 조금씩 키워 나가게 되며, 이러한 지속 가능한 발전은 장기적으로 안정적인 성과를 낳는다.

마지막으로, 중박은 인생에서의 유연성과 적응력을 높인다. 큰 성공이나 큰 실패와 같은 극단적인 상황을 겪지 않기 때문에 다양한 삶의 상황에 더욱 쉽게 적응할 수 있다. 변화하는 환경에도 유연하게 대처하며 자신의 삶을 꾸준히 유지하고 발전시키는 능력을 갖추게 된다.

그러나 이와 같은 중박을 달성하기 어려운 이유는 인간의 근본적인 욕심과 야망, 사회적 압력과 비교 의식, 지루함에 대한 두려움, 자기 관리의 어려움, 현실적인 목표 설정의 어려움, 지속적인 동기부여의 어려움 때문이다. 이러한 이유를 인식하고, 이를 극복하기 위한 꾸준한 노력과 자기 성찰을 통해 중박의 안정적이고 균형 잡힌 삶을 유지할 수 있다.

3) 안정과 성장을 동시에 잡는 중박 전략

중박은 쪽박이나 소박보다는 나은 상태지만, 대박에는 미치지 않는 균형 잡힌 삶을 의미한다. 이는 소박의 전략을 충실히 따르되, Like와 Well의 가치를 더욱 강하게 추구하는 방식이다. 극단적인 성공이나 실패를 지양하며, 안정적이고 지속 가능한 삶을 목표로 소박의 방법을 한 단계 업그레이드해 더욱 강력하게 실천하는 것이 핵심이다. 중박이라고 소박의 모든 것을 다 버리고 중박으로만 사는 것이 아니다. 또한, 대박이 났다고 항상 대박이 나는 것은 아니다. 따라서 중박의 삶은 쪽박과 소박을 바탕으로 하여 바닥을 더욱더 다지면서, 언젠가는 반드시 올 대박을 맞이할 준비를 하는 것이다. 그 준비는 다음과 같다.

첫째, 현실적이고 명확한 목표를 설정해야 한다. 나는 지금까지 살아오면서 나만의 페이스를 지키고, 일상의 루틴을 꾸준히 실천하는 데 집중해 왔다. 화려하지 않아도 내가 해야 할 일을 매일 수행하며, 삶의 필수 과제인 Must를 흔들림 없이 해결하는 것을 최우선으로 삼았다. 동시에 가능한 범위 내에서 Like를 하면서, Well의 역량을 키우는 데에도 꾸준히 시간과 노력을 들였다. 나는 과거에 과도한 목표로 스스로를 몰아세우기보다 현실적이고 구체적인 목표를 세우고, 그것을 지켜 나가는 데 집중해 왔다. 그 결과 어느 날 나도 모르게 중박의 기회가 자연스럽게 찾아왔다. 중박의 삶이란 대박을 노리지 않고도 성실함과 꾸준함을 통해 일상이 보상해 주는 결과다. 높기만 한 목표는 오히려 동기를 떨어뜨리고, 지속 가능성을 해치는 독이 될 수 있다는 사실을 나는 실전에서 체감했다. 그래서 실현 가능한 수준에서 명확하고 구체적인 목표를 설정하고, 그것을 하나씩 완수하면서 성취감을 쌓아 왔다. 그렇게 쌓인 작은 성과들이 모여 중박이라는 의미 있는 결실을 만들어 준 것이다. 나는 성공을 결코 운이나 우연으로 보지 않으며, 반복 가능한 루틴 속에서 Must를 지키고, 좋아하는 일과 잘하는 일을 놓지 않는 태도야말로 성공의 토대라고 확신한다. 지금도 나는 하루 일정을 아침부터 수면 전까지 계획하고, 정해진 습관을 반복하며 삶의 리듬을 유지하고 있다. 이 안정된 루틴은 나에게 에너지를 주고, 생각을 선명하게 하며, 지속적인 성장을 위한 기반이 된다.

둘째, 계획적이고 체계적인 재정 관리가 필요하다. 나는 중박이란 어느 날 갑자기 찾아오는 행운이 아니라, 작고 소박한 성과들이 차곡차곡 쌓여 만들어지는 흐름이라는 것을 경험을 통해 분명히 깨달았다. 쪽박에서 단숨에 중박으로 도약한 적은 한 번도 없었고, 늘 반복적이고 지속적인 소박한 실천 속에서 중박의 기회가 열렸다. 그래서 지금도 일상 속에서 의미 있는 소박을 꾸준히 터뜨리는 삶을 지향한다. 특히 작지만 확실한 성과를 만들기 위해 내가 가장 중요하게 여기는 것은 계획적이고 체계적인 재정 관리다. 중박은 운이 아니라 구조의 문제이며, 나는 그 구조를 재정 시스템으로 설계하고 있다. 수입과 지출을 철저히 구분하고, 매달 예산을 설정하며 소비의 방향성을 관리한다. 나는 소비를 감정의 분출이 아닌 전략적 선택으로 다루며, 모든 지출이 삶과 목표에 어떤 영향을 미치는지를 사전에 자문한다. 저축은 항상 우선순위에 두고, 비상 상황에 대비한 자금도 별도로 관리하여 위기에도 흔들리지 않는 안전망을 구축한다. 이러한 구조는 나에게 심리적 안정감을 제공할 뿐 아니라 미래 선택의 폭을 넓혀 주는 핵심 요소가 된다. 나는 필요 이상을 갖기보다 꼭 필요한 것을 효율적으로 사용하는 습관을 실천하며, 합리적인 소비를 생활화하고 있다. 반복된 소박한 선택들이 누적될수록 자산은 서서히 증가하고, 경제적 불안정성은 자연스럽게 줄어든다. 나는 지금 이 과정을 통해 경제적 균형과 함께 삶의 만족도를 동시에 높여 가고 있다. 앞으로도 나는 중박이라는 결과를 만들어 내는 핵심 동력은 소박이라는 일상의 반복에 있다는 믿음 아래, 나만의 재정 루틴을 흔들림 없이 이어 갈 것이다.

셋째, 자기 통제와 절제력을 강화해야 한다. 중박이란 하늘에서 갑자기 떨어지는 행운이 아니라, 소박한 삶을 일관되게 실천한 사람에게 주어지는 합리적 보상이다. 지금까지 수많은 유혹과 단기적 기회의 손짓에도 흔들리지 않고, 나는 절제와 자기 통제를 유지하기 위해 꾸준히 훈련해 왔다. 중박을 유지하는 데 있어 감정적 판단이나 충동적 선택을 피하는 태도는 반드시 갖춰야 할 핵심 역량임을 실감했다. 나는 즉흥적인 소비, 과도한 위험 추구, 감정에 휘둘리는 결정을 철저히 배제하고, 장기적 시야로 삶을 설계해 왔다. 순간의 만족보다는 지속 가능한 성취에 가치를 두고, 감정보다 원칙에 기반한 선택을 우선하는 습관을 만들어 왔다. 매일의 루틴 속에서 나는 작은 자기 통제를 반복하며 내면을 단련하고 있으며, 술 한 잔을 마실지 말지조차도 지금과 미래의 나에게 어떤 영향을 줄지를 먼저 고민한다. 이러한 사소한 선택에서의 절제가 쌓이면, 더 큰 결정을 내릴 때도 흔들리지 않는 단단한 기준이 세워진다. 중박을 추구하는 사람이라면 일상 속에서 감정 조절과 자기 절제를 지속적으로 훈련해야 한다. 중박은 단순한 경제적 성과가 아닌 삶 전체의 균형과 심리적 안정이 맞물린 결과이기 때문이다. 나는 무리한 확장이나 과도한 투자를 지양하며, 늘 내가 감당할 수 있는 범위 내에서 최선의 결과를 추구해 왔다. 원하는 성과가 당장 눈앞에 보이지 않더라도, 조급함을 누르고 묵묵히 나아가는 태도 속에서 결국 성취는 따라온다는 진리를 수차례 체험했다. 오늘도 나는 절제된 선택을 통해 나의 삶을 설계하며, 그 습관들이 모여 중박이라는 안정된 삶으로 이어질 것임을 확신하고 있다. 앞으로도 나는 절제와 자기 통제를 중심에 두고, 흔들림 없는 꾸준함으로 지속 가능한 성장과 균형을 실현해 나갈 것이다.

넷째, 작은 성취를 소중히 여기는 태도를 가져야 한다. 나는 수많은 쪽박을 겪은 끝에 소박을 만나고, 소박한 일상을 꾸준히 살아 낸 덕분에 중박의 기회를 얻을 수 있었다. 중박을 안정적으로 유지하려면 반드시 쪽박과 소박의 경험이 충분히 축적되어야 한다. 쪽박에서 고통을 배우고, 소박에서 성취를 배우며, 이 두 과정을 거치지 않았다면 중박은 절대 불가능했을 것이다. 크고 극적인 변화가 아닌, 사소한 실패와 작은 성공의 반복이 결국 중박이라는 결과로 이어졌다는 점에서 나는 삶의 디테일을 절대 가볍게 보지 않는다. 내가 겪은 수많은 소소한 실패와 성공은 모두 현재의 기반이 되었고, 나는 그 경험들을 지금도 소중히 간직하고 있다. 중박은 겉으로 화려하게 드러나지 않지만, 본질적으로 안정과 균형의 상징이며, 나는 매일의 작고 평범한 성취와 기쁨을 인식하는 연습을 계속하고 있다. 오늘 해야 할 일을 무사히 마쳤을 때, 루틴을 지켜 냈을 때 나는 충분한 만족을 느낀다. 이처럼 일상의 작은 성취와 행복이 삶을 지속 가능하게 만드는 핵심 요소라고 믿고, 그 가치를 꾸준히 실천 중이다. 구체적인 목표를 설정하고, 그것을 완수해 나가는 과정 속에서 방향을 잡고 스스로를 더욱 신뢰하게 된다. 중박을 유지하는 힘은 결국 이러한 성취 습관과 작고도 의미 있는 만족을 놓치지 않는 태도에서 비롯된다는 것이 나의 결론이다. 나는 지금도 쪽박과 소박의 기억을 되새기며 중박을 감사히 여기고, 미래의 가능성에 조급하지 않으며 차분하게 준비하는 자세를 유지한다. 결국, 나는 매일의 소박한 실천을 반복하며 삶을 단단히 다지고 있고, 그 일상의 누적이 내일의 더 나은 결과를 만들어 줄 것이라 확신한다.

다섯째, 타인과의 비교를 피하고 자신만의 삶의 기준을 세워야 한다. 중박이란 소박한 삶의 철학과 태도를 성실히 실천한 결과로 주어지는 자연스러운 보상이다. 단순히 검소하게 사는 것을 넘어, 나는 타인과의 비교에서 벗어나 나만의 기준을 세우고 지켜 나가는 태도 속에서 진짜 소박의 의미를 찾아왔다. 중박을 이루기 위해 반드시 필요한 것은 외부의 잣대가 아닌, 스스로 세운 기준을 견고히 다지는 일이며, 나는 그 중심을 매일 점검하며 살아가고 있다. 누군가의 성취에 흔들리기보다 자극을 에너지로 바꾸고, 오직 나의 목표와 속도에 집중한다. 사회적 기대에 휘둘리지 않기 위해 나는 지속적으로 내 삶의 우선순위를 되새기며 방향을 다잡는다. 중박을 유지하는 데 있어 가장 핵심은 비교 의식과 사회적 압력으로부터 나를 지키는 것이며, 나는 이 훈련을 일상 속에서 반복해 왔다. 비교는 동기를 줄 수 있지만, 자칫하면 자존감을 침식시키고 삶의 균형을 무너뜨릴 수 있다는 것을 나는 경험을 통해 배웠다. 그래서 삶의 중요한 선택을 할 때마다 '왜 이 길을 가는가?', '무엇이 진짜 나에게 중요한가?'를 스스로에게 묻고 결정한다. 이러한 자기중심적 태도는 외부의 유혹과 소음에서 나를 보호하고, 안정된 내면의 균형을 유지하는 기반이 되어 준다. 지금도 나는 매일 나만의 루틴을 지키며, 과정 중심의 태도로 하루하루를 실천해 가고 있다. 중박은 크고 특별한 성과가 아니라, 일상의 기준을 지켜 낸 결과이며 나는 그 원리를 흔들림 없이 따르고 있다. 앞으로도 나는 타인의 시선이 아닌 나의 가치와 기준으로 삶을 설계해 나갈 것이며, 그 길 위에서 더욱 단단하고 균형 잡힌 삶을 완성할 것이다.

마지막으로, 지속적인 자기계발과 성장 추구를 끊임없이 계속해야 한다. 나는 지금까지 내게 주어진 모든 중박의 결과가 단순한 행운이나 우연이 아니었음을 누구보다 잘 알고 있다. 중박이라는 안정적인 삶의 흐름을 유지할 수 있었던 이유는 소박한 삶의 원칙을 성실히 실천하며, 끊임없이 자기계발과 성장을 추구해 왔기 때문이다. 나는 눈에 띄는 성과보다는 매일의 작은 실천과 학습을 더 가치 있게 여기며 살아왔고, 그 꾸준함이 중박의 기반이 되었다. 중박은 결코 정체나 안주를 의미하지 않으며, 나는 그것이 끊임없는 발전과 실행 속에서만 유지될 수 있는 역동적인 상태라고 정의한다. 한 번의 성취에 안주하는 순간 중박은 금세 무너지고, 삶의 균형은 흔들리기 시작한다는 사실을 나는 실전에서 체감해 왔다. 그래서 지금도 새로운 지식과 기술을 지속적으로 습득하고, 변화에 유연하게 적응할 수 있는 실질적 역량을 키우는 데 집중하고 있다. 세상은 빠르게 변하고 있으며, 나는 그 흐름 속에서 중박의 기반을 지키기 위해 스스로 끊임없이 준비한다. 변화가 두렵지 않도록 학습하고, 열린 자세로 기술과 정보를 받아들이며, 나의 경쟁력을 꾸준히 강화한다. 자기계발은 나에게 선택이 아니라 생존 전략이며, 삶의 질을 높이는 가장 강력한 도구라는 것을 나는 체득했다. 그래서 매일 일정 시간을 투자해 책을 읽고, 시장과 사회의 흐름을 분석하며, 나만의 인사이트를 축적하고 있다. 이러한 루틴은 단순한 공부가 아니라, 중박이라는 삶의 수준을 유지하고 더 나아가 확장하기 위한 핵심 시스템이다. 결국, 나는 지금도 멈추지 않고 나를 갈고닦고 있으며, 앞으로도 이 실행과 태도를 이어 가며 중박과 대박을 넘어 삶의 깊이와 확장을 실현해 나갈 것이다.

결론적으로 중박을 달성하기 위해서는 현실적인 목표 설정, 철저한 재정 관리, 자기 통제력 강화, 작은 성취를 소중히 여기는 태도, 타인과의 비교를 피하는 삶의 기준 설정, 지속적인 자기계발이 필수적이다. 이러한 방법을 꾸준히 실천하면 안정적이고 균형 잡힌 중박의 삶을 유지할 수 있다.

04

대박

1) 쪽박에서 대박으로:
　실패를 딛고 일어선 성공의 여정

　주식 투자는 성공과 실패의 경계가 매우 미세하며, 그 사이에서 얻는 경험과 교훈은 그 어떤 가치보다 귀중하다. 나는 2012년 주식 투자를 시작한 후 무려 12번의 깡통을 경험했고, 누적된 손실만 11억 원을 넘겼다. 다른 투자자들보다 더 많은 실패를 거듭하며 재도전을 이어 갔지만, 실패의 악순환은 계속되었다. 절망적인 상황에 몰려 자괴감에 빠졌고, 때로는 삶을 포기하고 싶은 심정까지 이르렀다. 특히 2020년 코로나19 팬데믹 당시 단기간에 3억 6천만 원의 막대한 손실을 본 후에는 약 3개월간 주식시장을 완전히 떠나 있었다. 주식에 관한 생각만으로도 공포가 밀려왔고, 가족들의 반대는 극심했다. 나는 매일 산을 오르며 손실의 원인을 분석하고 철저히 반성하며 마음을 다잡았다. 여기서 무너지면 영원히 패자가 될 것이고, 결국 노후에 경제적 어려움에 직면하게 될 것을 분명히 알았다.

　다시 용기를 내어 죽을 각오로 주식 투자를 재개했다. 가족의 반대는 더욱 강해졌지만 나는 흔들리지 않았다. 그해 손실을 모두 복구하며 흑자로 전환했고, 2021년에는 13억 원 이상의 실현이익을 기록하며 마침내 경제적 자유를 이루었다. 인생에서 가장 어려운 일은 돈을 버는 것이며, 그보다 더 힘든 것은 경제적 악순환에서 벗어나 선순환의 길로 진입하는 것이다. 공부는 오히려 쉬웠다는 말에 깊이 공감한다. 공부는 오로지 자신의 노력만으로 가능하지만, 돈 버는 일은 타인과의 관계, 꾸준한 노력, 그리고 행운이 함께해야 이루어질 수 있는 영역이기 때문이다.

　2021년 11월, 나는 『종목 선정 나에게 물어봐』라는 책을 출간했다.

책을 집필하기 전, 주변에서는 투자 비법 공개가 오히려 나에게 손해를 가져올 것이라며 만류했다. 하지만 그 속내는 나의 주식 투자 비법을 본인만 독점하고 싶어 하는 이기적인 계산 때문이었다. 나는 그러한 반대를 무릅쓰고, 내 실패와 성공의 모든 경험, 그리고 12번의 실패 끝에 터득한 투자 비법을 솔직하게 책에 담았다. 처음에는 그저 책 출판 비용이라도 찾겠다는 마음이었으나, 책은 출간 즉시 큰 반향을 일으키며 곧바로 2쇄에 돌입해 서서히 순위를 높이며 결국 종합 베스트셀러 4위, 경제경영 분야 1위, 주식 분야 1위를 기록하는 놀라운 성과를 거두었다. 주식 관련 서적이 종합 순위 10위 안에 진입하는 것이 매우 드문 상황에서 이룬 값진 성공이었다. 이후 세 권의 책을 추가 출간했고, 교보문고에서 두 번의 팬 사인회를 여는 영광도 누렸다.

책 출간 후 홍보를 위해 유튜브 출연을 시도했다. 유명 유튜브 채널들에 출연료까지 제안하며 요청했지만, 무명인 나에게 반응을 보인 채널은 거의 없었다. 수십 번의 실패 끝에 마침내 815머니톡에서 출연 기회를 얻었다. 처음 겪는 방송 촬영에 긴장한 탓에 제대로 말을 전달하지 못했고, 촬영 내내 얼어붙었다. 영상을 올린 후 반응에 대한 불안감으로 뜬눈으로 밤을 지새웠다. 그러나 결과는 대성공이었다. 영상은 하루 만에 10만 조회 수를 넘어섰고, 이후 수많은 채널에서 출연 요청이 쇄도했다. 특히 김작가 TV에 출연한 영상은 누적 조회 수 230만 회를 기록하며 최고의 반응을 얻었다.

이러한 성공으로 강의 요청이 끊이지 않았다. 코로나19로 인해 오프라인 강의 대신 온라인 강의를 개설했고, 처음 목표였던 1,000명의 수강생은 순식간에 돌파되었다. 급기야 수강 신청을 받는 회사의 전화가 불통될 정도였고, 결국 1기 수강생만 3,500명을 돌파하며 누적 수강생

5,000명이라는 기록을 세웠다. 이 기록은 아직도 깨지지 않은 전설로 남아 있다. 1기 강의가 끝난 2023년 1월에는 팬 미팅을 개최했으며, 참가자만 600명이 넘는 대성황을 이루었다. 나와 사진을 찍으려는 수강생들의 긴 줄이 한 시간 넘게 이어졌다.

결국, 나의 경험에서 얻은 가장 큰 교훈은 실패를 두려워하지 않는 강철 같은 도전 정신과 끊임없는 자기계발이 진정한 성공의 열쇠라는 것이다. 실패는 결코 부끄러운 것이 아니며, 오히려 성공의 디딤돌이자 위대한 자산이라는 사실을 몸소 깨달았다. 무수한 좌절과 고통의 순간마다 이를 악물고 다시 일어섰던 끈기와 인내가 결국 나를 승리로 이끌었다. 앞으로도 나는 실패를 겪고 있는 수많은 이에게 희망과 용기를 전하고, 실질적이고 구체적인 성공의 길을 제시하며 그들의 멘토로서의 역할을 다할 것이다. 나의 삶을 바꾼 이 경험들을 통해 더 많은 사람에게 강력하고 긍정적인 영향을 줄 수 있도록 끊임없이 정진할 것이다.

2) 언제, 어떻게 대박이 오는가?

대박은 언제, 어떻게 오는가? 누구나 한 번쯤은 꿈꾸는 큰 성공, 즉 대박은 단순한 행운이 아니라 명확한 준비와 전략, 그리고 올바른 타이밍이 결합하였을 때 찾아온다. 대박을 이루기 위해서는 운에만 기대기보다는 언제, 어떻게 기회를 포착하고 이를 성공으로 연결할 것인지 구체적인 계획과 준비가 필요하다.

첫째, 대박은 철저한 준비와 꾸준한 노력에서 시작된다. 많은 사람이 성공을 운이나 우연에 의한 것으로 생각하지만, 실제로 성공한 사람들은 오랜 시간 동안 끊임없이 준비하고 노력한 결과로 큰 기회를 잡는다. 자신의 분야에서 전문성을 쌓고 지속해서 노력해 역량을 키우면, 결국 그 분야에서 중요한 기회가 왔을 때 이를 놓치지 않고 성공으로 이어 갈 수 있다.

둘째, 대박은 올바른 타이밍을 만났을 때 온다. 준비가 완벽하더라도 타이밍이 맞지 않으면 성공하기 어렵다. 성공의 순간은 시장의 흐름, 사회적 변화, 기술 발전 등의 다양한 요소가 적절히 맞아떨어지는 시점이다. 따라서 끊임없이 주변 환경을 관찰하고 변화의 흐름을 읽으며, 기회가 왔을 때 신속하게 움직일 수 있도록 민첩성을 유지해야 한다.

셋째, 대박은 남다른 창의성과 혁신에서 비롯된다. 큰 성공은 기존의 방식이나 사고방식을 뛰어넘는 창의적이고 혁신적인 아이디어에서 나오는 경우가 많다. 남들이 보지 못한 기회를 발견하고, 새로운 시각으로 문제를 해결하며, 독창적인 접근법으로 시장을 선점할 때 대박을 맞이할 수 있다. 창의성과 혁신을 통해 남다른 경쟁력을 확보하고 성공 가능성을 높일 수 있다.

넷째, 대박은 과감한 도전과 위험 감수에서 출발한다. 안정적이고 편안한 상태에 머물러서는 큰 성공을 얻기 어렵다. 일정 수준 이상의 성과를 얻으려면 과감한 결정과 때로는 위험을 감수하는 용기가 필요하다. 물론 무모한 위험 감수가 아닌 철저한 분석과 준비를 통한 전략적인 도전이어야 하며, 신중함과 과감함의 균형이 중요하다.

다섯째, 대박은 뛰어난 인간관계와 네트워크에서 비롯된다. 많은 성공이 혼자의 힘만으로 이루어지지는 않는다. 좋은 인맥과 네트워크는 중요한 기회를 포착하고 정보를 얻으며 필요한 자원을 확보하는 데 큰 도움을 준다. 적극적으로 사람들과 교류하고, 진정성 있는 관계를 구축하며, 상호 간에 도움을 주고받을 수 있는 건강한 네트워크를 형성하면 성공에 더 가까워질 수 있다.

마지막으로, 대박은 실패를 두려워하지 않고 꾸준히 시도하는 자세에서 시작된다. 큰 성공을 이루는 사람들은 실패를 두려워하지 않는다. 오히려 실패를 통해 배움을 얻고, 이를 통해 더욱 강해지며 다시 도전한다. 실패에 좌절하지 않고 꾸준히 노력하며 끝까지 포기하지 않는 끈기가 결국 성공의 열쇠가 된다.

그러나 이와 같은 대박이 오지 않는 이유는 철저한 준비 부족, 타이밍 놓침, 창의성과 혁신의 부족, 도전과 위험 감수의 두려움, 인간관계 관리 부족, 실패를 두려워하는 태도 때문이다. 이를 극복하고 꾸준히 노력한다면 결국 큰 성공을 맞이할 수 있다.

3) 영원히 빛나는 성공을 위한 대박의 기술

대박을 오게 할 수 있는 방법은 명확하며, 이를 체계적으로 실천하면 큰 성공을 이룰 가능성을 높일 수 있다. 단순히 운에 의존하는 것이 아니라 전략적이고 구체적인 계획과 준비를 통해 대박을 현실로 만들 수 있다.

첫째, 철저하고 지속적인 준비가 필수적이다. 나는 2012년 주식 투자를 시작한 이후 대박을 이루겠다는 목표를 품고 단 하루도 허투루 보낸 적이 없다. 큰 성공은 결코 우연히 찾아오지 않는다는 사실을 알기에 10년 넘게 철저한 루틴을 실천하며 매일 준비해 왔다. 일상이 지루하게 느껴질 때도 있었지만 흔들림 없이 투자 루틴을 지켰고, 크고 작은 실패와 성공 속에서 꾸준히 성장했다. 나는 모든 경험을 결과로만 보지 않고, 반드시 기록하고 분석하며 실패의 원인을 개선하고 성공의 요소는 강화해 왔다. 투자자로서 내공을 키운 이 전략적 반복은 나를 더욱 단단하게 만들었다. 나는 세계 최고의 주식 차티스트가 되겠다는 비전을 세우고, 매일 1,000개 이상의 차트를 분석하며 누적 판독 수만 600만 개를 넘겼다. 이 숫자는 단순한 반복이 아닌 통찰과 판단의 축적이며, 나는 그 훈련을 통해 실전 투자력을 극대화해 왔다. 최고의 성과를 내려면 해당 분야에서 압도적인 전문성과 기술력을 갖춰야 하며, 나는 이 원칙을 지금도 철저히 따르고 있다. 시장 환경에 맞춰 새로운 분석 기법과 도구를 학습하는 한편, 흔들림 없는 원칙을 바탕으로 유연하면서도 견고한 투자 전략을 실천 중이다. 준비된 사람에게 기회가 찾아오고, 그 기회를 성공으로 연결할 수 있다는 진리를 나는 누구보다 깊이 체득해 왔다. 그래서 매일 반복되는 하루 속에서도 결코 같은 하루를 살지 않는다. 더 나은 판단을 위한 훈련을 계속하며, 어제보다 한 걸음 더 성장한 나를 만들어 가기 위해 집중하고 있다. 앞으로도 나는 스스로를 끊임없이 단련하며, 언제든 기회를 현실로 만들 수 있는 준비된 투자자의 삶을 이어 갈 것이다.

둘째, 올바른 타이밍을 잡는 것이 중요하다. 나는 올바른 타이밍을 잡기 위해 모든 역량을 집중해 왔다. 단순히 운을 기대하거나 우연한 기회를 기다리는 것이 아니라, 시장의 흐름을 날마다 관찰하고 트렌드의 변화를 포착하기 위해 꾸준한 공부와 분석을 반복해 왔다. 나는 다양한 분야의 정보를 수집하며 세상의 변화를 읽고, 사회적 요구와 흐름을 정확히 이해하려는 노력을 멈추지 않았다. 빠르게 바뀌는 환경 속에서 결정적인 순간을 놓치지 않기 위해, 지식만이 아닌 민첩성과 순발력을 기르기 위한 실전 훈련에도 집중했다. 기회를 인지하는 감각은 반복적인 시뮬레이션과 복기 과정을 통해 길러질 수 있다고 믿었고, 실제 상황에서 즉시 행동할 수 있는 실천력을 갖추는 데 몰입했다. 또한, 날카로운 통찰력을 유지하기 위해 정보의 본질을 꿰뚫어 보는 사고 훈련을 반복했고, 불확실한 상황에서도 흔들리지 않는 의사 결정 구조를 구축하기 위해 철저히 준비했다. 나는 성공이란 단지 운이 좋아서가 아니라, 기회와 타이밍이 정교하게 맞물릴 때 비로소 완성된다는 사실을 깊이 체득했다. '운칠기삼'이라는 말처럼 운의 비중이 크다는 것을 인정하면서도, 나는 그 운을 절대 운명에만 맡기지 않았다. 언제, 어떤 형태로 기회가 찾아올지 알 수 없기에, 매 순간을 준비된 태세로 살아 내는 데 모든 에너지를 쏟았다. 스스로 기회를 잡을 준비가 된 사람이 되어야 한다는 원칙 아래, 자신을 단련했고, 그 결과 수많은 기회를 실질적 성과로 연결시킬 수 있었다. 지금도 나는 변화를 두려워하지 않고 흐름을 읽는 감각을 유지하며, 결정의 순간을 놓치지 않기 위한 전략적 일상을 실천하고 있다. 앞으로도 나는 준비된 자에게만 허락되는 타이밍의 기회를 놓치지 않기 위해 오늘도 날을 세우고, 내일을 설계하며 살아갈 것이다.

셋째, 창의성과 혁신을 지속적으로 추구해야 한다. 나는 주식 투자 과정에서 무려 12번이나 계좌를 깡통으로 만들었지만, 그 실패의 순간들을 모두 나의 투자 모델을 업그레이드하는 계기로 삼았다. 매번 무너질 때마다 단순히 좌절하지 않았고, 반드시 교훈을 추출해 새로운 시스템을 설계하며 한 단계씩 전진했다. 그렇게 12번의 큰 실패 끝에 완성된 것이 바로 지금의 나를 만든 전략, 'K13 투자 모델'이다. 이 모델은 단순한 기법의 나열이 아니라, 실전 속에서 살아남기 위해 내가 직접 검증하고 최적화한 전략의 결정체다. 중간중간 수많은 수정과 보완이 있었고, 주요 구조만 기준으로 하더라도 12번 이상 모델을 전면 개편해 왔다. 실패를 단순한 손실이 아닌 진화의 자산으로 삼아 온 결과다. 나는 기존의 공식을 따르지 않았고, 오히려 시장에 없던 개념과 전략을 정의해 실전에 적용해 왔다. '손절 없는 주식 투자', '물살종: 물려도 살아 나올 수 있는 종목', '기돈시: 기다리면서 돈을 벌 수 있는 시스템', '앞폭탄', '뒤폭탄' 같은 개념은 모두 내가 창안하고 검증한 시스템의 일부다. 나는 이처럼 창의적 전략을 통해 시장에서 나만의 길을 개척해 왔고, 기존의 틀로는 대박을 만들 수 없다는 사실을 실전으로 증명했다. 과거의 실패를 철저히 분석하고, 새로운 시도에 주저하지 않는 실행력이 지금의 나를 만든 핵심이다. 남들과는 다른 시각, 다른 접근, 다른 언어로 나만의 브랜드를 만들었고, 그로 인해 시장에서 실질적인 성과와 대중의 주목을 동시에 얻어 낼 수 있었다. 지금도 나는 시장의 변화에 맞춰 'K13 투자 모델'을 끊임없이 업그레이드하고 있으며, 앞으로도 멈추지 않는 혁신을 통해 더 큰 성장을 실현해 나갈 것이다.

넷째, 과감한 도전과 전략적 위험 감수가 필요하다. 나는 12번의 깡통을 차며 누적 손절액 11억 원이라는 현실을 마주했고, 그 충격은 단순한 손실을 넘어 나의 투자 철학을 근본부터 흔들었다. 반복되는 손절 속에서 나는 손실을 만회하는 일이 얼마나 어려운지를 절감했고, 손절 후 따라오는 심리적 불안과 자금 제약은 리스크를 더욱 증폭시켰다. 그래서 기존의 투자 관점을 완전히 전환하고, '손절 없는 투자'라는 개념을 본격적으로 연구하기 시작했다. 거의 모든 주식책이 손절을 필수 전략으로 강조했지만, 나는 그 통념에 의문을 품고 반대 방향의 가능성을 탐색했다. 단순한 반항이 아닌 철저한 분석을 바탕으로, 손절이 아닌 방식으로도 수익을 낼 수 있는 구조를 설계했고 실전에 적용했다. 그 결과는 놀라웠고, 나는 이 전략적 전환이 나를 다시 시장 중심으로 끌어올려 주었다는 확신을 갖게 되었다. 손절 없는 투자를 실현하기 위해 나는 종목 선정 기준부터 매수 타이밍, 포트폴리오 운영 방식까지 모든 전략을 새롭게 재구성했다. 특히 '물살종'이라는 개념으로 회복 가능성이 높은 종목에 집중했고, 기다리는 동안에도 수익이 발생하는 '기돈시' 전략을 개발해 실행에 옮겼다. 나는 이 모든 흐름을 단순한 리스크 회피가 아닌 전략적 리스크 관리로 정의하며, 기존 투자 문법과는 전혀 다른 길을 걸었다. 물론 이러한 선택은 결코 쉬운 일이 아니었다. 익숙한 안정된 틀을 벗어난다는 것은 불확실성을 감수하고, 때로는 외롭고 고립된 길을 견뎌야 함을 의미했다. 그러나 나는 깨달았다. 진짜 성공은 익숙한 길을 따르는 것이 아니라, 아무도 가지 않은 길을 스스로 만들어 가는 데 있다는 것을. 앞으로도 나는 시장의 통념에 도전하며, 철저한 분석과 과감한 전략이 조화를 이루는 투자자로 성장해 나갈 것이다.

다섯째, 풍부하고 건강한 인간관계와 네트워크를 구축해야 한다. 내가 내 강의를 주관하던 회사와 전혀 예상치 못한 상황에서 결별했을 때, 인간관계가 좋지 않았다면 지금처럼 빠르게 재기하는 것은 불가능했을 것이다. 다행히 나는 평소 다양한 사람들과 신뢰를 기반으로 관계를 맺어 왔고, 그 덕분에 강의 장소를 소개받고 수강생을 연결받는 등 실제적인 도움을 받을 수 있었다. 그 과정에서 나는 단순히 위기를 극복한 것을 넘어, 새로운 방식으로 강의를 재개하며 또 하나의 성장을 이루어 냈다. 이 경험을 통해 나는 진정한 성공이란 개인의 역량만이 아니라 관계 속에서 확장되고 실현된다는 사실을 다시 한번 깊이 깨달았다. 그래서 지금도 인간관계를 소홀히 여기지 않으며, 단순한 인맥이 아니라 진정성 있는 연결을 만들어 가고 있다. 명함을 나누는 수준을 넘어 서로의 가치를 존중하는 소통을 실천하고, 이를 통해 나의 시야는 더욱 확장되고 있다. 나는 다양한 분야의 사람들과의 교류를 통해 새로운 통찰을 얻고, 때로는 나의 한계를 뛰어넘는 자극을 받기도 한다. 특히 위기의 순간 곁에 남아 있는 사람이 누구인지를 통해, 내가 평소 얼마나 진정성 있게 관계를 쌓아 왔는지를 확인하게 된다. 인간관계는 단순한 사회적 자산을 넘어, 인생의 중요한 전환점을 만들어 내는 열쇠라는 것을 나는 직접 경험했다. 지금도 나는 강의와 사업 전반에 걸쳐 신뢰 기반의 관계망을 구축해 가고 있으며, 이 네트워크는 예기치 못한 순간마다 나에게 실질적인 힘이 되어 주고 있다. 중요한 기회는 정보보다 사람이 가져다 줄 때가 많기에, 늘 열린 자세로 인연을 맞이하고 소중히 여긴다. 앞으로도 나는 사람과의 관계에서 진심을 바탕으로 더 크고 지속 가능한 성공을 이루기 위한 기반을 단단히 다져 갈 것이다.

마지막으로, 실패를 두려워하지 않고 끈기를 가지고 도전하는 태도가 필요하다. 나는 실패를 두려워하지 않는 삶을 선택했고, "실패 없는 성공은 없다."라는 교훈을 가슴에 새긴 채 도전을 멈추지 않았다. 쪽박을 찰 때마다 내 안에서 무언가가 성장하고 있다는 확신이 있었고, 그 체감은 나를 절대 포기하지 못하게 만드는 원동력이 되었다. 나는 질 때마다 이기는 법을 배웠고, 실패가 반복될수록 다음 도전의 성공 가능성은 점점 더 높아졌다. 그렇게 12번의 쪽박을 거쳐 마침내 대박을 맞이할 수 있었고, 경제적 자유라는 목표를 현실로 만들 수 있었다. 나는 이 과정을 단순한 성공이라 부르지 않는다. 그것은 반복된 실패를 통해 단단해진 나 자신에 대한 신뢰의 결과이며, 끝까지 포기하지 않은 정신이 현실을 바꿔 낸 증거다. 그래서 나는 언젠가 내 묘비명에 "끝까지 포기하지 않고 꿈과 희망을 이루다."라고 쓰고 싶다. 대박이란 단 한 번의 시도가 아닌 수많은 실패와 좌절, 통찰이 겹겹이 쌓인 끝에서 도달하는 지점임을 잘 알고 있다. 실패는 나를 꺾는 것이 아니라 방향을 조정하게 하는 나침반이었고, 나는 그 나침반을 따라 조금씩 더 나은 전략과 자세를 다듬어 왔다. 단 한 번의 실패에도 무너지지 않았고, 열두 번의 실패 앞에서도 나는 끝내 멈추지 않았다. 매번 무릎을 꿇고 다시 일어나 걸었기에 지금의 내가 있다. 성공이란 결국 포기하지 않은 사람에게 주어지는 가장 강력한 보상이다. 앞으로도 나는 두려움보다 도전을, 불안보다 실행을 선택하며 스스로에게 기회를 주는 삶을 계속 살아갈 것이다. 내가 이룬 경제적 자유는 끝이 아닌 또 다른 출발점이며, 나는 지금도 여전히 성장하는 중이다. 실패를 회피하지 않고 그것을 디딤돌 삼아 나아가는 자세만이 진짜 성공을 만든다는 진리를 나는 삶으로 증명해 왔다.

결론적으로 대박을 오게 하려면 철저한 준비와 전문성 확보, 올바른 타이밍 포착, 지속적인 창의성과 혁신 추구, 전략적 도전과 위험 감수, 건강한 인간관계 구축, 그리고 실패를 두려워하지 않는 끈기 있는 자세를 갖추어야 한다. 이러한 요소를 꾸준히 실천하면 반드시 큰 성공을 이룰 수 있을 것이다.

초대박

1) 12번의 실패 끝에 성공, 그리고 초대박을 꿈꾸다

　아무것도 하지 않으면 어떤 변화도 일어나지 않는다. 이것은 단순한 격언이 아니라 나의 삶에서 깊이 체득한 진리다. 수많은 책을 읽고, 긍정적인 다짐을 반복하고, 성공을 시각화한다고 해도 실질적인 행동 없이는 아무것도 달라지지 않는다. 진정한 성공은 실패를 두려워하지 않고 도전하며, 그 과정에서 얻는 교훈과 경험 속에서 꽃피운다. 작은 실패의 경험인 쪽박을 거듭해야 소박한 성공을 맛볼 수 있고, 그런 작은 성공들이 쌓이면 중박으로 발전하며, 결국 중박을 지속하면 반드시 대박의 기회가 찾아온다. 그리고 이 대박의 순간들을 겪으면서 초대박이라는 위대한 꿈을 품게 된다.

　초대박은 일반적인 성공의 범주를 뛰어넘는, 인생을 완전히 뒤바꿀 만한 놀라운 성과를 의미한다. 이는 철저한 전략, 뛰어난 실행력, 특별한 상황과 아주 좋은 행운이 함께 어우러져야만 가능하다. 나는 주식 투자자로서 12번이나 되는 쪽박의 시련을 겪었지만, 결코, 포기하지 않고 계속 도전하여 작은 성공부터 차곡차곡 이루어 소박한 성공에서 중박으로 발전했고, 마침내 대박의 결실까지 얻었다. 이러한 성공은 주식 투자뿐만 아니라 책 출판, 강의, 유튜브 활동 등 다양한 분야로 확장되었다. 이제 나는 초대박이라는 더 큰 목표를 향해 나아가고 있다. 개인 전업투자자로 출발해 유사 투자자문업을 거쳐 정식 투자자문업으로 성장했고, 앞으로 투자일임업으로 영역을 확장하여 국내 투자자들의 미국 주식 투자자문, 일임은 물론, 미국과 세계의 투자자들의 글로벌 주식 투자자문, 일임의 거대한 비전을 품고 있다.

　초대박은 탁월한 비전과 독창적인 아이디어로부터 시작된다. 나는 나만의 특별한 비전과 독보적인 투자 기법을 가지고 있으며, 다음과 같은 초대박을 실현할 수 있는 핵심 역량을 보유하고 있다.

- ⊙ **뛰어난 주식 차트 분석 능력**: 나는 단 1초 만에 주식 차트를 판독하여 투자 여부를 결정하는 세계 최고 수준의 능력을 갖고 있다. 차트 분석 과정에서 순간적인 통찰력을 발휘하여 시장 변화를 예측하고, 고도의 정확성을 유지하여 수많은 투자자에게 신뢰를 얻고 있다.

- ⊙ **무한한 시장 확장 가능성**: 내가 목표로 하는 시장은 사실상 무한한 잠재력을 갖추고 있다. 경쟁이 치열한 레드 오션 속에서도 독보적인 투자 기법을 활용해 블루 오션을 창출할 능력을 보유하고 있으며, 글로벌 투자 시장에서도 뛰어난 경쟁력을 발휘할 준비가 되어 있다.

- ⊙ **낮은 생산 비용**: 내가 제공하는 서비스는 지식 기반의 콘텐츠이기에 추가 생산에 따른 원가가 거의 없다. 이는 물리적인 제품 생산과 비교할 때 압도적인 비용 경쟁력을 갖게 하며, 새로운 시장 진입과 제품 확장에도 매우 유리하다.

- ⊙ **재고 비용 부재**: 지적 재산을 활용한 서비스이기에 물리적 상품과 달리 재고 비용이 없으며, 이는 비용 효율성 면에서 압도적인 이점을 제공한다. 따라서 경제적 리스크가 최소화되며, 사업의 안정성을 높여 준다.

- ⊙ **높은 마진율**: 추가 생산 원가와 재고 비용이 거의 들지 않기 때문에 수익률이 극대화되며, 특히 매출이 증가할수록 마진율이 더욱 상승하는 선순환 구조를 가지고 있다. 이는 사업의 규모가 커질수록 경쟁 우위를 강화하는 데 크게 기여한다.

- ⊙ **강력한 행운의 흐름**: 65세 이전까지 많은 불운을 겪었지만, 그 이후 운이 극적으로 상승하며 어려운 상황도 오히려 좋은 기회로 전환되는 전화위복의 흐름을 경험하고 있다. 이러한 행운의 흐름은 앞으로의 초대박 성과를 보장하는 강력한 기반이 된다.
- ⊙ **탁월한 네트워크와 인적 자원**: 나는 주식 투자, 출판, 강의, 유튜브 등 다양한 분야에서 폭넓은 인맥과 협력 네트워크를 구축하였다. 이 네트워크는 사업 확장 시 협력과 지원을 용이하게 하며, 새로운 기회를 창출하는 데 매우 중요한 역할을 한다. 특히 업계 전문가와의 긴밀한 협력은 지속적인 성장을 보장한다.
- ⊙ **혁신적인 콘텐츠 제작 능력**: 내가 제공하는 투자자문과 강의는 단순한 정보 전달을 넘어 독창적이고 혁신적인 콘텐츠로 인정받고 있다. 시장의 흐름을 선도하며 투자자들에게 실질적이고 구체적인 도움을 제공하는 콘텐츠로 평가받고 있으며, 이는 나의 브랜드 가치를 높이고 경쟁자들과 차별화된 우위를 확보하는 데 결정적인 역할을 한다.

마지막으로 나는 수많은 실패를 통해 강철 같은 정신력과 대담한 도전 정신을 체득했다. 이제 어떤 역경이 닥쳐도 극복할 자신과 역량을 갖추었다. 과거 수많은 좌절과 실패를 견디며 재기에 성공했던 경험들은 앞으로 나의 초대박을 실현할 강력한 원동력이 될 것이다. 나는 앞으로도 두려움 없이 행동하고, 배우고 성장하는 과정에서 계속 초대박을 향해 힘차게 나아갈 것이다. 내 삶의 모든 경험과 역량을 바탕으로 끊임없이 새로운 도전을 이어 가며, 초대박의 꿈을 반드시 현실로 만들어 낼 것이다. 내 이야기가 많은 사람에게 용기와 희망을 주고, 그들의 삶까지 초대박으로 이끄는 영감이 되기를 간절히 희망한다.

2) 상상을 초월하는 성공, 초대박은 언제, 어떻게 오는가?

초대박은 단순한 대박을 넘어 상상을 초월하는 거대한 성공을 의미한다. 초대박은 흔히 말하는 평범한 성공의 범위를 넘어 극적으로 인생을 바꿀 수 있는 기회를 의미하며, 이는 단지 운만으로 이루어지지 않고 명확한 전략과 탁월한 실행력, 특별한 상황의 결합을 통해 가능하다.

첫째, 초대박은 남다른 비전과 탁월한 아이디어에서 시작된다. 평범한 아이디어나 기존 방식의 연장선상에서는 초대박을 기대하기 어렵다. 초대박은 남들이 보지 못하는 가능성을 발견하고 혁신적이며 독창적인 아이디어를 제시하는 사람에게 찾아온다. 남다른 비전으로 새로운 시장을 열거나 기존 시장을 뒤흔드는 독특한 아이디어가 있을 때 비로소 초대박을 기대할 수 있다.

둘째, 초대박은 강력한 실행력과 완벽한 타이밍이 만났을 때 찾아온다. 아무리 뛰어난 아이디어라도 이를 빠르고 강력하게 실행하지 못하면 큰 성공을 거둘 수 없다. 초대박을 이루기 위해서는 빠르게 변화하는 시장 환경을 정확히 읽고 민첩하게 대응할 수 있는 탁월한 실행력이 필수적이다. 또한, 시장과 기술, 사회의 변화 흐름을 자세히 관찰하고 완벽한 타이밍에 실행하는 것이 초대박의 결정적인 요인이 된다.

셋째, 초대박은 과감한 도전과 높은 수준의 위험 감수를 요구한다. 일반적인 성공보다 훨씬 큰 규모의 초대박을 이루기 위해서는 때로는 막대한 위험을 감수하고 과감한 결정을 내려야 한다. 물론 무모한 위험이 아닌 철저한 분석과 전략적 준비를 기반으로 한 도전이어야 하며, 이를 성공으로 전환하기 위한 강력한 결단력과 용기가 필요하다.

넷째, 초대박은 강력한 리더십과 탁월한 팀워크에서 비롯된다. 큰 성공은 혼자서 이루기 어렵다. 명확한 비전과 목표를 제시하며 팀을 이끌어 갈 수 있는 강력한 리더십과 구성원들의 역량을 최대한 발휘할 수 있도록 돕는 탁월한 팀워크가 필수적이다. 팀원들이 공통의 목표 아래 일치단결하여 탁월한 성과를 만들어 낼 때 초대박의 가능성은 더욱 커진다.

다섯째, 초대박은 폭넓은 네트워크와 강력한 인맥이 뒷받침될 때 실현된다. 성공의 규모가 커질수록 혼자서 모든 것을 해결하기는 어렵다. 중요한 정보를 얻고, 필요한 자원을 확보하며, 결정적인 기회를 만들어 줄 수 있는 다양한 인맥과 네트워크를 적극적으로 활용해야 한다. 풍부한 인적 네트워크는 초대박의 문을 여는 중요한 열쇠가 된다.

마지막으로, 초대박은 실패를 견디는 강한 정신력과 끝없는 도전 정신을 필요로 한다. 큰 성공일수록 그 과정에서 수많은 실패와 좌절을 겪게 된다. 이러한 실패를 견디고 극복할 수 있는 강력한 정신력과 끝까지 포기하지 않는 끈기와 인내가 필수적이다. 실패를 두려워하지 않고 지속적으로 도전하는 사람이 결국 초대박의 기회를 잡을 수 있다.

그러나 이와 같은 초대박이 오지 않는 이유는 혁신적 아이디어 부족, 실행력과 민첩성 부족, 위험 감수 능력 부족, 리더십과 팀워크 부족, 네트워크 관리 미흡, 실패에 대한 두려움과 끈기의 부족이다. 이를 인식하고 꾸준히 극복하면 반드시 초대박의 문을 열 수 있을 것이다.

3) 운이 아닌 실력으로 초대박 내는 법

초대박을 오게 할 수 있는 방법은 분명히 존재하며, 이를 철저히 이해하고 꾸준히 실천하면 누구나 큰 성공을 이룰 가능성을 높일 수 있다. 초대박은 결코 단순한 운이나 우연으로 찾아오는 것이 아니라, 명확한 전략과 꾸준한 노력을 통해 현실로 만들어진다.

첫째, 창의적이고 혁신적인 아이디어를 끊임없이 추구해야 한다. 나는 12번의 깡통을 차고 수많은 실패를 겪으면서도 멈추지 않고 끊임없이 창의적이고 혁신적인 아이디어를 만들어 냈다. 절망의 끝에서 탄생한 통찰이 나를 다시 일으켰고, 바로 그 과정에서 'K13 투자 모델'이라는 나만의 투자 전략이 완성되었다. 나는 기존 투자자들이 당연하게 여긴 '손절' 개념에 정면으로 도전했고, '손절 없는 주식 투자'라는 완전히 새로운 접근을 실전에 도입했다. 또한 '물살종', '기돈시', '앞폭탄', '뒤폭탄', '내리막 외봉', '횡폭', '세력이 물린 봉', '오르막 판바닥' 등 내가 정의한 수십 개의 독자 개념을 시장에 적용하며 실전 전략으로 발전시켰다. 나는 기존의 언어로는 설명할 수 없었던 주가의 움직임을 나만의 언어로 해석했고, 그것은 단순한 개념이 아니라 전략적 자산이 되었다. 남들과 같은 방식으로는 결코 시장에서 살아남을 수 없다는 사실을 뼈저리게 깨달았기에, 나는 언제나 기존의 틀을 넘는 사고와 시도를 멈추지 않았다. 새로운 시각과 독창적인 사고를 일상에서 훈련했고, 다양한 분야에서 영감을 얻으며 투자 전략을 끊임없이 확장시켜 왔다. 창의성은 번뜩임이 아닌 반복적 실패와 집요한 관찰에서 나오는 결과물이라는 진리를 직접 체험했기에, 나는 차별화된 투자자의 위치를 확보할 수 있었다. 지금도 나는 기존의 개념을 재해석하고, 시장 속에서 새로운 패턴을 발굴하며, 내 전략을 끊임없이 진화시키고 있다. 초대박은 기존을 답습하는 자에게 주어지지 않으며, 오직 남다른 시각과 끊임없는 혁신 속에서 시작된다. 그렇기에 나는 앞으로도 독창적인 사고를 멈추지 않고, 나만의 언어와 전략으로 시장을 해석하며 더 큰 성공을 실현해 나갈 것이다. 진짜 경쟁력은 틀 안에 머무르지 않는 사고와 누구도 흉내 낼 수 없는 자신만의 시스템에서 나온다.

둘째, 완벽한 준비와 강력한 실행력을 갖추어야 한다. 나는 초대박을 실현하기 위해 약 10년 전부터 철저히 준비해 왔고, 막연했던 바람은 2년 전부터 구체적인 목표로 전환되었다. 그 목표를 현실로 만들기 위해 나는 단계별 실행 전략을 세우고 하나씩 실천해 왔다. 2024년 10월, 나는 투자자문업에 공식 진출했고, 2025년 1월 초에는 '돈벼락 투자자문'이라는 온라인 기반의 신상품을 세상에 내놓았다. 이 서비스는 출시 직후 "지금까지 이런 주식 투자자문은 처음이다."라는 평가와 함께 폭발적인 반응을 이끌어 냈고, 회원 가입 요청이 예상보다 훨씬 빠르게 몰려들었다. 나는 그 수요를 감당하기 위해 단 2개월 만에 일반 회원 가입을 중단하고 예약 접수제로 전환하는 파격적인 결정을 내렸다. 이는 금융투자업계에서도 보기 드문 사례였고, 내가 준비한 콘텐츠와 시스템의 경쟁력을 입증하는 결정적 계기가 되었다. 이 모든 결과가 단지 운이나 일시적 반응이 아니라, 오랜 시간 축적해 온 기획력과 실행력, 시장을 읽는 통찰이 만들어 낸 필연임을 잘 알고 있다. 지금도 나는 세계 시장 진출을 위한 실행 전략을 정교하게 다듬고 있으며, 아이디어만으로는 절대 초대박을 만들 수 없다는 진리를 몸으로 증명하고 있다. 아무리 뛰어난 비전도 실행되지 않으면 의미가 없고, 초대박은 준비와 실행이 정확히 맞물릴 때만 실현 가능하다. 나는 최고의 전문성을 갖추기 위해 지금도 끊임없이 학습하고 있고, 기회가 왔을 때 즉시 움직일 수 있도록 자원과 구조를 사전에 준비해 두었다. 중요한 것은 완벽한 타이밍이 아니라, 준비된 상태에서 빠르게 결정하고 실행할 수 있는 용기와 속도라는 점을 나는 누구보다 잘 이해하고 있다. 앞으로도 나는 전략적 사고와 강한 실행력을 무기로 삼아 글로벌 무대에서 영향력을 넓혀 갈 것이며, 초대박은 꿈꾸는 자가 아니라 실천하는 자에게 주어짐을 계속해서 증명해 나갈 것이다.

셋째, 올바른 타이밍을 정확히 포착해야 한다. 나는 올바른 타이밍이 언제인지 누구도 정확히 알 수 없다는 사실을 인정하며, 지나고 나서야 그것이 최적의 순간이었음을 깨닫는 경우가 많다는 것을 체감해 왔다. 그래서 언제나 지금, 이 순간이 바로 최고의 타이밍이라고 믿고 행동에 나선다. 과거를 후회하거나 미래를 막연히 기다리는 대신, 현재에 집중해 최선을 다하는 것이야말로 내가 통제할 수 있는 유일한 전략임을 스스로에게 각인시켰다. 나는 매 순간을 기회로 여기며 어떤 선택도 미루지 않고 실행력을 최우선의 가치로 두고 있다. 초대박은 아이디어와 준비만으로 이뤄지지 않으며, 아무리 뛰어난 전략도 실행되지 않으면 그 가치는 제로에 가깝다는 것을 나는 냉정히 받아들였다. 실행의 타이밍을 놓친 전략은 반쪽짜리 성공에 그치기 마련이기에, 나는 매 순간이 결정적일 수 있다는 전제하에 움직인다. 타이밍은 예고 없이 찾아오고, 문제는 아무도 그 순간을 정확히 예측할 수 없다는 데 있다. 그래서 시장의 흐름과 기술 변화의 속도, 소비자 행동 패턴을 면밀히 관찰하며 매일 정보를 수집하고 정리하는 루틴을 멈추지 않는다. 나는 트렌드의 흐름과 시대의 변화를 읽기 위해 경제, 산업, 사회 전반에 대한 학습을 지속하고 있고, 환경 변화에 대응할 수 있는 감각을 예리하게 유지하고 있다. 기회는 준비된 사람에게만 보인다는 진리를 나는 체험으로 깨달았고, 언제든 행동할 수 있도록 물리적·심리적 준비 상태를 최상으로 유지해 왔다. 준비만 하고 실행하지 않으면 아무 의미가 없다는 원칙은 나의 투자 철학이자 행동 지침이다. 나는 단기적 감정에 흔들리지 않고 장기적 시야 속에서 시스템을 구축하며, 기회가 포착되는 순간 즉시 실행할 수 있는 조건을 이미 갖추고 있다. 앞으로도 나는 '지금, 이 순간이 가장 중요한 타이밍'이라는 신념으로 선택과 실행을 반복할 것이며, 그 축적된 실행력이 결국 초대박이라는 성과를 만들어 낼 것임을 확신한다.

넷째, 전략적인 위험 감수와 과감한 도전을 실천해야 한다. 나는 지금까지 주식 투자 강의를 통해 5,000명 이상의 수강생을 직접 가르쳐 왔고, 그 과정에서 하나의 중요한 사실을 깨닫게 되었다. 나의 수강생들은 하나같이 독종이라 불릴 만큼 열정적이고, 공부에 능하며, 반드시 주식으로 인생을 바꾸겠다는 강한 의지를 지닌 사람들이었다. 그들의 태도는 진지했고, 실천력 또한 뛰어났지만, 시간이 흐르며 그들이 대한민국 전체 인구 중 극소수라는 현실을 직시하게 되었다. 실제로 99% 이상의 사람들은 공부보다는 쉽고 빠르게 돈을 벌 수 있는 방법을 원했고, 나는 이 사실을 받아들이는 데 적지 않은 시간이 걸렸다. 그러나 현실을 정확히 인식한 뒤 더 이상 1%만을 위한 시장에 머물지 않기로 결심했고, 강의만이 아닌 주식 투자자문이라는 더 넓은 시장으로 눈을 돌리게 되었다. 나는 공부하지 않더라도 수익을 내고 싶어 하는 대다수 투자자를 위한 실질적인 솔루션이 필요하다고 판단했고, 전략적으로 방향을 선회하며 본격적으로 새로운 시장에 뛰어들었다. 이 결정은 단순한 사업 확장이 아닌, 시장에 대한 본질적 이해와 과감한 도전의 결과였다. 나는 초대박을 꿈꾼다면 반드시 더 큰 위험을 감수해야 한다는 원칙을 믿으며, 철저한 분석과 구조 설계를 통해 통제 가능한 환경을 먼저 구축해 왔다. 동시에 성과는 결단에서 비롯된다는 사실을 잘 알고 있었기에, 필요한 순간에는 과감히 실행에 옮기는 태도를 놓치지 않았다. 실패는 나에게 두려움이 아닌 훈련의 기회였고, 실패 속에서 다음 전략의 단서를 찾았다. 그래서 지금도 새로운 시장에 대한 도전은 두렵지 않으며, 오히려 그 속에서 진정한 성장과 확장의 가능성을 본다. 앞으로도 나는 변화하는 흐름을 정밀하게 분석하고, 나만의 전략을 설계하며, 가장 중요한 순간에 과감히 결정하고 행동할 것이다. 초대박은 결코 안전지대 안에 존재하지 않는다. 나는 그 진실을 체험했고, 앞으로도 두려움보다 결단력으로 나아가는 삶을 선택할 것이다.

다섯째, 강력한 리더십과 뛰어난 팀워크를 구축해야 한다. 나는 30년간의 직장 생활과 12번의 주식 투자 실패, 그리고 그 끝에서 이루어 낸 성공을 통해 강력한 리더십과 흔들림 없는 카리스마를 갖추게 되었다. 수많은 좌절 속에서도 매 순간 다시 일어섰고, 그 반복은 나를 단련시키는 최고의 훈련장이 되었다. 나는 나 자신을 이끄는 힘을 넘어서 타인에게 영향력을 주는 방향성과 실행력을 갖춘 리더로 성장했고, 지금은 뜻을 함께하는 팀과 큰 목표를 향해 전진하고 있다. 나는 확신한다. 진정한 초대박은 결코 혼자 힘으로 이룰 수 없으며, 명확한 비전과 강한 팀워크 없이는 지속 가능한 성과도 불가능하다는 사실을. 그래서 항상 비전을 구체적으로 설정하고, 그 비전을 공유할 수 있는 인재들과 팀을 구성하며, 공동의 목표를 향해 효율적으로 협력하는 시스템을 만들어 가고 있다. 내가 추구하는 리더십은 지시가 아닌 실천에서 출발하며, 스스로 앞장서 모범을 보임으로써 신뢰를 얻고 자발적 동기를 끌어내는 방식이다. 나는 팀원 한 명 한 명의 역량을 존중하고, 그들이 최고의 퍼포먼스를 발휘할 수 있도록 필요한 자원과 환경을 제공하는 것을 리더의 책임으로 여기고 있다. 진정한 리더십은 구성원의 역량을 극대화하는 데서 나오며, 그 힘이 조직 전체의 성장과 직결된다. 나는 정기적으로 팀원들과 깊이 있는 소통을 나누고, 피드백을 통해 신뢰가 살아 숨 쉬는 문화를 구축해 왔다. 이러한 기반 위에서 만들어진 팀은 위기에도 쉽게 무너지지 않으며, 어떤 어려움 속에서도 해답을 찾아 나가는 강인한 조직으로 진화한다. 지금도 나는 내 팀과 함께 새로운 도전을 준비하고 있고, 각자의 강점을 결합해 더 큰 시너지를 만들어 가고 있다. 앞으로도 나는 나의 리더십을 계속해서 연마하고, 팀의 잠재력을 현실의 성과로 전환하는 구조와 문화를 설계하며, 우리 팀과 함께 초대박이라는 목표를 반드시 실현해 나갈 것이다.

마지막으로, 폭넓고 강력한 네트워크와 인맥을 형성해야 한다. 나는 세계 제패를 꿈꾸며 그에 걸맞은 폭넓고 강력한 네트워크를 전략적으로 형성해 왔다. 단순한 인맥이 아닌, 신뢰와 진정성을 바탕으로 한 관계 위에 정보와 기회, 그리고 실질적 지원이 오가는 구조를 구축해 온 것이다. 이러한 인적 자산은 하루아침에 만들어진 것이 아니며, 30년간 은행에서 근무하며 수많은 접점 속에서 축적된 경험과 관계의 결과물이었다. 나는 고객, 동료, 업계 전문가들과의 소통을 단순한 업무가 아닌 인생 전체를 연결하는 자산으로 여기며, 지금도 그 철학을 일관되게 실천하고 있다. 초대박은 결코 혼자만의 노력으로 이룰 수 없고, 성공의 과정에는 반드시 정보와 기회가 필요하며, 그것은 대부분 사람을 통해 연결된다는 사실을 나는 누구보다 잘 알고 있다. 내가 전혀 예상하지 못한 곳에서 찾아온 기회들도 결국 과거에 진심으로 대했던 누군가를 통해 이어진 경우가 많았고, 이 경험은 나의 전략적 사고에 큰 영향을 미쳤다. 그래서 지금도 새로운 사람을 만나고, 기존의 관계를 정기적으로 점검하고 관리하는 습관을 유지하며 네트워크의 생명력을 다듬고 있다. 단순한 명함 교환이 아닌, 서로의 가치를 나누고 신뢰를 기반으로 이어지는 지속 가능한 관계를 만드는 것이 나의 기본 원칙이다. 나는 언제나 먼저 베풀고, 상대의 입장에서 생각하려 노력하며, 이를 단기적 호의가 아닌 장기적 성공 기반으로 삼고 있다. 사람은 가장 강력한 자산이며, 동시에 가장 빠르게 기회를 실현시키는 촉매임을 나는 실전에서 체감해 왔다. 나의 네트워크는 단순한 숫자의 집합이 아닌, 실질적인 협력과 공동 성장을 이끌어 내는 생명력 있는 구조로 진화하고 있다. 앞으로도 나는 국내를 넘어 글로벌 무대까지 활동 영역을 확장해 나갈 것이며, 그 여정 속에서 사람과의 관계는 가장 핵심적인 성장 엔진이 될 것임을 확신한다. 나는 이 믿음을 바탕으로 글로벌 네트워크를 전략적으로 넓혀 가고 있고, 그것이야말로 초대박을 현실로 만드는 결정적 연결 고리가 될 것이다.

결론적으로 초대박을 오게 하려면 창의적이고 혁신적인 아이디어, 완벽한 준비와 강력한 실행력, 정확한 타이밍 포착, 전략적인 위험 감수와 과감한 도전, 강력한 리더십과 팀워크, 그리고 폭넓은 네트워크 형성이 필요하다. 이를 철저히 실천하면 누구나 초대박을 현실로 만들 수 있을 것이다.

PART 3

초대박 인생으로 가는 5단계

💡 초대박 인생으로 가는 5단계 성장 로드맵

인생에서 진정한 성공을 이루기 위해서는 반드시 다양한 경험과 수많은 실패를 거쳐야 한다. 이러한 여정에서 우리는 '쪽박', '소박', '중박', '대박', 그리고 궁극적인 '초대박'까지의 단계를 경험하게 된다. 쪽박을 많이 경험해야 비로소 소박한 성공을 얻을 수 있고, 소박한 성공이 반복되어야 중박을 성취할 수 있다. 중박의 성과가 꾸준히 쌓이면 마침내 대박이라는 큰 성취를 만나게 되며, 이러한 대박의 경험들이 축적되면 자연스럽게 초대박이라는 꿈을 품게 된다. 쪽박을 경험하지 않은 사람이 갑작스러운 대박이나 초대박을 얻는다고 하더라도, 그 성공은 지속되지 않고 다시 쪽박으로 돌아갈 가능성이 크다. 각 단계는 다음과 같은 중요한 의미를 지닌다.

💡 1단계 쪽박 인생: 실패를 통한 가치 있는 배움의 시작

'쪽박'은 인생의 실패와 좌절을 의미하며, 이는 결코 피할 수 없는 필연적인 과정이다. 이러한 실패를 통해 우리는 자신의 부족함과 한계를 정확히 인식하고, 이를 극복하기 위한 교훈과 경험을 축적할 수 있다. 결국, 이러한 실패의 경험이야말로 장기적으로 성공을 가능하게 하는 필수적인 자산이다. 쪽박은 초대박 5가지 핵심 요소인 Routine, Must, Like, Well, Luck 중 오직 한 핵심 요소에만 집중하는 경우에 많이 발생한다.

시시포스의 형벌과 삶의 균형

그리스 신화에 등장하는 시시포스는 신들을 속인 벌로 영원히 산 정상까지 바위를 밀어 올려야 했다. 하지만 바위는 정상에 닿으면 다시 굴러떨어져 끝없는 반복을 이어 갔다. 이는 무의미하고 반복적인 노동의 상징으로, 한쪽에만 치우친 삶이 결국 무익한 결과를 가져올 수 있음을 상징적으로 보여 준다.

< 시시포스의 형벌 >

> **2단계 소박 인생: 작은 성공을 통한 자신감과 성장**

'소박'은 작지만 의미 있는 성공을 나타내며, 쪽박의 경험을 딛고 일어나 얻는 최초의 성취감을 의미한다. 이 단계에서의 성공은 개인에게 자신감과 동기부여를 주어, 더 높은 목표를 설정하고 그 목표를 향해 꾸준히 나아가게 한다. 소박은 초대박 5가지 핵심 요소 중 Routine과 Must를 잘하고 해결하는 경우에 많이 발생한다.

> **3단계 중박 인생: 지속 가능한 안정과 성취**

'중박'은 안정적이고 지속 가능한 성공을 의미한다. 중박 단계에서는 일정한 삶의 질과 만족감을 얻지만, 여기에서 멈추지 않고 계속하여 더 높은 목표를 향해 나아가는 것이 중요하다. 중박을 이루는 과정에서 얻은 경험과 자신감은 더욱 큰 성공을 향한 기반이 된다. 중박은 초대박 5가지 핵심 요소 중 Routine과 Must를 잘 수행하고, Like와 Well을 열심히 추구하는데, Luck이 아직 오지 않은 상태에서 많이 발생한다.

> **4단계 대박 인생: 많은 사람이 열망하는 큰 성공**

'대박'은 상당한 경제적 성취와 사회적 인정을 의미한다. 이 단계에서는 경제적 자유를 누릴 수 있으며, 사회적으로도 널리 인정받게 된다. 그러나 대박을 이루기 위해서는 이전 단계의 실패와 성공 경험이 필수적이며, 이를 통해 축적된 지혜와 역량이 필요하다. 대박은 초대박 5가지 핵심 요소 중 Routine과 Must를 잘 수행하고, Like와 Well을 열심히 추구하는데, 좋은 Luck이 찾아온 상태에서 많이 발생한다.

5단계 초대박 인생: 인생 역전의 압도적인 성공

'초대박'은 평범한 성공을 넘어 인생 자체를 근본적으로 변화시키는 압도적인 성취다. 초대박은 단순한 운이 아니라 명확한 비전과 전략, 뛰어난 실행력, 그리고 특별한 기회와 운이 모두 결합할 때 비로소 가능하다. 이는 개인의 삶뿐만 아니라 주변 사람들의 삶까지도 긍정적으로 변화시킬 수 있는 위대한 성취이다. 초대박은 초대박 5가지 핵심 요소 중 Routine과 Must를 잘 수행하고, Like와 Well을 열심히 추구하는데, 하늘이 내린 천운을 만나면 많이 발생한다.

삶의 균형과 지속적인 도전의 중요성

성공을 이루기 위해서는 초대박을 위한 5가지 핵심 요소들 간의 균형이 매우 중요하다. 한 가지 측면에만 과도하게 몰입하거나 행동하지 않는다면, 우리는 시시포스와 같은 무의미한 반복의 굴레에서 벗어날 수 있다. 따라서 지속적인 자기계발과 도전, 그리고 작은 성공을 바탕으로 더 큰 목표로 나아가는 균형 잡힌 삶이 필수적이다.

'쪽박'에서 시작해 '초대박'까지 이어지는 인생의 과정은 단순히 성공의 연속이 아닌, 수많은 실패와 성공의 반복을 통해 배우고 성장하는 의미 있는 여정이다. 이 과정을 통해 우리는 더욱 강해지고 성숙해지며, 궁극적으로 원하는 목표와 초대박의 꿈을 달성할 수 있게 된다. 중요한 것은 이러한 과정에서 자신만의 균형을 유지하고, 끊임없이 도전하는 용기와 정신을 잃지 않는 것이다. 인생의 성공과 성취는 결국 포기하지 않고 지속해서 배우며 성장하는 사람들에게 주어지는 선물과 같다.

01

쪽박 인생:
Must, Like, Well, Routine, Luck 중 오직 하나에만 집중할 때

1) 쪽박의 아픔에서 인생의 가치를 깨닫다

쪽박을 차게 되면 삶은 처절한 현실과 마주하게 된다. 이때부터는 하루하루가 그야말로 생존을 위한 끝없는 투쟁이 된다. 오랜 시간 성실히 일하며 쌓아 올렸던 모든 것이 한순간에 무너지고, 미래에 대한 희망과 꿈은 순식간에 사라져 버린다. 매일 아침 눈을 뜨면 느껴지는 막막함과 불안감은 삶을 어둡고 무겁게 만든다.

경제적으로 빈곤의 늪에 빠지면 가장 기본적인 삶의 필수 조건조차 충족하기 어렵다. 끼니를 거르는 일이 일상이 되고, 전기 요금, 수도 요금 등 기본적인 공과금조차 내기 버거워지면서 자존감마저 무너지기 시작한다. 가끔은 주변 사람들에게 작은 도움을 청해야 하는 상황까지 생기는데, 이때 느끼는 수치심과 자괴감은 이루 말할 수 없다.

정신적으로도 극한의 고통이 찾아온다. 잠을 자려고 누워도 머릿속은 온통 생존에 대한 걱정으로 제대로 잠을 이루지 못하고 뒤척이는 밤이 계속되면서 몸과 마음이 모두 지쳐 간다. 우울감과 무기력증은 깊어지고, 희망 대신 절망이 삶을 지배한다. 시간이 지날수록 사람들과의 교류도 줄어들고 자신을 스스로 사회로부터 고립시키기 시작한다. 그렇게 관계가 단절된 채 혼자만의 세계에 갇혀 더욱 처참한 상황에 놓이게 된다.

경제적 여유가 없으니 몸이 아파도 병원에 갈 수 없고, 간단한 약조차 쉽게 사지 못하는 상황에 부닥치게 되어 건강이 점차 악화되면서 신체적 고통마저 늘어난다. 이러한 상황 속에서 가족들에게조차 제대로 된 역할을 하지 못한다는 죄책감과 특히 자녀들이 원하는 작은 소망조차 들어줄 수 없을 때 부모로서 느끼는 고통과 절망은 이루 말할 수 없다.

또한, 빈곤이 계속되면 경제적인 문제만이 아니라 가족 관계, 인간관계까지 흔들리기 시작한다. 금전적 갈등으로 인해 가족 간의 다툼이 잦아지고 서로를 비난하거나 원망하게 된다. 친구와 지인들로부터도 점차 소외되며, 도움의 손길조차 기대하기 힘들어진다. 자존감이 낮아지고 삶의 의미마저 잃게 되면서, 무력감과 외로움 속에서 끝없는 자기부정과 절망의 늪으로 빠져들게 된다.

결국, 쪽박을 차게 되면 경제적 문제뿐 아니라 정신적, 육체적, 사회적 고통까지 한꺼번에 찾아온다. 모든 것이 무너진 삶에서 다시 희망을 찾고 일어서는 것은 말처럼 쉬운 일이 아니다. 하지만 그런 극단적인 상황 속에서도 다시 일어나겠다는 강한 의지와 용기 없이는 이 처절한 삶을 결코 벗어날 수 없다. 이것이 쪽박을 차면 마주해야 하는 냉혹하고 처참한 삶의 현실이다.

2) 오직 한 가지 핵심 요소에만 집중했을 때의 결과는 과연 무엇일까?

인생에서 진정한 초대박을 이루기 위해서는 Must, Like, Well, Routine, Luck 다섯 가지 핵심 요소가 균형 있게 어우러져야 한다. 어느 한 요소에만 치중하게 되면 마치 그리스 신화의 시시포스가 받은 형벌처럼, 끝없는 굴레에서 벗어나지 못하고 무의미한 반복 속에 갇힐 수 있다.

'해야만 하는 일(Must)'에만 얽매인 삶을 산다면 단지 생존만을 위해 살아가는 무의미한 노동의 연속이 된다. 이는 무력감과 열정의 소진을 가져오며, 결국 자존감과 자신감을 잃게 만든다. 또한, 정서적 스트레스와 압박감이 축적되어, 창의력과 문제 해결 능력이 저하되며 사회적 고립을 초래할 수 있다. 삶의 목적과 방향성을 잃게 되고, 장기적인 행복과 성취감이 크게 저하될 가능성이 크다. 이런 삶은 결국 불안과 우울로 이어져, 인생의 진정한 의미를 상실하게 만들며, 신체적 건강에도 악영향을 미칠 수 있다. 더불어 사회적 관계의 축소로 인해 점점 고립되는 악순환에 빠질 수 있다.

반면, '좋아하는 일(Like)'에만 집중한다면 인생의 균형이 무너지면서 오히려 심각한 문제가 발생할 수 있다. 좋아하는 일만 추구하다 보면 성장의 정체와 현실감각의 상실을 경험하게 된다. 내적 강인함 부족으로 사소한 어려움에도 쉽게 좌절할 수 있으며, 제한된 기회 속에서 경제적 불안정과 낮은 회복 탄력성으로 인해 삶 전체가 흔들릴 위험이 커진다. 이는 현실을 제대로 직시하지 못하는 이상주의에 빠지게 하고, 결국 목표 달성 실패로 인한 좌절감과 실망을 가져올 수 있다. 또한, 책임감이 결여된 삶을 살게 되어 사회적 신뢰도 잃을 수 있다.

또한 '잘하는 일(Well)'만 반복한다면 이는 편협한 전문성과 성장을 제한하는 함정이 될 수 있다. 특정 분야에 과도하게 몰입함으로써 혁신적이고 창의적인 사고가 저하되며, 위기 상황에 대한 대처 능력이 현저히 약화될 수 있다. 이는 급변하는 시장 환경에 둔감하게 만들고, 결과적으로 예기치 못한 실패와 번아웃의 위험성을 증가시킨다. 게다가 한 가지 기술이나 능력에만 집중하면 다른 중요한 영역을 놓치게 되어 장기적으로 개인의 성장과 발전을 저해하고, 급격한 변화에 적응하지 못하는 한계를 노출할 수 있다.

한편, '루틴(Routine)'에만 매몰된다면 발전 없는 일상 속에서 삶의 활력을 잃을 수 있다. 습관적이고 기계적인 생활은 개인의 잠재력을 제한

하며, 창의적인 사고와 도전 정신을 잃게 만들고 변화에 대한 두려움과 유연성 상실은 물론, 의미 없는 반복 속에서 무기력감과 삶에 대한 불만이 쌓이면서 결국 인생의 균형을 잃고 스트레스와 번아웃의 위험을 키우게 된다. 반복된 루틴은 새로운 경험과 지식을 습득할 기회를 차단하며, 자기 혁신과 개인적 발전을 가로막을 수 있고 나아가 사회적 및 직업적 경쟁력을 약화시켜 삶의 질과 만족도를 떨어뜨린다.

마지막으로 '행운(Luck)'만 기다리며 수동적인 삶을 산다면, 아무것도 이루지 못하고 인생을 허비할 위험이 크다. 목표와 주도성을 잃어버린 채 미래에 대한 불확실성 속에서 살아가게 되며, 성장과 발전이 정체된다. 지나친 낙관주의로 인해 현실감각이 약화되고, 경제적, 사회적 불안정을 경험할 가능성이 매우 크다. 결국, 이러한 삶은 지나간 기회에 대한 후회와 좌절만 남기게 되고 스스로 기회를 창출하거나 문제를 해결하려는 적극성이 부족해지면서, 결과적으로 삶의 통제권을 상실하고 외부 환경에 의존하는 삶을 살게 된다.

그러므로 초대박 인생을 이루기 위해서는 이 다섯 가지 핵심 요소가 균형 있게 조화를 이루어야 한다. 자신의 의무와 책임을 다하면서도 열정을 놓지 않고, 잘하는 능력을 끊임없이 발전시키며, 창의적인 루틴을 통해 삶의 활력을 유지하고, 행운을 기다리는 대신 적극적으로 기회를 만들어 가는 태도가 필수적이다. 이러한 루틴을 초석으로 하는 균형 잡힌 접근법이야말로 지속 가능한 성공을 이루고, 마침내 초대박이라는 놀라운 성과를 실현하는 핵심 열쇠가 될 것이다.

소박 인생:
Routine & Must만 수행

1) 꾸준한 루틴으로 필수 과제를 수행하고 소박한 삶을 이루다

 꾸준한 루틴을 지키고 삶에서 반드시 해결해야 하는 과제를 수행하는 것은 소박하면서도 견고한 인생의 기초를 다지는 일이다. 루틴을 지속적으로 실천한다는 것은 꾸준함의 가치를 통해 성공의 기반을 마련한다는 뜻이다. 반드시 수행해야 할 과제에는 육체적·정신적 건강 관리, 안정적인 의식주 확보, 가족 부양의 책임 완수, 경제적 안정을 위한 노력 등이 포함된다. 이는 모두 인간답게 살아가기 위한 필수적인 기초로서 우리의 삶을 든든히 지탱해 준다.

 이러한 기본적인 요소들이 잘 충족되면 삶에 대한 통제력이 커져 능동적인 삶을 살게 되고, 자기 자신에 대한 믿음과 자신감이 점차 쌓이게 된다. 또한, 심리적인 스트레스가 줄어 안정적인 정서 상태를 유지할 수 있으며, 잘 정립된 루틴 덕분에 효율적인 시간 관리가 가능해져 삶의 질이 향상된다.

 나는 과거 30년 동안 직장 생활을 하면서 성실히 루틴을 실천하고, 삶에서 꼭 해결해야 하는 과제들을 완수하기 위해 최선을 다해 왔다. 매일 이른 아침에 일어나 운동과 독서로 하루를 시작하며, 업무의 효율성을 높이기 위한 명확한 계획을 수립하고 실천했다. 회사 업무와 가정의 책임 사이에서 균형을 유지하기 위해 늘 세심히 노력했으며, 모든 목표를 완벽히 이루지는 못했지만 가능한 모든 노력을 다했다. 형제들의 도움 없이 부모님을 끝까지 성심껏 봉양하였고, 부모님께서 불편하시지 않도록 늘 세심하게 신경 썼다. 최소한의 의식주 문제를 독립적으로 해결할 수 있었으며, 어려운 경제 상황에서도 다른 사람에게 기대지 않고 당당히 생활했다.

　가족 부양의 책임도 혼자 힘으로 감당하면서 자녀들에게 최선의 교육 환경을 제공했다. 세 딸 모두 서울의 명문 대학을 졸업시키는 것은 물론, 각자 해외에서 1년간의 교환학생 생활을 통해 글로벌한 경험을 쌓을 수 있도록 도왔다. 자녀들이 다양한 문화와 환경을 접하면서 성장하고 자신감을 얻도록 최대한의 지원을 아끼지 않았다. 직장 생활을 하면서도 비록 경제적 자유를 이루지는 못했지만, 아내가 경제활동에 참여하지 않아도 될 만큼 안정된 재정 상태를 유지하는 것을 목표로 꾸준히 노력했다. 이러한 결과는 철저한 루틴의 실천과 반드시 해결해야 할 과제들을 성실히 완수하기 위한 나의 끈기와 성실성 덕분이었다.

　루틴과 필수 과제의 성취는 이제 더 높은 단계로 도약할 수 있는 발판이 된다. 이를 바탕으로 좋아하는 일과 잘하는 일에 더 집중할 수 있으며, 중박과 대박의 성취까지 가능해진다. 단순히 루틴과 필수 과제만으로는 삶의 완전한 행복을 찾기 어렵다. 진정한 삶의 만족과 성장을 이루기 위해서는 자신이 좋아하는 일(Like), 탁월하게 잘하는 일(Well), 그리고 기회를 스스로 만들어 가는 행운(Luck)이 함께해야 한다. 인생의 목표는 단지 생존하는 데 그치는 것이 아니라 행복과 만족을 위한 지속적인 성장이다. 오직 루틴만 반복하며 살아가는 것이 아니라, 내가 좋아하고 잘할 수 있는 일을 찾아 적극적으로 도전하며, 행운을 만들어 내는 삶을 살아야 한다.

　좋아하는 일은 삶의 만족도를 높이고, 내면의 열정과 창의성을 끌어올린다. 이는 개인의 행복뿐 아니라 삶의 질을 높이는 핵심적인 요소다. 잘하는 일에 집중하면 자신의 전문성이 심화되고 자신감이 커지며, 이는 사회적 인정과 경제적 안정을 가져오는 기회가 된다. 또한, 행운은 그저 기다린다고 찾아오는 것이 아니다. 준비된 사람에게 찾아오는 것이 행운인 만큼, 우리는 적극적이고 능동적인 자세로 스스로 기회를 만들어야 한다. 끊임없이 스스로를 계발하며 열린 마음과 긍정적인 태도로 세상을 바라봐야만 진정한 행운을 만날 수 있다.

결국, 루틴과 필수 과제를 충실히 이행함으로써 안정적인 삶의 토대를 마련하고, 이를 바탕으로 좋아하는 일과 잘하는 일을 통해 진정한 성취감과 행복을 추구해야 한다. 나아가 적극적으로 행운을 창출하는 태도를 견지할 때 비로소 소박한 삶을 뛰어넘어 중박, 대박, 나아가 초대박의 인생을 이루게 될 것이다. 인생은 단 한 번뿐이다. 이 소중한 인생을 더욱 풍요롭고 가치 있게 만들기 위해 우리는 적극적이고 균형 잡힌 노력을 끊임없이 기울여야 한다.

2) 당신의 삶의 기초를 완성하는 '루틴'과 '필수'의 힘

(1) 삶의 주도성 강화

반드시 해야 하는 일(Must)과 루틴(Routine)을 성실히 실천하면 삶의 주도권을 확실히 잡을 수 있다. 목표를 명확히 설정하고 지속적으로 행동함으로써 자기 주도적 삶을 살게 되며, 이를 통해 외부 환경에 휘둘리지 않고 원하는 방향으로 삶을 이끌어 나갈 수 있다. 또한, 주도적 삶을 통해 자아 효능감이 높아져 자신이 원하는 삶을 더욱 적극적으로 개척할 수 있게 되고, 생존 이상의 삶, 즉 진정한 행복과 만족을 누릴 수 있는 기반이 된다. 적극적으로 삶을 설계하고 행동하면, 타인의 시선과 환경적 요인에 휘둘리지 않고 자신의 가치관과 목표에 따라 진정한 의미를 찾을 수 있다.

(2) 꾸준함의 힘으로 성공의 초석 구축

매일 해야 하는 일과 루틴을 꾸준히 수행하면 작은 성취가 누적되어 큰 성공으로 연결된다. 꾸준함은 성공의 가장 중요한 요소로, 하루하루 쌓이는 작은 성과들이 결국 눈부신 결과로 이어진다. 장기적인 목표 달성의 핵심은 일관된 꾸준함이며, 이를 통해 더 나은 삶의 질과 만족감을 얻을 수 있다. 꾸준한 행동은 끈기와 인내력을 키워 주고, 어려움을 극복하는 힘을 준다. 이런 작은 성공의 습관이 반복되면 인생의 전반적인 성공 가능성이 크게 높아지고 어려움 속에서도 포기하지 않는 강한 내적 힘을 길러 내며, 인생 전반의 목표 성취를 위한 확고한 기반이 마련된다.

(3) 자기 신뢰 증진으로 자신감 축적

매일의 루틴을 잘 지키고 반드시 해야 하는 일을 성취하면 자신에 대한 신뢰가 높아진다. 작은 목표를 반복적으로 달성하면서 스스로에 대한 믿음과 자신감이 쌓이고, 이 자신감은 더 큰 목표와 도전에 나설 수 있는 원동력이 된다. 자기 신뢰는 성공적인 삶의 가장 중요한 기반이자 원천이다. 또한, 자신을 믿는 힘은 외부 환경의 변화에도 쉽게 흔들리지 않고 내적 안정과 긍정적인 사고를 유지할 수 있게 만든다. 자기 신뢰를 쌓아 가는 과정에서 더 큰 도전과 변화에 대한 두려움이 줄어들고, 인생의 다양한 가능성을 더욱 활발히 탐색하게 된다.

(4) 스트레스 감소로 안정된 삶 영위

정해진 루틴을 꾸준히 따르고 중요한 일을 미루지 않고 처리하면 삶의 불확실성이 줄어든다. 계획대로 생활할 때 스트레스가 감소하고 마음의 평화와 안정이 찾아온다. 이러한 심리적 안정감은 삶의 전반적인 행복도와 만족도를 크게 높여 준다. 루틴을 유지하면 급작스러운 위기나 문제에도 차분하게 대처할 수 있으며, 불필요한 에너지 낭비를 줄여 정신적, 신체적 건강을 지킬 수 있다. 또한, 명확한 계획과 규칙적인 생활 습관은 스트레스의 주요 원인을 예방하여 장기적으로 삶의 질을 높이는 데 크게 이바지한다.

(5) 뛰어난 시간 관리로 효율적 삶 가능

반드시 해야 하는 일을 중심으로 명확한 루틴을 설정하면 효율적인 시간 관리가 가능해진다. 시간 관리 능력이 뛰어난 사람은 하루를 알차게 보내며, 더 많은 일을 효과적으로 처리할 수 있다. 효율적인 시간 관리로 여유로운 삶을 누리고, 일과 삶의 균형을 유지할 수 있다. 시간 관리가 능숙해지면 삶의 질이 높아질 뿐 아니라 장기적 목표 달성 가능성도 크게 증가한다. 또한, 효율적인 시간 관리는 불필요한 일과 고민을 줄이고 생산성을 극대화하여 더 큰 성취와 만족감을 제공한다.

(6) 위기 대응 능력 강화로 문제 해결력 향상

반드시 해야 하는 일과 루틴을 지속적으로 실천하는 과정에서 문제 해결 능력이 자연스럽게 강화된다. 삶에서 마주치는 다양한 문제를 효율적으로 해결하는 습관을 기르게 되며, 이는 예상치 못한 위기 상황에서도 흔들리지 않고 적절히 대처하는 능력으로 연결된다. 위기 대응 능력이 뛰어난 사람은 어떤 상황에서도 빠르고 명확한 판단을 내리며, 장기적으로 안정된 성공을 이끌어 낸다. 루틴 속에서 형성된 문제 해결 습관은 삶의 크고 작은 위기에서 효과적인 대처 능력을 제공하며, 자신과 주변을 더욱 안전하고 평화롭게 유지한다.

(7) 지속적인 자기계발로 성장 가속화

루틴을 성실히 수행하고 중요한 일을 꾸준히 처리하면 자기계발이 자연스럽게 이루어진다. 삶에서 꾸준히 배우고 발전하는 자세를 유지하며, 새로운 능력과 기술을 지속적으로 습득하게 된다. 이러한 지속적인 성장은 삶의 기회를 확대하고 더 큰 성공을 가져온다. 끊임없는 자기계발을 통해 새로운 도전과 기회를 찾아내며, 지속해서 삶의 영역을 확장해 나갈 수 있다. 또한, 자기계발은 내면의 성장을 촉진하여 더 성숙하고 깊이 있는 삶을 살 수 있게 한다.

(8) 견고한 인간관계 구축으로 신뢰 증가

루틴을 성실히 따르고 반드시 해야 하는 일을 꾸준히 성취하면 주변 사람들로부터 신뢰를 얻는다. 책임감 있는 행동과 약속의 실천은 인간관계를 더욱 깊고 견고하게 만든다. 타인의 존경과 신뢰는 개인의 성공과 행복을 위한 중요한 사회적 자본이 된다. 신뢰받는 사람은 위기 상황에서도 주변 사람들의 지원을 쉽게 받을 수 있으며, 이를 통해 더 많은 기회를 얻고, 장기적으로 삶의 질이 향상된다.

03

중박 인생:
행운 없이 Routine & Must를 수행하고 Like와 Well을 추구

1) 중박의 기술: 루틴, 필수, 열정, 능력의 조화로 행운 없이도 중박을 맛보다

루틴을 철저히 지키고 필수적으로 해결해야 할 일들을 성실히 완수한 뒤, 자신이 좋아하면서 잘하는 일까지 병행하면, 설령 행운이 따르지 않더라도 스스로 중박 수준의 성과를 충분히 이뤄 낼 수 있다. 여기에 좋은 운까지 더해진다면 대박이라는 놀라운 성과도 가능하다. 하지만 설령 행운이 오지 않더라도 자신만의 노력으로 중박을 성취할 수 있기에 삶의 질은 이미 크게 개선된다. 또한, 꾸준한 루틴으로 무장되어 있다면 예기치 않은 위기 상황에서도 신속히 다시 일어설 수 있는 강력한 회복 탄력성을 갖추게 된다. 나는 이러한 원칙을 바탕으로 여러 분야에서 실제 중박 이상의 성과를 경험했고, 그중 대표적인 사례 몇 가지를 소개하고자 한다.

❗ 헬스

2015년, 주식 투자로 인해 급격히 떨어진 체력을 회복하고자 자발적으로 헬스클럽에 등록했다. 그 이후 10년간 꾸준히 헬스장을 찾았다. 최근에는 바쁜 일정으로 빈도가 줄었지만, 예전에는 일주일에 다섯 번 이상, 매회 2~3시간씩 운동에 몰두했다. 지속적으로 노력한 결과 처음엔 몹시 싫어하던 운동을 점점 좋아하게 되었고, 이제는 잘하는 수준까지 도달했다. 즉, '반드시 해야 하는 일(Must)'에서 출발하여 '좋아하는 일(Like)'을 거쳐 '잘하는 일(Well)'로 발전하게 된 것이다. 이는 지속적인 노력과 꾸준함의 승리라 할 수 있다. 행운이 찾아오지 않더라도, 자신이 가진 힘만으로도 충분히 이뤄 낼 수 있는 일이다. 지금도 며칠간 운동을 하지 못하더라도 곧바로 회복하여 다시 운동에 복귀한다. 여전히 많은 이가 부러워하는 턱걸이 20회, 윗몸일으키기 100회를 쉽게 해낼 만큼 체력을 유지하고 있다.

💬 수영

어릴 적부터 동네 개울에서 막연히 헤엄치는 것을 좋아했다. 정식 교육은 받은 적 없지만 흐르는 물에서도 문제없이 수영할 정도였다. 직장 생활 중 새벽반 수영 강습에 잠시 등록한 적이 있었지만, 경제적·시간적 여건상 오래가지는 못했다. 그런데도 어린 시절 몸으로 익힌 기초적인 헤엄 덕분에 어느 정도 수영 실력을 유지할 수 있었다. 30대 초반, 회사의 복지 혜택으로 설악산 하계 연성장을 방문했다가 강릉 경포대 해수욕장에 들렀다. 그곳에서 무모하게도 보호 장비나 동반자 없이 해변에서 5리 바위까지 수영을 시도했다. 멀지 않게 보였지만 막상 헤엄치기 시작하니 밀려오는 파도와 예상보다 먼 거리로 인해 중간쯤에서 극도의 체력 소진 상태에 빠졌다. 죽을 각오로 겨우 바위에 도착했으나, 돌아오는 길이 더 큰 문제였다. 바위 위에서 밤을 보낼 수도 없어 다시 바다에 뛰어들었고, 간신히 목숨을 건질 수 있었다. 이 죽을 고비를 넘긴 경험은 지금도 위기를 만날 때마다 나를 단단히 지탱해 주는 힘이 되었다. 이 또한 평범한 일상의 루틴과 능력을 꾸준히 지킨 결과 얻은 중박의 소중한 경험이다.

💬 회음 호흡

회음 호흡은 회음부의 압력을 조절하며 기의 순환을 돕고 몸의 에너지 균형을 맞추는 전통적인 호흡법이다. 특히 생식기 건강 개선과 신체

에너지 증진에 탁월한 효과를 보인다. 2023년부터 꾸준히 실천하면서 초반의 생소함과 어려움을 극복하고 익숙해졌으며, 이는 신체적 건강뿐 아니라 정신적 안정에도 큰 도움을 주었다. 에너지 수준을 높이고 스트레스를 줄이는 효과를 체감했으며, 특히 전립선 건강이 눈에 띄게 좋아졌다. 회음 호흡을 통해 나는 다시 한번 루틴을 꾸준히 지키면서 필수적인 일을 수행하고, 좋아하고 잘하는 것을 병행해야 하는 이유를 깊이 깨달았다. 이는 삶의 질 향상과 중박 이상의 성취를 위한 중요한 요소였다.

❗ USB 강의 판매

2023년에 2년 계약으로 진행하던 강의가 기획사의 일방적인 중도 계약 해지로 1년 만에 갑작스럽게 종료되는 불운을 겪었다. 수강생들이 강의 지속을 강력히 요청했지만 이미 내려진 결정이라 재개는 불가능했다. 대신 몇몇 수강생이 강의 콘텐츠를 USB 형태로 제작해 판매할 것을 제안했다. 처음에는 최대 500개 정도 판매될 것으로 기대했으나, 예상보다 훨씬 높은 수요가 몰리면서 총 3차례 추가 제작을 거쳐 1,700개나 판매되는 중박 이상의 성과를 거두었다. 예상치 못한 불운 속에서도 오히려 뜻밖의 성공을 맛본 것이다. 이는 평소 철저한 루틴을 지키며 필수적인 과제에 성실히 임하고, 내가 좋아하고 잘하는 일에 몰두해 온 노력의 결과였다.

이러한 경험들을 통해 나는 필수적인 루틴과 과제를 충실히 이행하고, 좋아하고 잘하는 일에 집중할 때 기대 이상의 성과를 얻을 수 있다는 사실을 분명히 깨달았다. 이는 삶의 질을 높여 줄 뿐만 아니라 위기 상황에서도 강력한 회복 탄력성을 제공한다. 또한, 이러한 꾸준한 노력이 쌓일 때 찾아오는 작은 행운은 누구나 꿈꾸는 대박 이상의 성취를 가능하게 만들어 준다.

2) 인생을 바꾸는 균형의 힘: 중박 인생의 가치

(1) 안정적 삶의 시작

중박 인생은 화려한 성공 대신 일상에서의 꾸준한 노력과 절제를 통해 안정된 삶을 추구한다. 큰 성공에 압도되지 않고 현실적인 계획을 세워 작고 달성 가능한 목표부터 실천하는 것이 중요하다. 이런 작은 성공들이 반복될수록 내면의 평화와 안정감이 깊어지고 자신감이 강화된다. 작은 목표의 성취가 일상의 루틴이 되면 미래의 큰 목표를 향한 확고한 토대가 마련되고, 어떤 불확실성 속에서도 흔들리지 않는 삶의 중심을 잡을 수 있다. 결국, 매일의 작은 만족과 성취가 진정한 인생 성공의 기반이다.

(2) 좋아하는 일의 기쁨

인생의 가장 깊은 만족과 진정한 행복은 자신이 좋아하는 일을 꾸준히 실천할 때 비로소 찾아온다. 자신이 열정을 느끼는 일은 스트레스를 줄이고 삶에 긍정적이고 창의적인 에너지를 불어넣는다. 자신에게 활력을 주는 작은 즐거움을 매일 찾고 그것을 꾸준히 실천하면, 일상은 더욱 풍요로워지고 삶의 질은 점진적으로 향상된다. 이러한 작고 지속적인 행복은 결국 삶 전체의 분위기를 바꾸는 거대한 힘으로 작용한다.

(3) 자신감을 키우는 작은 성공의 반복

중박 인생은 크고 화려한 성공에 매달리기보다 작지만 확실한 목표를 달성하는 것에 집중한다. 매일 작은 목표를 이루는 습관은 자존감과 자신감을 높이고 자기 효능감을 증진시킨다. 이러한 작은 성공 경험이 반복될수록 더 큰 도전을 위한 마음가짐과 용기가 자연스럽게 길러진다. 작고 의미 있는 성공들이 모이면 인생 전체가 긍정적인 변화로 가득 차게 된다.

(4) 몸과 마음의 균형

지나친 욕심과 무리한 목표는 신체적, 정신적 건강을 해칠 수 있다. 중박 인생은 적당한 목표를 유지하면서 몸과 마음의 균형을 잡는 것을 중시한다. 규칙적인 운동과 영양가 있는 식습관을 유지하여 신체적 건강을 확보하고, 스트레스 관리와 명상 등의 정신적 관리로 마음의 평화를 유지하면 삶의 질은 더욱 풍요롭고 안정적으로 발전한다.

(5) 풍요로운 인간관계

과도한 경쟁과 비교에서 벗어나 중박 인생을 실천하면 타인과의 관계가 긍정적으로 변화한다. 서로를 배려하고 이해하며 협력하는 관계가 형성되면서, 더 깊고 신뢰할 수 있는 인간관계를 구축할 수 있다. 풍요롭고 조화로운 인간관계는 삶의 만족도와 행복감을 크게 높이고, 장기적으로 건강한 사회적 지지망을 형성하는 데 이바지한다.

(6) 회복 탄력성의 힘

중박 인생은 실패를 두려워하지 않고 긍정적으로 받아들여 성장의 기회로 활용한다. 작은 실패들을 직면하고 이를 통해 배우고 성장하면 회복 탄력성이 강화되어 더 큰 도전 앞에서도 흔들리지 않는 강한 내적 힘이 길러진다. 실패를 성장 과정의 필수 요소로 인식하고 지속해서 도전하는 태도가 인생을 성공적으로 이끄는 핵심이다.

(7) 자기계발의 지속성

중박 인생은 꾸준한 자기계발을 통한 지속적인 성장을 중요하게 여긴다. 여유 있는 마음으로 압박감 없이 매일 조금씩 새로운 지식과 기술을 습득하고 적용하는 것이 중요하다. 장기적으로 보면 이러한 지속적인 자기계발이 삶의 만족도를 높이고 성취감을 지속적으로 제공하는 원동력이 된다.

(8) 삶의 균형과 조화

중박 인생의 핵심은 삶의 여러 영역에서 균형과 조화를 유지하는 것이다. 일과 휴식, 개인 생활과 사회생활 사이에서 조화를 이루면 스트레스는 크게 줄고, 삶은 더욱 안정적이고 풍요로워진다. 일시적 성공이나 과도한 성취에 집착하지 말고, 작은 목표를 꾸준히 성취하며 내적 충만감을 높여라. 삶의 모든 측면을 균형 있게 관리할 때 비로소 지속 가능한 행복과 진정으로 의미 있는 인생이 펼쳐진다.

04

대박 인생:
Routine & Must를 수행하고
Like와 Well을 추구할 때 행운이 도래

1) 성취를 넘어 대박을 맞다

'Routine', 'Must', 'Like', 'Well'을 꾸준히 실천하는 과정에서 'Luck'이 더해지면 인생에서 대박을 이룰 수 있다. 이러한 과정은 단순한 우연이나 운에만 의존하지 않고 철저한 준비와 꾸준한 노력이 선행되어야 가능하다.

나 역시 이 다섯 가지 핵심 요소를 조화롭게 실천하여 실제로 의미 있는 성취를 이루었다. 내가 이룬 성취는 단지 순간적인 행운이 아니라 오랜 기간 다섯 가지 핵심 요소를 꾸준히 실천한 결과였다. 먼저, 매일의 생활을 명확한 목표와 함께 일관된 루틴으로 관리한 것('Routine')이 내 성공의 가장 중요한 요인이었다. 나는 하루를 시작할 때 항상 구체적인 목표를 세우고 이를 철저히 지켰다. 명확한 목표는 나의 집중력을 유지시키고 효율적인 시간 관리를 가능하게 했다. 일관된 루틴 덕분에 불필요한 시간 낭비를 줄이고, 오직 중요한 일에만 집중할 수 있었다. 이러한 일상적 습관은 장기적인 성과를 이루는 데 큰 역할을 했으며, 안정적이고 지속 가능한 성장을 가능하게 했다. 목표를 달성할 때마다 다시 새로운 목표를 세우고 끊임없이 자신을 발전시키기 위한 도전을 지속함으로써, 더욱 견고하고 탄탄한 자기 관리 시스템을 구축할 수 있었다. 또한, 주식 투자 분야에서 끊임없는 실패와 좌절을 겪었으나, 이를 통해 꼭 해결해야 할 필수 과제('Must')를 명확히 정하고 해결책을 찾아냈다. 실패는 고통스러웠지만 결국 나에게 가장 중요한 과제를 발견하게 해 준 소중한 경험이었다. 이렇게 발견한 필수 과제는 나에게 방향을 제시했고, 나는 이 문제들을 해결하기 위해 집중력과 에너지를 아낌없이 쏟아부어 문제를 하나하나 극복하며 주식 투자 과정에서 나타나는 어려움에 더욱 능동적으로 대처할 수 있게 되었다. 결국, 시간이 지나면서 문제 해결 능력이 크게 향상되었고, 나의 주식 투자 방식과 전략은 완전히 새롭고 효율적인 형태로 발전했다. 이제는 어떤 위기가 찾아와도 흔들리지 않을 만큼 단단한 내공과 실력을 갖추게 되었다.

 아울러, 나는 운동을 진심으로 좋아하고('Like'), 이를 생활화하며 꾸준히 실천했다. 단순히 건강 유지라는 차원을 넘어 운동은 내 삶에 활력과 긍정적인 에너지를 불어넣었다. 운동을 통해 나는 일상의 스트레스를 효과적으로 관리하고, 강한 정신력과 지구력을 갖추게 되었다. 건강한 몸과 마음은 내가 더 큰 목표를 향해 도전할 수 있도록 든든한 기반이 되어 주었다. 규칙적인 운동 습관은 나의 일상에 자신감과 활력을 가져왔고, 이는 곧 업무와 개인 생활의 질적 향상으로 이어졌다. 운동의 중요성을 깨달은 나는 운동 외에도 올바른 식습관과 수면 관리에도 세심한 주의를 기울였다. 이러한 종합적인 건강 관리 덕분에 체력은 물론이고 정신적, 감정적 건강까지 크게 개선되었고, 나의 삶 전체에 긍정적 변화가 뚜렷이 나타났다.

 그리고, 주식 투자자로서 세계 최고 수준의 주식 차트 분석 능력을 갖추게 된 것('Well') 역시 오랜 시간 동안 지속적인 학습과 노력을 통해 달성한 성과였다. 나는 매일 수많은 차트를 분석하고 연구하면서, 스스로의 역량을 끊임없이 발전시켰다. 점점 더 높은 수준의 분석 기술을 익히기 위해 다양한 전문가의 방법론을 공부하고 나만의 독창적인 분석 체계를 만들어 냈다. 매 순간 새로운 지식과 기술을 습득하고 이를 실제 투자에 적용하는 과정에서 나의 판단력과 예측력은 놀랍도록 성장했다. 이렇게 축적된 전문성은 시장에서의 예측 정확도를 극적으로 높였으며, 내 투자 결정에 확신과 자신감을 불어넣었다. 또한, 시장의 미세한 변화를 포착하는 통찰력까지 갖추게 되어 어떠한 상황에서도 효과적인 대응이 가능해졌다.

마지막으로, 꾸준한 노력 끝에 마침내 긍정적인 운('Luck')이 찾아왔다. 그러나 이 운은 우연히 찾아온 것이 아니라, 내가 지속해서 준비하고 노력했기에 가능한 것이었다. 최근 나의 삶에서 나타난 긍정적 운의 흐름은 과거의 불운했던 경험과는 완전히 달랐다. 이전의 어려움과 좌절은 나에게 인내와 끈기를 가르쳐 줬고, 결국 운을 맞이할 준비를 하게 했다. 위기가 기회로 바뀌는 전화위복의 흐름을 경험하며 나는 삶의 질이 눈에 띄게 향상되었고, 더욱 큰 목표를 향한 확신과 자신감을 얻게 되었다. 이제는 어떤 역경이 닥치더라도 오히려 그것을 기회로 인식하고 적극적으로 대응할 수 있는 긍정적인 태도와 강력한 실행력을 갖추게 되었다.

나는 앞으로도 이 다섯 가지 핵심 요소를 더욱 철저하고 체계적으로 유지하며, 다가오는 운을 더욱 적극적으로 활용하여 지속 가능한 성공과 큰 성취를 이루어 나갈 것이다. 내가 이뤄 낸 성공은 이제 시작에 불과하며, 더 큰 목표와 꿈을 향한 끊임없는 자기계발과 도전을 통해 궁극적인 성취감을 극대화할 것이다. 매일의 성취를 작은 승리로 여기고, 그것들을 모아 더 큰 성취를 만들어 가는 과정을 통해, 나는 자신에게 확신과 자신감을 계속해서 심어 줄 것이다.

나는 이미 나의 꿈을 실현할 모든 조건을 갖추었으며, 앞으로 펼쳐질 여정에 대한 기대감과 확신을 품고 담대히 전진할 준비가 되어 있다. 앞으로 마주하게 될 도전과 어려움 역시 성장의 발판으로 삼아 더욱 단단해지고, 흔들리지 않는 신념과 의지로 목표를 향해 전진할 것이다. 내가 걷는 이 길이 비록 쉽지 않더라도 그 끝에는 놀라운 성취와 무한한 가능성이 기다리고 있음을 믿어 의심치 않는다.

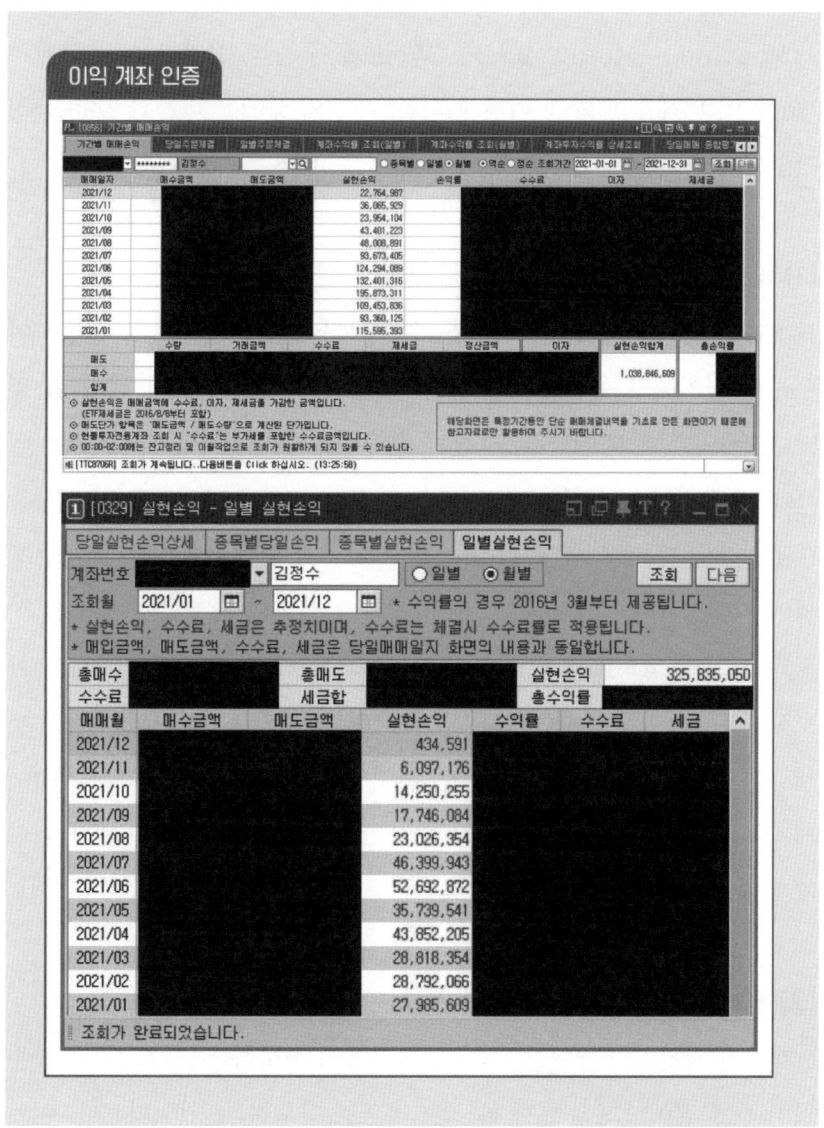

< 2021년 주식투자로 한 해 13억 원 번 대박 사례 >

2) 루틴, 필수, 열정, 능력 그리고 행운이 가져오는 인생 역전의 변화

'Routine', 'Must', 'Like', 'Well'을 꾸준히 실천하는 과정에서 'Luck'이 더해져 대박을 이루게 되면, 개인의 삶에는 다음과 같은 긍정적인 변화가 나타날 수 있다.

(1) 탁월한 성과의 실현과 전문성 확립

개인은 인생에서 성공을 위한 루틴(Routine)을 최우선으로 설정하여 꾸준히 실천하고 습관화해야 한다. 이를 바탕으로 반드시 해야 할 일(Must)을 명확히 해결한 후, 자신이 좋아하는 일(Like)과 잘할 수 있는 일(Well)을 탁월하게 수행할 때, 비로소 자신의 역량과 잠재력은 최고 수준으로 발휘된다. 여기에 적절한 행운(Luck)까지 더해지면 단순한 성공을 넘어 기대를 훨씬 능가하는 탁월한 성과가 실현된다. 탁월한 성과는 혁신과 창의적 성과로 드러나며 경쟁자들과는 다른 명확한 차별성을 확보하게 된다. 이를 통해 개인은 업계 리더 또는 전문가로 자리매김하며, 새로운 기준을 세우거나 독창적인 분야를 개척한다. 또한, 이는 개인에게 지속적인 성취동기를 제공하여 장기적인 성공과 발전을 위한 기반이 된다.

(2) 지속 가능한 경제적 풍요와 안정

개인이 지속적인 루틴(Routine)을 유지하며 좋아하는(Like) 일과 잘하는 일(Well)을 뛰어나게 수행할 때 필연적으로 경제적 보상이 따른다. 여기에 행운(Luck)이 더해지면 일반적 수준의 경제적 성공을 넘어 지속 가능한 부와 안정적 자산 축적이 가능해진다. 이러한 경제적 풍요는 소비생활의 향상을 넘어 장기적 자산 관리와 투자, 자산 증식 등의 안정적이고 폭넓은 경제활동으로 이어진다. 나아가 전문성을 기반으로 새로운 비즈니스나 추가적 기회를 창출하여 경제적 자립과 세대 간 부의 전달이 가능한 기반을 구축하게 된다. 이는 개인뿐 아니라 가족과 공동체 전체의 경제적 안정성을 크게 높이는 결과를 만든다.

(3) 사회적 안정과 명성 획득을 통한 영향력 확대

지속적으로 탁월한 성과를 창출하는 사람은 사회적으로 높은 평가와 신뢰, 존경을 얻는다. 전문성을 기반으로 꾸준한 루틴(Routine)을 실천하며 타인에게 긍정적 영향을 미칠 경우 사회적 평판은 급격히 상승한다. 여기에 행운(Luck)이 결합되면 더 큰 영향력과 명성을 획득한다. 이러한 사회적 안정과 명성은 개인을 사회의 리더나 오피니언 리더로 성장시키며, 조직과 사회단체에서 중요한 역할과 책임을 맡게 한다. 또한, 이는 사회적 책임감과 리더십을 키우고, 더 높은 수준의 존경과 명성을 유지하는 선순환 구조를 만든다.

(4) 깊이 있는 개인적 성장과 진정한 자기실현

개인은 일상에서 꾸준히 실천할 수 있는 명확한 루틴(Routine)을 먼저 설정하고, 이를 바탕으로 반드시 해야 하는 일(Must)을 명확히 해결하며, 동시에 좋아하는 일(Like)과 잘하는 일(Well)을 뛰어나게 수행할 때 내면의 깊이 있는 성장과 자기 성찰을 경험하게 된다. 여기에 행운(Luck)이 더해지면 성공 경험과 성취감이 증폭되고, 자신감과 자존감이 강화된다. 이런 자기실현 경험은 삶의 목적을 명확히 하고 지속적 성장을 이루는 강력한 동기가 된다. 가치관과 인생 목표가 더욱 명확해지며, 삶을 능동적이고 주도적으로 설계하게 된다. 개인적 성장은 타인의 발전에도 긍정적 영향을 미쳐, 높은 단계의 자기실현에 도달하게 한다.

(5) 광범위한 네트워크 형성을 통한 기회의 극대화

지속적으로 전문성을 강화하고 좋아하는 일을 탁월하게 하는 루틴을 구축하면 성공과 행운이 더해지며 자연스럽게 광범위한 네트워크가 형성된다. 이는 개인의 역량과 가치를 인정하는 다양한 분야의 전문가들로 이루어진 고도의 질적 네트워크가 된다. 형성된 네트워크는 새로운 비즈니스 기회, 투자, 협업 가능성을 크게 확장시킨다. 나아가 위기 상황에서 강력한 지원과 조언을 제공하여 개인의 성장을 촉진하고 삶의 질을 높이는 중요한 요소로 작용한다.

(6) 리더십과 영향력 강화

'루틴(Routine)', '반드시 해야 할 일(Must)', '좋아하는 일(Like)', '잘하는 일(Well)'을 실천하여 출중한 성과를 달성할 경우 행운(Luck)이 더해지면서 타인의 존경과 신뢰를 얻게 되어 자연스럽게 리더십이 강화된다. 이는 단순한 지위가 아니라 비전과 열정을 타인에게 전파하는 영향력 있는 리더로 성장시키며 조직 내 결정권자로 자리 잡게 한다. 개인의 리더십과 영향력은 주변 환경에 긍정적 변화를 가져온다.

(7) 창의성과 혁신 촉진

좋아하는 분야(Like)에서 반드시 해야 하는 일(Must)을 꾸준히(Routine) 비범하게(Well) 수행하면 깊은 통찰력과 전문성이 갖춰진다. 행운이 더

해지면 개인은 한계를 뛰어넘는 혁신적인 아이디어를 실현할 가능성이 높아진다. 창의성이 촉진되고 문제를 혁신적으로 바라보는 관점이 형성되며, 새로운 가치를 창출할 기회가 증대된다. 혁신적 성과는 조직과 사회 발전에도 긍정적 영향을 미친다.

(8) 지속 가능한 성공 기반 구축

개인이 루틴(Routine), 반드시 해야 할 일(Must), 좋아하는 일(Like), 잘하는 일(Well)을 장기적으로 실천하면 일시적 성공을 넘어 지속 가능한 성공 기반이 마련된다. 견고하고 체계적인 습관을 통해 구축된 이 성공은 외부 변화에도 안정적으로 유지된다. 개인의 자신감과 자기 효능감을 강화하여 미래의 도전과 위기에도 흔들리지 않는 기틀을 마련한다.

(9) 사회적 책임과 행복한 삶의 기여 확장

진정한 성공은 사회적 책임과 기여로 이어질 때 완성된다. 루틴(Routine), 반드시 해야 할 일(Must), 좋아하는 일(Like), 잘하는 일(Well)을 통해 얻은 성공과 행운(Luck)은 감사와 겸손을 불러일으켜 사회적 기여로 연결된다. 개인은 전문 지식과 경험을 통해 공익 활동에 참여하며, 더 큰 성취와 존경을 얻고 사회는 더 건강해진다. 이는 삶의 질과 행복감을 높이는 원동력이 된다.

05

초대박 인생:
Routine & Must를 수행하고 Like와 Well을 추구할 때 좋은 천운이 도래

1) 루틴, 필수, 열정, 능력 그리고 천운의 조화로 초대박을 노리다

Routine, Must, Like, Well 그리고 천운이 완벽한 조화를 이루고 꾸준한 노력을 기울일 때, 인생에서 진정한 초대박의 성취를 이룰 수 있다. 이러한 다섯 가지 핵심 요소는 서로 독립적이지 않고 상호 보완적이기에, 이 중 하나라도 부족하다면 찾아온 기회를 제대로 활용하기 어렵다. 특히 천운은 준비된 자에게만 진정한 축복으로 다가오며, 이전의 네 가지 핵심 요소가 충분히 갖춰졌을 때 비로소 빛을 발하게 된다.

나는 2012년부터 나만의 성공 루틴을 체계적으로 구축하고 꾸준히 실천해 왔다. 수많은 도전과 실패 속에서도 멈추지 않고 자기계발과 지속적인 학습을 통해 나의 루틴을 발전시키고 개선했다. 작은 목표들을 차근차근 성취하며 얻은 자신감과 성취감은 나를 더 큰 목표로 나아가게 하는 강력한 추진력이 되었다. 특히 자기계발 서적과 다양한 강의를 통해 습득한 지식과 기술을 실제 생활에서 적용하여 루틴의 효과성을 높이는 데 집중했다.

내가 65세였던 2021년은 오랫동안 해결하지 못했던 삶의 중요한 과제인 경제적 자유를 마침내 성취하는 뜻깊은 해였다. 그동안의 묵은 고민과 짐을 내려놓고 진정으로 원하는 일에 전념할 수 있는 자유와 여유를 얻었다. 이는 나의 삶에 중대한 전환점을 가져왔고, 반복되던 어려움에서 벗어나 새롭고 자유로운 삶의 장을 열게 했다. 삶에서의 이러한 중요한 변화는 더욱 큰 목표를 향한 도약의 발판이 된다.

현재 나는 과거의 부담으로부터 완전히 벗어나, 내가 좋아하고 탁월하게 잘하는 일에 몰입하며 삶의 만족도와 질을 지속해서 높이고 있다.

나만의 창의적인 방식으로 목표를 설정하고 이를 실행하며, 주식 투자와 분석 분야에서 독보적인 전문성을 키워 냈다. 특히 세계 최고 수준의 주식 차트 분석 능력을 갖추게 되었으며, 복잡하고 급변하는 시장의 흐름을 단 1초 만에 정확하게 파악할 수 있는 특별한 기술을 보유하게 되었다. 이러한 전문성은 지난 13년간의 치열한 노력과 지속적인 훈련의 결과물이며, 앞으로도 꾸준히 발전시킬 계획이다.

또한, 운의 흐름이 확실히 나에게 유리하게 바뀌었다고 확신하고 있다. 지난 65년 동안 계속된 불운과 안타까운 실패는 끝이 났고, 최근 들어 위기마저 기회로 전환되는 놀라운 전화위복의 흐름을 경험하고 있다. 실패와 어려움을 두려워하지 않고, 이를 긍정적 시각으로 바라보며 끊임없이 도전하는 용기를 얻었다. 이로 인해 더욱 강한 정신력과 회복 탄력성을 기르게 되었다.

앞으로 다가올 65년은 과거와는 달리 좋은 운이 지속해서 나와 함께할 것으로 믿고 있다. 이제부터 찾아오는 모든 기회를 놓치지 않고 적극적으로 활용하며, 나의 모든 목표와 계획에 행운과 성공이 함께할 것이라 확신하고 이러한 긍정적이고 확고한 믿음을 기반으로 나만의 독보적인 성공 이야기를 전 세계에 펼쳐 나갈 것이다.

방탄소년단(BTS)의 세계적 성공 스토리에서 중요한 교훈과 영감을 얻었다. BTS는 음악적 다양성, 진정성 있는 메시지, 적극적인 팬 소통, 창의적인 콘텐츠 전략, 글로벌 시장을 겨냥한 치밀한 계획, 강한 사회적 책임감과 긍정적 영향력, 멤버 개개인의 뛰어난 역량 등을 완벽하게 조화시키며 글로벌 성공을 이뤄 냈다. 이처럼 균형 있고 철저한 전략과 지속적인 노력을 나의 투자 활동과 비즈니스에도 적극적으로 접목할 계획이다.

나는 주식 투자와 자문 분야에서 세계적으로 인정받는 전문성과 차별화된 기술을 확보했다. 글로벌 금융 시장에서의 무한한 기회를 적극적으로 활용할 수 있는 사업 환경과 효율적인 비즈니스 모델 덕분에 높은 마진율과 지속 가능한 수익 구조를 유지할 수 있다. 추가적인 생산 비용이나 재고 부담이 없는 나의 사업 모델은 뛰어난 경제적 효율성을 제공하며, 장기적인 성공과 안정성을 보장한다.

이러한 기반을 바탕으로 방탄소년단의 성공 요인을 적극적으로 벤치마킹하여, Routine, Must, Like, Well, Luck 초대박 인생 5가지 핵심 요소를 나만의 독창적인 방식으로 융합하고자 한다. 이를 통해 세계 무대에서도 압도적인 성과를 거둘 것이며, 지속적인 자기계발과 도전을 통해 글로벌 성공 스토리를 완성해 나갈 것이다.

앞으로 나는 결코 멈추지 않을 것이다. 지금까지 쌓아 온 모든 경험과 노하우, 그리고 오랜 시간 갈고닦은 실력을 기반으로, 내 삶을 완전히 새로운 차원으로 끌어올릴 준비가 되어 있다. 단순한 성공이 아닌, 전 세계 누구와 비교해도 뒤처지지 않을 초대박의 길을 당당히 걷고자 한다. 실패와 좌절은 더 이상 내게 두려움의 대상이 아니다. 오히려 그것은 성장의 발판이며, 더 높은 곳을 향한 도약의 계기다. 나는 스스로를 수없이 단련해 왔고, 어떤 상황에서도 나를 밀어붙이는 강인한 정신력과 회복 탄력성을 기르며 여기까지 왔다.

운이 따르지 않아도 나는 내 힘으로 충분히 해낼 자신이 있다. 수많은 날을 반복된 루틴 속에서 자기계발을 게을리하지 않았고, 무수한 실패를 분석하여 나만의 투자 철학과 기술을 정립해 왔다. 그 결과, 누구도 따라올 수 없는 독보적인 투자 시스템과 시장 대응 능력을 갖추게 되었으며, 이것이야말로 내가 이룩한 실질적 성공의 기반이다. 이 모든 것은 단순한 꿈이 아닌, 분명한 현실이며, 지금도 나는 그 현실을 더욱 단단히 구축해 나가고 있다.

그러나 나는 여기서 멈추지 않는다. 앞으로의 65년은 내가 살아온 과거의 어떤 시간보다도 가치 있고 강력한 전성기가 될 것이다. 나는 더 이상 과거에 발목 잡히지 않는다. 나의 무대는 이제 한국이 아닌 세계이며, 내 비즈니스와 투자 역량은 글로벌 스탠다드를 넘어 글로벌 리더십으로 확장되고 있다. 매일 쏟아지는 수많은 기회를 결코 흘려보내지 않고, 그 모든 순간을 실현 가능한 전략과 실행력으로 철저하게 내 것으로 만들 것이다. 구체적이고 정교한 실행 계획, 데이터 기반의 판단력, 그리고 수익 구조를 유지하면서도 확장 가능한 비즈니스 모델은 이미 나의 손안에 있다.

그리고 나는 믿는다. 준비된 자에게만 천운은 찾아온다. 나는 이미 철저히 준비되었고, 하늘에서 내려오는 운조차도 반길 자격이 있다. 이제부터 나의 삶에는 '불가능'이란 단어는 없다. 운과 노력이 만나면 기적이 되고, 그 기적은 내 인생에 있어 이제 일상이 될 것이다. 나는 더 이상 실현 가능성을 논하는 사람이 아니라, 실현 그 자체를 입증하는 사람이다.

이제 나는 초대박이라는 목표를 더는 '꿈'으로 취급하지 않는다. 그것은 나의 다음 현실이며, 곧 전 세계가 주목하게 될 실존하는 이야기다. 나의 이름 앞에는 '성공한 사람'이라는 수식어가 아닌, '새로운 기준을 만든 사람', '시장을 재정의한 인물'이라는 타이틀이 붙을 것이다. 나는 오늘도, 그리고 내일도, 그 위대한 서사를 실현하기 위해 담대하게 나아간다. 초대박 인생, 이제 그것은 내가 반드시 실현할 삶의 형태다.

2) 루틴, 필수, 열정, 능력 그리고 천운의 결합으로 만드는 초대박 인생

(1) 탁월한 성공과 부의 극대화 달성

인생에서 반드시 해야 하는 일(Must), 좋아하는 일(Like), 잘하는 일(Well)을 꾸준한 루틴(Routine)으로 실천하며 준비된 사람이 천운(Very very good luck)을 만나면 놀라운 수준의 성공과 엄청난 부의 축적을 이루게 된다. 준비된 사람이 천운을 만나면 그 결과는 예상을 훨씬 뛰어넘는 폭발적인 성과로 이어지며, 경제적 자유는 물론이고 사회적 영향력까지 극대화된다. 이는 자신이 꿈꾸던 삶을 마음껏 펼칠 수 있는 기회를 제공하고, 재정적 풍요 속에서 의미 있는 삶을 실현할 수 있게 한다. 또한, 개인의 부가 증가하면서 사회적 책임을 다할 수 있는 기회도 함께 확대되며, 이는 개인의 삶뿐만 아니라 공동체와 사회 전체에 긍정적인 영향을 미친다. 이러한 성공과 부는 단순한 물질적 풍요를 넘어 진정한 삶의 가치와 목적을 실현하는 데 중요한 수단이 된다.

(2) 글로벌 수준의 리더십과 영향력 발휘

완벽히 준비된 삶 속에서 아주 좋은 천운까지 찾아오면 개인은 국가를 넘어 전 세계적인 리더로 자리 잡게 된다. 지속적인 노력과 탁월한 성과로 얻은 신뢰와 존경은 글로벌 리더십으로 연결되어 세계적 규모의 긍정적 변화를 이끌 수 있게 한다. 영향력이 커질수록 더욱 많은 사람의 삶을 개선할 수 있으며, 국제사회에서 중요한 결정을 내리는 위치에 오르게 된다. 이러한 글로벌 리더십은 개인의 인생 목표를 초월하여 인류 전체의 번영과 평화를 위한 기여로 이어지며, 이를 통해 전 세계적 수준에서의 존경과 인정을 받게 된다.

(3) 최고 수준의 개인적 행복과 만족감

모든 삶의 영역에서 균형 잡힌 성공과 천운이 어우러지면 개인의 행복과 삶의 만족감은 최고조에 이른다. 이렇게 이루어진 균형 잡힌 삶은 내적 평화와 외적 성취를 완벽하게 조화시키며, 매 순간이 기쁨과 감사로 가득하게 된다. 삶의 모든 면에서 만족감을 느끼며 내면의 평화를 유지하는 동시에, 주변 사람들에게도 긍정적인 에너지를 전달한다. 개인적 행복과 만족은 삶의 모든 경험과 순간에 의미를 부여하며, 지속적인 감사와 긍정적 태도를 유지할 수 있게 한다.

(4) 완벽한 자기실현과 궁극적인 자아 성취

자신이 추구하는 모든 분야에서 탁월한 성과를 이루며 천운을 만나게 되면 개인은 진정한 의미의 자기실현과 자아 성취를 경험한다. 이 과정에서 잠재력은 극대화되고, 삶에서 추구했던 목표와 꿈을 완벽히 실현하며 인생의 진정한 목적과 의미를 온전히 성취할 수 있게 된다. 이는 삶을 완전히 채워 주는 깊은 만족감과 자부심을 준다. 자기실현을 이룬 사람은 더욱 큰 비전을 가지고 지속적으로 새로운 목표와 꿈을 설정하며 끊임없이 발전하게 된다.

(5) 무한대의 기회와 새로운 도전

철저한 준비와 아주 좋은 천운이 결합된 삶은 계속해서 더 큰 도전과 기회를 열어 준다. 한 번의 성공이 또 다른 성공으로 이어지며, 끊임없이 새로운 목표와 꿈을 추구할 수 있게 한다. 이러한 기회들은 개인의 능력을 계속 확장시키며, 삶을 더욱 다채롭고 풍성하게 만들어 준다. 끊임없는 도전과 새로운 경험은 개인의 성장을 촉진하고, 더 높은 수준의 성취와 성공을 가능하게 하는 원동력이 된다.

(6) 탁월한 신체적, 정신적 건강

아주 좋은 천운이 동반된 균형 잡힌 삶은 신체적, 정신적 건강도 최고 수준으로 유지하게 해 준다. 스트레스와 불안을 최소화하고 매일을 건강하고 활력 넘치게 보내며, 모든 도전과 목표에 효율적으로 대응할 수 있게 만든다. 건강이 뒷받침될 때 개인의 행복과 성취는 더욱 지속 가능해진다. 또한, 신체적, 정신적 건강이 뒷받침된 삶은 노화 과정을 늦추고 삶의 질을 장기적으로 높이는 중요한 자산이 된다.

(7) 함께 나누는 최고의 성취

탁월한 성취와 천운의 결합은 인간관계를 더욱 깊고 풍성하게 만든다. 성공을 함께 공유하는 기쁨과 보람은 인간관계를 더욱 견고하게 하고, 주변 사람들과 진정한 신뢰와 존경을 주고받는 관계를 유지하게 한다. 이는 인생 전체를 더욱 풍요롭게 하고 삶의 가치를 높이는 데 크게 기여한다. 진정한 인간관계는 개인적 행복과 성취를 더욱 의미 있게 하며, 삶의 모든 순간을 더욱 소중하게 만든다.

(8) 지속 가능한 번영과 사회적 기여의 유산

천운을 갖추고 철저히 준비된 삶은 개인의 일회적 성공을 넘어 세대를 잇는 지속 가능한 번영과 사회적 기여를 실현한다. 장기적 비전과 탁월한 관리 능력은 성공을 안정적으로 유지하며 후손과 공동체에 지속 가능한 번영의 기반을 마련한다. 축적된 부와 영향력을 활용하여 사회적 문제 해결과 환경 보호, 교육 지원 등 의미 있는 변화를 만들어 많은 사람에게 오랜 기간 긍정적인 영향을 준다. 이러한 유산은 개인적 성취를 뛰어넘는 깊은 보람과 행복, 사회적 존경과 감사를 남긴다.

(9) 궁극의 인생 보람과 영원한 행복

아주 좋은 천운을 만나 초대박이 난 사람은 인생의 모든 영역에서 완벽한 성공과 행복을 경험하며, 진정한 의미에서 후회 없는 삶을 살게 된다. 모든 꿈과 목표가 현실화되고, 개인적 성취와 사회적 기여, 인간관계와 자기계발 등 삶의 모든 측면에서 최고의 성취를 이루게 된다. 이러한 삶은 마지막 순간까지 깊은 만족과 충만감을 선사하며, 인생 전체에 걸쳐 이루어 낸 성과와 추억들로 인해 어떠한 미련도 남지 않게 한다. 완벽히 준비된 상태에서 천운을 통해 얻은 성공은 개인에게 영원한 행복과 완전한 자부심을 안겨 주며, 자신의 인생이 얼마나 소중하고 가치 있었는지 깨닫게 만든다. 이는 개인뿐만 아니라 주변의 모든 이에게도 긍정적인 영감과 동기부여를 제공하여, 삶의 의미를 더욱 풍성하게 한다.

PART 4
초대박 인생 5계명

> **!** 왜 초대박 인생을 꿈꾸고 초대박 5계명을 실천하며 살아야 하는가?

인생은 크게 다섯 단계로 나눌 수 있다. 가장 낮은 단계인 쪽박부터 시작하여 소박, 중박, 대박을 거쳐 최고 단계인 초대박까지의 과정이다. 나 자신 또한 지난 세월 동안 이 모든 단계를 거쳐 왔고, 마침내 초대박 인생을 바라보고 있다. 쪽박에서 벗어나 소박한 행복을 누렸고, 나름의 중박을 이루었으며, 간절한 노력 끝에 대박 인생까지 도달했다. 그리고 이제는 초대박이라는 궁극적인 인생 목표에 도전하고 있다.

지금 와서 돌이켜 보면, 처음부터 이런 인생의 단계가 존재한다는 것을 미리 알았다면 어땠을까 생각해 본다. 그랬다면 시행착오를 훨씬 더 줄이고, 소모된 시간과 노력 또한 아낄 수 있었을 것이다. 즉, 정확한 지도와 나침판을 가지고 있었다면 지금보다 훨씬 빠르고 쉽게 원하는 지점까지 도달할 수 있었을 것이다. 많은 사람이 그렇듯이 나 역시 살다 보니, 해 보고 나서야 비로소 깨달았다. 하지만 꼭 그렇게 시행착오를 거쳐야만 하는 것은 아니다. 인생의 목표와 달성 방법을 미리 알고 시작한다면 누구나 훨씬 빠르게 성공할 수 있다.

초대박 인생을 꿈꾸고 그것을 실천하는 것은 결코 욕심이 아니다. 누구에게나 초대박 인생을 살 권리와 자격이 충분히 있다. 지금 당신이 가진 재능이나 능력이 뛰어나지 않다고 해서 초대박을 미리 포기할 필요는 전혀 없다. 초대박 인생으로 가는 길은 특별한 재능이나 운이 아니라 명확한 목표 설정과 확실한 실행 방법에 달려 있다. 즉, 방법만 제대로 알고 꾸준히 실행한다면 누구나 초대박 인생을 이룰 수 있다.

내가 제시하는 다섯 가지의 초대박 인생 달성 방안은 단순히 다른 사람의 말이나 책에서 배운 이론이 아니다. 내가 인생의 모든 단계를 직접 경험하며 깨닫고, 실전을 통해 확실하게 증명한 방법들이고 이러한 방법들을 지금도 계속 실천하면서 뚜렷한 성과와 성취를 거두고 있다. 따라서 내가 제시하는 이 방법들은 여러분의 인생에서 확실한 지도와 나침판 역할을 해 줄 것이다.

  중요한 것은 망설이지 않고 지금 당장, 이 달성 방안들을 실천하는 것이다. 확신을 갖고 행동으로 옮기면 반드시 초대박을 불러오는 기회와 행운이 당신에게 찾아온다. 실천하지 않고 이론만 아는 것은 아무 의미가 없다. 중요한 것은 실천이고 실행력이다. 의심하지 말고, 두려워하지 말고 바로 실행하라. 인생의 다섯 단계를 거쳐 초대박을 이루는 데 필요한 모든 도구는 이미 당신의 손에 있다. 초대박 인생을 향한 지도가 이미 펼쳐져 있고, 정확한 나침판이 당신의 손에 있다. 이제 선택은 당신의 몫이다. 쪽박에서 시작해 소박을 지나 중박과 대박을 거쳐 마침내 초대박 인생을 이루는 것은 꿈이 아닌 현실이다. 지금 당장 내가 제시하는 달성 방안을 적극적으로 실천하라. 그러면 당신 앞에 이전에는 상상조차 하지 못했던 진정한 초대박 인생이 눈부시게 펼쳐질 것이다.

01

나만의 세계 최고의 주특기를 개발하라!

1) 나만의 세계 최고의 주특기 개발: 주식 차트 판독의 달인이 되기까지

성공은 누구나 꿈꾼다. 하지만 세계 최고가 되겠다고 말하는 사람은 드물다. 더 중요한 건, 그 목표를 위해 오늘도 자신을 갈아 넣고 있는 사람은 거의 없다는 사실이다. 나는 그 드문 길을 택했다. 아니, 그 길을 삶의 방식으로 살아 내고 있다.

내가 선택한 분야는 주식 차트 판독이다. 이는 단순한 데이터 해석이 아닌, 인간의 심리와 시장의 흐름이 뒤엉켜 있는 살아 있는 생물 같은 영역이다. 이 분야에서 나는 세계 최고 수준의 분석력과 직관을 갖췄다고 자신 있게 말할 수 있다. 그 자신감은 어디서 비롯되었는가? 단순하다. 시간을 갈아 넣은 만큼의 증거가 내게 있기 때문이다.

나는 지난 13년간 하루도 빠짐없이 차트를 분석했다. 분석한 차트는 무려 600만 개 이상, 직접 실행한 실매매는 6만 건이 넘는다. 하루 최다 191건의 거래를 기록한 날도 있었고, 지금도 하루 1,000개 이상의 차트를 분석한다. 이 수치는 내 몰입의 증명서이자, 실력의 출처다. 그런데 그 몰입은 단순한 집중력의 문제가 아니었다. 그것은 내가 누구인지에 대한 선언이자 나의 존재 방식이었다.

몰입은 나에게서 일과 삶의 경계를 무너뜨렸다. 차트는 더 이상 업무가 아닌 내 언어가 되었고, 봉의 흐름과 거래량의 떨림은 마치 나의 호흡처럼 자연스러워졌다. 하루 종일 마우스를 쥐고 분석을 하다 보면 손가락의 감각이 사라질 때도 있었고, 눈이 흐려져 차트의 선들이 겹쳐 보일 때도 있었다. 그러나 멈추지 않았다. 왜냐하면, 그 순간에도 나는 시장을 더 정밀하게 이해하고 있다는 확신을 갖고 있었기 때문이다.

몰입이 익숙해지면 그것은 습관이 되고, 습관은 곧 시스템이 된다. 나는 그렇게 내 삶을 시스템으로 설계했고, 그 시스템은 루틴이라는 이름으로 정착되었다. 이 루틴은 나의 감정을 조율하고, 나의 성장을 추동하며, 지금까지도 나를 세계 최고라는 목표를 향해 밀어주고 있다.

그렇다고 모든 순간이 빛났던 것은 아니다. 나는 주식 투자 인생 초기, 무려 12번의 계좌 전액 손실, 이른바 '깡통'을 경험했다. 손실액은 11억 원을 넘어섰고, 잔고가 바닥난 화면을 멍하니 바라보며 깊은 좌절과 회의 속에 빠지곤 했다. 가족들의 얼굴이 떠오를 때면 가슴이 미어졌고, '정말 이 길이 맞는가?'라는 질문이 머릿속을 떠나지 않았다. 그러나 그럴수록 나는 차트 앞에 앉았다. 그리고 복기 노트를 열었다. 왜 이 타이밍에 들어갔는가. 왜 이 패턴을 보고도 빠져나오지 못했는가. 어떤 감정이 내 판단을 흐렸는가. 나는 그렇게 나 자신을 해부하듯 분석했다. 이 노트는 하루이틀이 아니라, 십여 년간 지속되었고, 수천 장의 데이터가 쌓여 갔다. 결국, 나는 그 기록 속에서 실수를 정리하고, 반복을 차단하며, 나만의 투자 시스템을 구성해 냈다. 그 결과물이 바로 'K13 투자 모델'이다.

'K13 투자 모델'은 이론서에서 발췌한 전략이 아니다. 그것은 내 실패의 기록과 생존을 위한 집요함이 빚어낸 살아 있는 전략이다. 나는 이 전략을 통해 단지 수익을 올린 것이 아니라, 실패를 관리하고, 성공을 반복 가능하게 만들 수 있는 구조를 완성했다.

그런데 나는 여기서 멈추지 않았다. 나는 이 시장에서 통용되는 통념들, 특히 "손절은 투자자의 필수 기술이다."라는 말조차 의심하기 시작했다. 물론 손절은 때로 필요하다. 그러나 나는 그 손절이 감정을 무너뜨리고, 전략을 혼란에 빠뜨리는 현실을 누구보다 생생히 겪었다.

그래서 나는 다시 질문했다. "손절 없이도 안전한 투자가 가능하지 않을까?" 그 질문은 또 다른 발명의 문을 열었다. 나는 '물살종', 즉 '물려도 살아 나올 수 있는 종목'이라는 개념을 고안했고, '기돈시', '기다리면서 돈을 버는 시스템'을 설계했다. 이 전략은 단순한 수익 모델이 아니다. 그것은 감정의 무너짐을 막고, 시장에서 오래 살아남을 수 있게 하는 심리적 안전장치이자 전략적 구조물이다. 이 모든 것을 가능하게 해 준 것은 결국 루틴이다. 나는 지금도 매일 아침 일정한 시간에 일어나 차트를 분석하고, 매일 밤 일정한 시간에 그날의 복기 노트를 작성한다. 시장에 대한 감각은 훈련의 반복으로 유지되고, 전략은 투자자들과의 피드백을 통해 지속적으로 정제된다. 강의를 하면서도 나는 나 자신을 다듬고 있고, 매일의 반복 속에서 스스로를 초월하는 실험을 계속하고 있다.

나는 대박의 성공을 이루었고, 초대박 인생을 향해 지금도 꾸준히 나아가고 있다. 지금의 성과는 단지 전 단계일 뿐이며, 나의 목표는 아직 도달하지 않았다. 내가 바라보는 종착지는 단순한 자산의 증식이 아니다. 나의 종착지는 전 세계 투자자들이 나의 전략을 배우고, 나의 철학을 기준점으로 삼게 되는 미래다. 나는 그 미래를 위해 오늘도 같은 루틴을 반복하고 있다. 시장 앞에 겸손히 서고, 나 자신에게 묻는다.

"나는 오늘도 어제보다 나아졌는가?", "나는 지금도 세계 최고를 향해 걷고 있는가?" 그 질문에 "그렇다."라고 말할 수 있는 하루를 꾸준히 쌓아 간다면, 그 끝에는 반드시 내가 원하는 자리에 도달해 있을 것이라 확신한다. 그 자리는 누군가가 만들어 주는 자리가 아니다. 매일 나 자신을 이겨 낸 루틴의 끝에만 존재하는 자리다. 성공은 단 한 번의 결심이 아니다. 그 결심을 매일 지켜 내는 작고 반복적인 실천의 루틴이 세계 최고를 만든다.

2) 나만의 세계 최고의 주특기, 초대박 인생을 부르는 절대 경쟁력

초대박 인생이 오게 하는 방법으로 '나만의 세계 최고의 주특기'를 만들었을 경우의 강점과 장점은 매우 명확하며 그 효과는 개인의 삶 전반에 걸쳐 나타난다.

첫째, 확실한 전문성을 보유하면 개인의 경쟁력이 극대화된다. 특정 분야에서 세계 최고의 전문성을 갖추게 되면 타인과의 경쟁에서 압도적인 우위를 점하게 된다. 이로 인해 시장에서 쉽게 대체될 수 없는 독보적인 존재로 자리매김할 수 있으며, 자연스럽게 자신의 가치를 높일 수 있게 된다.

둘째, 경제적 안정과 재정적 독립을 이룰 수 있다. 세계적 수준의 전문성을 가진 사람은 시장에서 높은 몸값을 인정받아 경제적으로 안정된 생활을 영위할 수 있다. 높은 수준의 전문성은 곧 더 많은 기회와 높은 수익으로 이어지며, 장기적으로 재정적 자유와 경제적 독립을 실현할 수 있는 발판이 된다.

셋째, 자신감과 자존감이 높아진다. 남들이 따라오기 힘든 특별한 전문성을 갖추고 있다는 사실은 내면의 자존감을 높이고, 자신에 대한 신뢰와 확신을 크게 향상시킨다. 이는 개인이 도전적인 상황에서도 흔들리지 않고 목표를 이루기 위한 강력한 추진력과 내적 안정감을 제공한다.

넷째, 사회적 영향력을 키울 수 있다. 특정 분야에서 최고의 전문가로 인정받게 되면 주변 사람들과 사회에 긍정적인 영향을 미칠 수 있는 기회가 많아진다. 전문가로서 자신의 지식을 공유하고 사회적 문제를 해결하는 데 이바지할 수 있으며, 이를 통해 사회적으로 존경받고 영향력을 확대할 수 있다.

다섯째, 인맥과 네트워크의 확장 기회가 증가한다. 세계 최고의 주특기를 보유하면 해당 분야에서 뛰어난 성과를 낸 다른 전문가들과 쉽게 소통하고 협력할 수 있는 기회가 많아진다. 이는 더 넓고 깊은 네트워크를 형성할 수 있게 하며, 다양한 기회와 자원을 확보하여 지속적인 성장과 발전을 촉진하는 원동력이 된다.

여섯째, 변화와 위기 상황에서도 강력한 생존력을 갖추게 된다. 글로벌 경제가 급변하는 현대사회에서 특정 분야의 독보적 전문성을 갖춘 사람은 시장의 변화나 위기 상황에서도 빠르게 적응하고, 오히려 위기를 기회로 전환할 수 있다. 이는 장기적으로 지속 가능한 성공을 보장하는 가장 중요한 경쟁력 중 하나가 된다.

일곱째, 목표 달성과 자기계발에 대한 명확한 방향성이 제공된다. 전문성을 명확히 갖추면 삶에서 명확한 목표와 방향성을 설정할 수 있게 된다. 이를 통해 자신의 인생 계획을 체계적이고 일관성 있게 수립하여 효율적인 시간 관리와 높은 성취율을 유지할 수 있다.

마지막으로, 개인의 행복과 삶의 질이 향상된다. 자신이 사랑하고 잘하는 분야에서 최고가 되었다는 사실 자체가 삶에 대한 만족도와 행복감을 크게 증대시킨다. 경제적, 사회적, 심리적으로 풍요로운 삶을 살아갈 수 있으며, 이는 장기적인 인생의 만족과 성취감을 유지하는 데 큰 도움이 된다.

3) 나만의 세계 최고의 주특기로 초대박 인생을 끌어당기는 비결

초대박 인생이 오게 하는 방법으로 '나만의 세계 최고의 주특기'를 만드는 구체적 달성 방법은 다음과 같다.

(1) 내 인생의 주제를 선명히 하라
  ⊙ 전문 분야 명확히 정하기

초대박 인생을 살고 싶다면 반드시 기억하라. 흐릿한 목표는 흐릿한 인생을 만든다. 성공은 우연이 아니라, '명확함'에서 시작된다. 인생의 주제를 선명하게 설정하는 것은 단순한 테마 정하기가 아니다. 이후 내가 어떤 사람들과 만나고, 어떤 문제를 해결하며, 어떤 결과를 만들어낼지를 결정짓는 본질적인 프레임이다.

막연히 열심히만 해서는 결코 초대박 인생에 도달할 수 없다. 인생은 마라톤이 아니라, 목적지를 정확히 정한 후 질주하는 장거리 단기 승부다. 방향이 없는 속도는 오히려 위험하다. 전문 분야를 명확히 정하고, 나만의 인생 주제를 선언하라. 남이 정해 주는 길이 아닌, 내가 주도하고 선택하는 길이어야 한다.

먼저 스스로에게 질문하라.
"나는 어떤 분야에 내 인생을 걸 것인가?"
"10년 후, 나는 어떤 전문가로 불리고 싶은가?"
"이 분야에서 내가 독보적인 존재가 될 수 있는 이유는 무엇인가?"

이 질문에 스스로 명확히 답할 수 있을 때, 비로소 초대박 인생의 첫 퍼즐이 맞춰지기 시작한다. 초대박 인생은 우연이 아니라, 의도된 선택의 연속으로 완성되는 결과다.

명확한 주제를 정하려면, 다음의 세 가지 원칙을 적용하라.

첫째, 시장성과 연결하라. 아무리 내가 좋아하는 분야라도 시장이 외면하면 생존은 불가능하다. 시장이 실제로 원하는 니즈가 존재하는가? 성장 가능성이 지속적인가? 감각이 아닌, 데이터와 트렌드에 근거한 판단이 중요하다.

둘째, 경쟁자와의 차별성을 확보하라. 누구나 할 수 있는 이야기, 누구나 아는 지식으로는 절대 초대박에 도달할 수 없다. 내가 가진 고유한 관점, 문제 해결 방식, 통찰력을 어떻게 시스템화하고 브랜드화할 것인지 고민하라.

셋째, 지속 가능한 열정과 연결하라. 유행에 흔들리는 것이 아니라, 10년 이상 몰입할 수 있는지를 기준 삼아야 한다. 흥미가 아닌, 확신이 필요한 시점이다. 어떤 위기에도 포기하지 않을 만큼의 몰입이 가능한가를 점검하라.

주제를 정했다면, 반드시 구체화하라. "나는 마케팅 전문가가 될 거야."는 선언일 뿐이다. "나는 2030 창업가를 위한 퍼포먼스 마케팅 전략 설계 전문가가 될 거야."라는 수준의 명확성과 구체성이 있어야 전략이 생긴다. 전문화의 깊이는 곧 시장에서의 신뢰도와 직결된다. 내가 누구를 위해, 어떤 방식으로, 어떤 가치를 제공할지를 한 문장으로 정의하라.

그다음은 시간 투자다. 하루 5시간, 1년이면 1,825시간, 10년이면 18,250시간이다. 단순 계산이지만, 그 숫자가 말해 주는 깊이를 가볍게 보지 마라. 어느 누구도 흉내 낼 수 없는 내공은 결국 시간과 몰입의 총합으로 만들어진다. 명확한 주제 설정 + 집중된 시간 투자 = 초대박 인생의 공식임을 절대 잊지 마라.

　남들이 "이건 요즘 뜨는 분야야."라고 말해도, 그것이 나의 인생 주제가 아니라면 흔들리지 마라. 유행은 따라가는 것이 아니라, 내가 만드는 것이다. 진짜 성공은 트렌드가 아닌 방향성을 따라간다. 내가 정한 주제를 평생 밀고 나갈 각오가 되어 있는가? 그 각오가 부족하다면, 초대박 인생은 결코 열리지 않는다.

　지금 당장 다음 세 가지 질문에 답을 적어 보라.

　"내 인생의 핵심 주제는 무엇인가?"

　"나는 왜 이 주제를 선택했는가?"

　"앞으로 어떻게 전문성을 쌓고 차별화를 이룰 것인가?"

　이 세 가지 질문에 스스로 선명하게 답할 수 있어야 한다. 그것이 바로 초대박 인생을 정조준하는 시점이다. 선택하라. 그리고 그 선택에 전력을 다하라. 세상은 자신만의 전문성을 가진 사람에게 기회를 준다.

　주제를 선명히 한 자만이 초대박 인생의 문을 여는 자격이 있다.

　이제는 선택의 시간이다. 내가 갈 길은 내가 정한다. 그 길의 끝에 초대박이라는 현실이 기다리고 있다.

(2) 자신을 철저히 파악하라

⊙ 자기 분석과 강점 발견하기

　초대박 인생을 살고 싶다면 가장 먼저 해야 할 일은 '자기 자신을 해부하는 것'이다. 제대로 된 자기 분석 없이 성공한 사람은 없다. 세상에서 가장 정교하게 분석해야 할 대상은 타인이 아니라 '나 자신'이다.

　많은 사람이 자기 자신에 대해 안다고 착각한다. 하지만 정작 "당신의 가장 강력한 무기는 무엇인가?"라는 질문에 제대로 대답하는 사람은 드물다. 초대박 인생을 원하는가? 그렇다면 자신을 철저히 해부하라. 강점, 약점, 가치관, 성격, 행동 패턴, 감정 반응까지 모조리 들여다보라. 뿌리 깊은 이해 없이는 그 어떤 전략도 힘을 발휘하지 못한다.

자기 분석은 추상적으로 하지 마라. 무조건 구체적이어야 한다. 우선 자신이 살아온 경로를 연대기식으로 정리해 보라. 어떤 순간에 에너지가 가장 많이 생겼는가? 어떤 환경에서 최고의 퍼포먼스를 냈는가? 어떤 역할을 맡을 때 인정받았는가? 이 질문에 대한 답이 당신의 강점이자, 초대박 인생의 실마리다.

또한, 타인의 피드백을 활용하라. 나보다 나를 더 객관적으로 볼 수 있는 사람의 말은 거울보다 더 정확하다. 가족, 동료, 고객, 멘토에게 당신의 장점과 단점을 묻고 기록하라. 반복적으로 등장하는 단어가 있다면, 그것은 이미 당신 안에 내재된 핵심 역량이다. 초대박 인생은 이 '핵심 역량'을 극대화하는 데서 출발한다.

자신의 성향도 분석해야 한다. 나는 아이디어형 인간인가, 실행형 인간인가? 외향적인가, 내향적인가? 리스크를 감수하는 편인가, 안정 지향적인가? 이런 성향 분석은 나에게 맞는 일 방식과 사업 모델, 커뮤니케이션 전략까지 영향을 준다. 자기 성향과 어긋난 길은 아무리 노력해도 오래 지속되지 못한다.

강점은 개발하고, 약점은 전략적으로 회피하라. 누구나 약점은 있다. 하지만 약점을 없애려 애쓰는 데 시간을 낭비하지 마라. 약점은 피할 전략을 짜면 된다. 진짜 중요한 건, 나의 강점을 극한까지 끌어올리는 것이다. 강점이 충분히 강하면 약점은 더 이상 장애물이 되지 않는다.

특히 '경쟁력이 되는 강점'에 집중하라. 그냥 내가 잘하는 게 아니라, 시장에서 돈이 되는 강점, 사람들이 인정하고 필요로 하는 강점이어야 한다. 가치가 시장과 연결되지 않으면, 그 강점은 취미에 불과하다. 시장이 원하는 강점과 내가 가진 자산이 일치하는 접점을 찾아내는 것이 초대박의 열쇠다.

자신을 파악하려면 시간을 들여야 한다. 하루아침에 되는 일이 아니다. 매일 아침 10분, 자신을 관찰하고 기록하는 시간을 가져라. 내가 언제 집중이 잘 되는지, 어떤 활동에서 몰입감을 느끼는지, 어떤 일에서 감정 소모가 심한지 적어 보라. 기록은 곧 통찰의 시작이며, 반복은 곧 통제력이다.

마지막으로, 자기 분석은 일회성이 아니라 평생 이어져야 하는 과제다. 사람은 환경에 따라 변하고, 성장하며, 확장된다. 따라서 끊임없이 자신을 재분석하고, 재정의해야 한다. 초대박 인생을 살기 위해서는, 어제의 나보다 더 깊이 있는 오늘의 나를 알아야 한다.

자신을 모르는 자는 그 누구도 이길 수 없다. 반대로, 자신을 정확히 이해하고 있는 자는 그 누구도 막을 수 없다. 내가 누구인지, 무엇에 강한지, 어떤 방식으로 성공하는지 철저히 파악하라. 초대박 인생은 나 자신을 가장 잘 이해하는 자만이 열 수 있는 문이다.

(3) 행동으로 성과를 증명하라

⊙ 실질적 경험과 실행력 강화하기

아무리 뛰어난 생각도 행동으로 옮기지 않으면, 그저 머릿속 공상일 뿐이다. 초대박 인생은 '행동력'의 산물이다. 아이디어는 많으나 움직이지 않는 사람은 절대 성공하지 못한다. 생각은 누구나 할 수 있다. 하지만 실행은 아무나 하지 못한다. 그래서 행동하는 자만이 초대박 인생을 거머쥔다.

성공의 세계에서는 결과물이 말한다. 얼마나 멋진 계획을 세웠는지가 아니라, 무엇을 실제로 해냈는지가 평가 기준이다. "나는 준비 중이다.", "곧 시작할 거다."라는 말은 실패자들의 전형적인 레퍼토리다. 시작이 늦는 사람은 기회도 늦는다. 작은 것부터라도 당장 시작하라. 부족한 상태로 뛰어들어야 진짜 배움이 시작된다.

실행력은 타고나는 것이 아니다. 만들어지는 것이다. 중요한 건 '결단'과 '루틴'이다. 결단은 단번에 나아가게 하고, 루틴은 멈추지 않게 만든다. 이 두 가지를 모두 갖춰야 한다. 우선, 어떤 아이디어가 떠올랐을 때, 24시간 이내에 행동으로 옮기는 습관을 만들어라. 생각과 실행 사이의 간극을 좁힐수록 성공은 가까워진다.

다음으로 루틴을 구축하라. 실행력이 강한 사람들은 의지보다 시스템에 의존한다. 의지는 감정의 영향을 받지만, 시스템은 자동으로 작동한다. 실행 루틴은 작고 단순해야 한다. '매일 아침 30분, 블로그 글 하나 쓰기.' '매주 수요일마다 새로운 기획안 하나 제안하기.' 이런 구체적이고 반복 가능한 행동 패턴이 초대박 인생의 기반이 된다.

또한, 행동의 질을 높여라. 단순한 반복이 아니라 의도 있는 실행을 하라. 매번 행동에 목적을 부여하고, 실행 후에는 반드시 피드백을 남겨라. "무엇이 잘됐는가?", "무엇을 개선할 수 있는가?" 이 피드백을 반복할수록 당신의 실행력은 날카로운 무기가 된다. 실행력은 연습의 결과가 아니라, 개선의 결과다.

무엇보다 중요한 건 '성과'를 만들어 내는 것이다. 수많은 시도에도 불구하고 결과가 없다면, 실행의 방향이 잘못된 것이다. 성과는 단순한 결과가 아니라, 시장에서의 인정이다. 돈이 되지 않아도 좋다. 누군가에게 실질적 도움이 되었는가? 실제로 문제를 해결했는가? 이 기준으로 자신을 점검하라. 성과 없는 노력은 자기 위안일 뿐이다.

실행의 속도도 중요하다. 시대는 빠르게 변하고, 기회는 오래 기다려 주지 않는다. 완벽을 추구하지 마라. 실행 속도를 늦추는 가장 큰 함정은 '완벽주의'다. 완벽하게 준비된 상태는 오지 않는다. 미완성이라도 일단 실행하라. 현실 속에서 다듬어지는 것이 진짜 완성이다.

또한, 실행은 '혼자' 하는 것이 아니다. 협업하고, 피드백을 구하고, 필요한 자원을 연결하라. 초대박 인생을 사는 사람들은 결코 고립되어 있지 않다. 행동의 범위를 넓히고, 사람들과 연결된 실행을 하라. 실행은 개인의 능력을 증명하는 동시에, 영향력을 확대하는 수단이 되어야 한다.

마지막으로, 성과는 쌓아야 한다. 한 번의 성과는 운일 수 있지만, 반복된 성과는 실력이다. 작은 실행 → 작은 성과 → 큰 실행 → 큰 성과, 이 순환 구조를 만들어라. 초대박 인생은 한 번의 대박이 아니라, 작은 성공의 누적이다.

기억하라. 말하는 사람은 많지만, 해내는 사람은 적다. 생각하는 사람은 넘치지만, 움직이는 사람은 드물다. 결국, 결정적인 차이는 행동에서 갈린다. 당신의 인생을 증명하라. 계획이 아닌, 성과로. 의지가 아닌, 실행으로. 꿈이 아닌, 결과로.

행동은 진심의 증거이며, 성과는 실행력의 증명이다. 초대박 인생은 말이 아니라, 움직이는 자의 몫이다.

(4) 창조적 사고로 한계를 넘어서라

→ 혁신적인 사고 습관 기르기

초대박 인생은 기존의 틀을 그대로 따르는 삶에서 결코 탄생하지 않는다. 세상에 없던 결과를 원한다면, 세상에 없던 방식으로 생각해야 한다. 창조적 사고 없이는 초대박 인생도 없다. 더 이상은 단순히 열심히만 해서는 안 되는 시대다. 이제는 '다르게' 해야 앞서 나간다.

창조적 사고는 타고나는 것이 아니라 훈련하는 것이다. 우리는 교육과 사회 구조 속에서 '정답 찾기'에 익숙해져 있다. 그러나 초대박 인생을 사는 사람은 '정답'이 아니라 '새로운 질문'을 던진다. 문제를 기존의 틀로만 접근하면, 한계에 갇힌다. 하지만 질문을 새롭게 하면, 새로운 기회가 열린다.

가장 먼저 해야 할 일은 생각의 프레임을 깨는 것이다. '늘 해 왔던 방식'이 가장 위험한 방식이다. 지금까지와 전혀 다른 시각으로 사물을 보고, 사고하고, 연결하려는 노력이 필요하다. 가령, "이건 원래 이렇게 하는 거야."라는 말이 입에 붙어 있다면, 이미 창의는 멈춘 상태다. 틀을 의심하라. 그리고 다르게 질문하라.

창조적 사고를 위해선 정보의 다양성이 필수다. 한 분야의 지식만 파고들면, 사고의 깊이는 생기지만 넓이는 줄어든다. 혁신은 의외의 조합에서 탄생한다. 다양한 분야의 책을 읽고, 다른 업계의 사람들과 교류하라. 기술과 예술, 철학과 비즈니스가 연결될 때, 전혀 새로운 아이디어가 나온다. 이종 결합이 초대박의 씨앗이다.

또한, 일상 속에서 창조적 사고 훈련을 하라. 무심코 지나치는 광고 문구 하나, 카페 인테리어 하나, 고객의 불만 하나에도 창의적 관점을 적용해 보라. "왜 저렇게 했을까?", "저걸 다르게 해 보면 어떨까?", "내 사업에 적용하면 어떤 모습일까?"라는 식으로 사고를 확장하라. 창조적 사고는 '특별한 순간'이 아니라 '일상의 태도'에서 만들어진다.

두려움을 버려야 한다. 많은 사람이 새로운 아이디어를 내놓지 못하는 이유는 틀릴까 봐, 비웃음당할까 봐 겁내기 때문이다. 그러나 창조는 '정답'이 아닌 '시도'에서 출발한다. 완벽한 생각을 떠올릴 필요 없다. 불완전하더라도 시도하라. 창조적 사고는 실패를 두려워하지 않는 용기와 함께 자란다.

또한, 창조는 혼자서 하지 않는다. 아이디어는 혼자의 고립된 공간이 아니라, 사람들과의 대화 속에서 진화한다. 브레인스토밍, 마스터마인드 그룹, 피드백 모임 등을 통해 나의 사고를 확장시켜라. 내 머리 안에만 있는 생각은 제한적이다. 타인의 시선을 빌려야 진짜 혁신이 일어난다.

기억하라. 지금 당신이 마주한 한계는 실제 한계가 아니라, 사고의 한계다. 사고를 바꾸면 현실이 바뀐다. 아무리 복잡하고 어려운 문제도 새로운 방식으로 접근하면 돌파구가 생긴다. 초대박 인생은 기존의 룰을 따르는 삶이 아니라, 새로운 룰을 만들어 가는 삶이다.

끝으로, 창조적 사고는 실행과 연결되어야 진짜 힘을 가진다. 머릿속에만 있는 아이디어는 허상일 뿐이다. 작게라도 현실에 적용하라. 고객 반응을 보고, 성과를 점검하고, 다시 수정하라. 생각 → 실험 → 실행 → 진화의 사이클을 반복해야 한다. 그래야 진짜 초대박 결과가 만들어진다.

창의는 선택이 아니라 필수다. 변화의 속도가 점점 빨라지는 시대, 창조적 사고 없이 살아남는 것은 불가능하다. 초대박 인생을 원한다면, 지금까지의 사고방식을 뒤집고, 새로운 방식으로 생각하고, 과감하게 실험하라. 세상을 바꾼 사람들의 공통점은 결국, '다르게 생각한 사람들'이었다.

(5) 지속적으로 도전하고 성장하라
⊙ 한계를 넘는 자기 확장의 원칙

성장은 선택이 아니라 생존이다. 도전하지 않는 사람은 정체되고, 정체된 사람은 결국 도태된다. 초대박 인생을 살고 싶다면, 반드시 기억하라. "나는 지금 성장하고 있는가?"라는 질문에 늘 "그렇다."라고 답할 수 있어야 한다.

도전은 더 이상 특별한 일이 아니다. 도전은 일상이 되어야 한다. 기존의 익숙한 것만 반복하며 안정을 추구하는 순간, 인생의 곡선은 하향을 그리기 시작한다. 반대로 불편함 속으로 스스로를 밀어 넣을 때, 성장은 폭발적으로 일어난다. 성장은 불편함의 대가다. 편안한 곳에 머물면서는 절대 한계를 돌파할 수 없다.

가장 먼저 해야 할 일은 두려움을 다루는 법을 배우는 것이다. 새로운 도전은 언제나 두려움을 동반한다. 그러나 그 두려움은 '실패'가 아니라 '확장'의 신호다. 두려움을 회피하지 마라. 오히려 마주하고, 그 안에 담긴 메시지를 읽어라. "이 방향이 나를 성장시킬 길이다."라는 신호로 받아들여야 한다.

다음으로, 도전의 범위를 구체화하라. 막연한 도전은 지속될 수 없다. '매출 2배 성장', '한 달에 책 4권 읽기', '매주 1회 콘텐츠 업로드'처럼 수치화할 수 있고 측정 가능한 도전 과제를 설정하라. 도전은 명확할수록 추진력이 생기고, 성장률은 가속화된다.

중요한 건 단기적 성취가 아니라, 장기적 성장이다. 초대박 인생을 사는 사람들은 '지속성'을 전략화한다. 한 번의 성공에 만족하지 않고, 그 성공을 기반으로 다음 스텝을 설계한다. 이들은 늘 다음 질문을 준비한다. "이 경험을 통해 내가 배운 것은 무엇인가?", "이제 무엇을 더 확장할 수 있는가?" 반복된 도전과 축적된 성장은 복리처럼 작용해 인생을 폭발적으로 성장시킨다.

또한, 환경을 성장형으로 바꿔야 한다. 주변에 도전적인 사람들이 있어야 나 역시 도전하게 된다. 성장을 멈춘 사람들과 함께하면 나도 정체된다. 강한 도전 의식을 가진 사람들과 네트워크를 형성하라. 마스터마인드 그룹, 성장 커뮤니티, 멘토링 관계는 지속적 성장의 촉매제다.

도전은 늘 '피드백'을 수반해야 한다. 아무리 많은 시도도 성찰 없이 반복되면 헛수고다. 도전 → 실행 → 복기 → 개선 → 재도전이라는 사이클이 돌아갈 때, 비로소 성장이 현실이 된다. 실행만큼이나 중요한 것은 '되돌아보기'다. 실패했을 때는 왜 실패했는지를, 성공했을 때는 무엇이 통했는지를 철저히 복기하라.

도전에는 반드시 에너지 관리가 필요하다. 한계를 넘기 위해서는 집중력, 체력, 감정력까지도 전략적으로 조율해야 한다. 잠, 식사, 운동, 마음 관리 등 기본적인 자기 관리 없이는 도전의 연속을 버틸 수 없다. 성장은 에너지 싸움이다. 에너지를 회복하고 유지할 수 있어야 진짜 도전자가 된다.

또한, 작은 도전을 일상화하라. 거창한 계획보다 중요한 것은 매일의 한 걸음이다. 새로운 책을 읽고, 새로운 사람을 만나고, 새로운 도구를 시도하는 것부터 시작하라. 이 작은 변화들이 모여 거대한 성장 곡선을 만든다. 초대박 인생은 결국, '비범한 일상'을 살아 낸 사람의 것이다.

마지막으로, 성장에는 끝이 없다. 정점은 없고, 다음 단계만 있을 뿐이다. 오늘의 내가 어제의 나보다 조금 더 확장되었다면, 그것이 바로 성공이다. 끊임없이 질문하라.

"지금, 이 상태에 안주하고 있는가?", "나는 얼마나 더 성장할 수 있는가?" 스스로를 밀어붙이는 자만이 인생의 판도를 바꿀 수 있다.

초대박 인생은 거대한 도약이 아니라, 끊임없는 자기 확장의 누적이다. 오늘도 도전하라. 불편함을 마주하고, 한계를 넘어서며, 다음 단계의 자신을 만나러 나아가라. 도전하는 한, 당신은 이미 성공 궤도 위에 올라선 것이다.

(6) 실패를 성장의 자산으로 삼아라

→ 복기와 자기 피드백 시스템

초대박 인생을 가로막는 가장 큰 착각은 '실패는 나쁜 것'이라는 고정관념이다. 그러나 진실은 정반대다. 실패야말로 성공의 가장 값진 재료다. 실패 없는 성장은 없다. 실패를 외면하면 배움도, 돌파도, 초대박 인생도 불가능하다.

성공한 사람과 그렇지 않은 사람의 차이는 '실패의 유무'가 아니라 '실패를 다루는 방식'에 있다. 실패를 자존심의 상처로 여기는 사람은 주저앉는다. 반면, 실패를 데이터로 받아들이는 사람은 다시 일어선다. 실패를 감정이 아닌 정보로 해석하라. 그 순간, 실패는 성장의 자산이 된다.

먼저, 실패의 순간을 회피하지 마라. 감정을 억누르지 말고, 감정을 활용하라. 실망, 분노, 좌절이 밀려올 수 있다. 그 감정은 단순한 상처가 아니라, 나에게 무엇이 중요한지를 알려 주는 나침반이다. 감정을 외면하지 말고, 질문으로 전환하라. "왜 이 감정이 생겼는가?", "이 실패에서 나는 무엇을 배울 수 있는가?"

다음 단계는 철저한 복기 시스템이다. 단순히 반성하는 것만으로는 부족하다. '구조적 복기'를 해야 한다. 실패한 프로젝트, 성과 부진, 관계의 어긋남 등 어떤 실패든 다음과 같이 분석하라.

"무엇이 일어났는가?"

"무엇이 의도와 달랐는가?"

"그 원인은 무엇인가?"

"어떤 대안이 있었는가?"

"다음에는 어떻게 다르게 할 것인가?"

이 과정을 문서화하라. 글로 쓰지 않은 복기는 금세 잊히고, 반복된다. 반복된 실패는 무능이지만, 학습된 실패는 자산이다. 실패의 흔적이 남아 있는 노트를 보라. 그것은 곧 당신의 '성장 지도'다.

또한, 실패를 나누는 용기를 가져야 한다. 많은 사람은 실패를 숨기지만, 초대박 인생을 사는 사람은 실패를 공유한다. 실패 경험을 나눌수록 통찰은 깊어지고, 관계는 강해진다. 실패는 더 이상 수치가 아니라, 연결의 자산이다. 오히려 실패를 통해 타인에게 공감과 신뢰를 주는 사람이 진정한 리더다.

자기 피드백 시스템도 반드시 구축하라. 하루가 끝날 때, 이렇게 질문하라. "오늘 가장 잘한 일은 무엇인가?", "오늘 놓친 기회는 무엇인가?", "내일 더 나은 선택은 무엇인가?" 이 세 가지 질문만으로도, 당신은 매일 1mm씩 성장할 수 있다. 지속적인 자기 피드백은 실패를 기회로 바꾸는 최강의 도구다.

중요한 것은 '회복력'이다. 실패 이후 얼마나 빨리 다시 일어설 수 있는가가 성패를 가른다. 여기서 중요한 건 속도다. 실패를 오래 끌고 갈수록 감정은 깊어지고, 추진력은 떨어진다. 복기 → 피드백 → 재시도, 이 흐름을 최대한 짧게 만들어야 한다. 회복력이 높은 사람은 실패조차 자신을 가속화시키는 연료로 삼는다.

그리고 잊지 마라. 실패는 '방향 전환'의 신호일 수 있다. 같은 방법으로 반복되는 실패는 내가 잘못된 길을 가고 있다는 사인이다. 이때는 과감히 방향을 틀어야 한다. 실패는 때때로 성공보다 더 정확한 나침반이다. 성공에 취한 사람은 자만하지만, 실패를 겪은 사람은 본질을 다시 바라본다.

마지막으로, 실패를 축적하라. 단 한 번의 대박은 수십 번 실패의 결과다. 초대박 인생은 실패 없는 결과가 아니다. 오히려 실패의 총량이 많은 사람이 더 깊은 통찰과 더 강한 실행력을 갖게 된다. 실패를 피하지 마라. 실패를 품어라. 실패 위에 올라설 수 있어야 진짜 인생이 시작된다.

실패는 인생의 패배가 아니라, 전략의 일부분이다.

초대박 인생을 원하는가? 그렇다면 오늘의 실패를 내일의 자산으로 전환하라. 실패를 껴안은 자만이, 한계를 넘어선다.

02

나만의 성공 루틴을 구축하라!

1) 13년간 구축한 성공 루틴: 일관된 습관이 만든 초대박 인생의 비결

내가 열두 번의 투자 실패를 겪고도 결국 경제적 자유를 얻을 수 있었던 이유를 딱 하나만 이야기하라고 한다면, 바로 나만의 성공 루틴 덕분이었다. 이 루틴은 단순한 습관이 아니다. 이것은 명확한 목표 설정과 철저한 실행, 건강과 자기 관리를 아우르는 정교한 자기 관리 시스템이며, 절망의 순간에서도 나를 흔들리지 않게 해 준 삶의 중심축이었다.

나는 지난 13년간 매일 아침 6시 24분에 일어나 밤 11시 24분에 하루를 마무리하는 정밀한 시간 루틴을 지켜 왔다. 하루의 모든 시간은 계획되어 있다. 업무, 학습, 휴식, 운동은 물론 걷기, 명상, 심지어 사소한 루틴까지도 체계화되어 있다. 이 철저한 루틴은 외부 환경의 혼란 속에서도 나의 집중력과 감정의 균형을 지켜 주는 강력한 방어막이자 추진력이 되었다.

처음 이 루틴을 시작했을 때, 나 자신조차도 너무 과하다고 생각했었다. 하지만 나는 경험을 통해 알게 되었다. 성공은 매일의 정교한 반복 위에 세워진다. 하루하루 똑같은 행동이 쌓이면서 나의 내면은 단단해졌고, 삶의 리듬은 점점 안정되어 갔다. 나는 매일 하루를 마무리하며 5분간 성찰의 시간을 갖는다. 오늘의 성과와 부족했던 점을 돌아보고, 개선할 수 있는 작은 한 가지를 바로 내일 실천에 반영한다. 그렇게 나의 루틴은 멈추지 않고 지속적으로 진화하고 있다.

루틴의 핵심은 시간만이 아니다. 더 본질적인 요소는 체력이다. 나는 선천적으로 허약한 체질이었고, 주식 투자 실패와 스트레스로 인해 체력이 급격히 저하되던 시절이 있었다. 체력이 무너지니, 생각도 흐려지고 감정도 쉽게 무너졌다. 그때 깨달았다. 체력 회복 없이는 성공도 없다는 것을.

2015년, 나는 헬스클럽에 등록하고 본격적인 운동을 시작했다. 처음에는 생존을 위한 선택이었지만, 운동을 통해 몸이 회복되고 에너지가 돌아오자 내 삶 전체가 바뀌었다. 이후 운동은 내 루틴의 필수 요소가 되었고, 지금까지 하루도 빠짐없이 실천해 오고 있다.

나는 윗몸일으키기 1,111회(45도 각도), 턱걸이 34개, 스쾃 200개, 플랭크 30분까지 수행했고, 사무실에 철봉을 설치해 틈날 때마다 턱걸이를 한다. 출퇴근이나 미팅 장소로의 이동 중에도 지하철을 활용해 더 많이 걷는다. 작은 반복이 모여 큰 체력과 집중력의 차이를 만들어 낸다는 것을 나는 직접 경험했다.

특히 인상 깊었던 경험은 바디 프로필 촬영을 목표로 했던 2021년이었다. 당시 81kg이 넘던 체중을 54.3kg까지 감량했고, 목표한 날에 맞춰 완벽하게 바디 프로필을 촬영했다. 한 번도 아니고 두 번. 이후에도 아침과 점심은 닭가슴살 중심의 식단을 유지하며 건강한 몸을 유지하는 습관을 시스템으로 정착시켰다. 체력 루틴은 단지 몸을 관리하는 차원이 아니라, 내가 삶을 통제할 수 있다는 강력한 확신을 주는 도구였다.

이렇게 구축된 루틴은 단순히 시간을 관리하고 몸을 단련하는 것을 넘어, 내면의 평화와 외부 환경에 대한 통제력을 동시에 제공해 준다. 특히 주식시장처럼 하루가 예측 불가능한 환경 속에서 살아가는 나에게, 루틴은 가장 안정적인 기준점이었다. 예기치 못한 손실이 발생했을 때도, 흔들림 없이 대응할 수 있었던 것은 매일 반복한 루틴 덕분이었다. 루틴은 나에게 감정의 부침을 통제할 수 있는 시스템이자 회복 탄력성의 근원이었다.

  나는 매주 주말이면 루틴을 돌아보고 조정한다. 동시에 독서와 학습을 통해 새로운 정보와 통찰을 루틴에 반영하고, 점점 더 업그레이드된 시스템으로 진화시킨다. 루틴은 한 번 만들고 끝나는 것이 아니라, 삶의 변화에 따라 유기적으로 진화하는 살아 있는 구조다.

  나의 루틴에는 몇 가지 핵심 요소가 있다. 매일 아침 나는 긍정 확언을 반복하며 하루를 시작한다. "나는 잘된다! 잘돼! 잘되고말고! 나는 정말 잘된다!" 이렇게 말하는 것으로 내 하루는 이미 성공의 방향으로 시작된다. 시장 분석과 콘텐츠 제작은 매일 일정 시간에 맞춰 자동화되어 있으며, 하루 5분의 성찰 노트는 방향을 점검하는 나침반이다. 운동, 식단, 수면, 걷기까지 모든 것이 하나의 루틴 안에 통합되어 있다.

  이 루틴은 더 이상 내가 억지로 해야 하는 것이 아니다. 지금은 오히려 나를 이끌어 주고 밀어주는 삶의 추동력이자 나만의 성공 시스템이다. 나는 루틴을 통해 실패를 견디고, 위기를 넘고, 성공의 정점을 향해 나아갈 수 있었다.

  누구든 자신만의 성공 루틴을 만들 수 있다. 루틴은 의지가 아니라 구조로 만들어야 하며, 꾸준함이 쌓일수록 그 힘은 복리처럼 증폭된다. 루틴은 평범한 사람도 비범한 결과를 만들어 낼 수 있게 하는 가장 현실적이고 강력한 전략이다. 성공은 루틴 위에 세워진다. 그리고 그 루틴은 지금, 당신이 반복하는 사소한 일에서부터 시작된다.

종목왕 김정수의 성공 루틴

시간	루틴	시간	루틴
06:24	기상	13:30	종목왕 김정수 Live 방송 준비
06:30	양치, 세면	15:10	종목 매수
06:40	아침 식사(바나나 1개, 계란 1개, 과일, 단백질 음료)	15:30	휴식 20분, 간식
07:20	컴퓨터 Open(본체 2대, 모니터 4대) 기도, 요술방망이 흔들면서 주문 암송, 요술종 타종	16:00	종목왕 김정수 Live 방송 시작
07:30	아침 운동(맨손 체조, Push-up, 스쾃, 플랭크 등)	16:30	종목왕 김정수 Live 방송 종료
08:00	매일 매매 노트 적기(A4 1면), 목표 노트 적기	17:10	헬스클럽으로 출발
08:20	Live 종목 분석 복기	17:30	헬스 시작
08:30	매도 주문	20:00	저녁 식사(닭가슴살 등 건강식 또는 일반식)
08:40	예상 체결가 등 시장 분위기 파악	21:00	주식시장 및 매매 종목 복기
09:00	장 시작		관심 종목 Review
09:30 ~11:30	종목 Review, 유튜브 촬영 준비 및 촬영		종목왕 김정수 Live 방송 종목 분석 준비
11:30	점심 식사(닭가슴살, 고구마, 단호박, 과일 등)		유럽 시장 및 미국 시장 점검
12:10	오침 20분	22:50	컴퓨터 Close 요술방망이 흔들면서 주문 암송
12:30	관심 종목 선별 작업 시작	23:24	취침

※ 시간 날 때 틈틈이 56~57p 사진의 기구를 이용하여 운동: 턱걸이, 스쾃, 플랭크 등

2) 초대박 인생을 만드는 힘, 나만의 성공 루틴

초대박 인생이 오게 하는 방법으로 '나만의 성공 루틴'을 만들었을 경우의 강점과 장점은 매우 분명하며 삶의 모든 측면에서 긍정적인 변화를 가져온다.

첫째, 일관된 성과를 창출할 수 있다. 성공 루틴은 매일 규칙적이고 지속적인 행동을 통해 높은 성과를 만들어 낸다. 이를 통해 개인은 안정적이고 지속적인 결과물을 얻을 수 있으며, 성과의 기복 없이 꾸준한 발전을 이룰 수 있다.

둘째, 자기 관리 능력이 크게 향상된다. 성공 루틴은 하루의 시간과 에너지를 효율적으로 관리할 수 있도록 도와준다. 일과 생활에서 해야 할 일들을 명확하게 정리하고 우선순위를 정하여 집중력을 높일 수 있게 해준다. 결과적으로 시간 낭비를 줄이고 생산성을 극대화할 수 있다.

셋째, 강력한 습관 형성으로 목표 달성을 촉진한다. 성공 루틴을 꾸준히 실천하면 원하는 습관이 자연스럽게 몸에 배어 목표를 이루는 과정에서 의지력의 소모가 적어진다. 목표를 이루기 위한 행동들이 무의식적으로 습관화되면, 성공으로 가는 길이 더욱 쉬워지고 성공을 빠르게 달성할 수 있게 된다.

넷째, 스트레스 관리 능력이 향상된다. 성공 루틴은 하루의 계획과 행동을 예측 가능하게 만들어 불확실성과 혼란을 최소화한다. 매일 규칙적인 패턴을 가지면 심리적 안정감을 얻을 수 있으며, 갑작스러운 스트레스 상황에도 더욱 유연하게 대응할 수 있다.

다섯째, 자기 효능감과 자신감을 높인다. 매일의 성공적인 행동을 반복함으로써 작은 성취감을 지속해서 느낄 수 있다. 이러한 반복적 성취 경험은 자기 효능감을 높여 더 큰 목표에 도전할 수 있는 자신감을 심어주고, 더 높은 수준의 성취를 향한 동기부여를 지속시킨다.

여섯째, 명확한 목표 의식을 유지할 수 있다. 성공 루틴은 목표에 대한 명확한 비전과 이를 이루기 위한 구체적인 행동 계획을 지속적으로 상기시킨다. 명확한 목표를 매일 확인하고 이에 따라 행동하기 때문에, 장기적인 목표에서 벗어나지 않고 일관성 있게 나아갈 수 있다.

일곱째, 생산성과 효율성이 극대화된다. 성공 루틴은 개인이 하루 중 가장 생산적인 시간에 가장 중요한 업무를 집중적으로 수행하도록 이끈다. 이에 따라 짧은 시간에도 높은 효율성과 뛰어난 성과를 창출할 수 있어, 시간 대비 효율을 극대화할 수 있다.

여덟째, 창의력과 문제 해결 능력이 증가한다. 일상적인 루틴을 통해 마음의 여유와 안정이 확보되면, 창의적 사고와 문제 해결 능력이 더욱 발휘될 수 있는 환경이 조성된다. 마음이 안정적일 때 다양한 아이디어와 창의적인 해결책을 떠올릴 수 있으며, 복잡한 문제를 해결할 때도 침착하게 대응할 수 있다.

마지막으로, 전반적인 삶의 질과 만족도가 높아진다. 성공 루틴을 지속해서 실천하면 개인의 생활 전반에서 균형 잡힌 삶을 유지할 수 있게 된다. 일과 삶의 균형이 안정적으로 유지되며, 건강, 인간관계, 정신적 안정을 비롯한 삶의 다양한 영역에서 긍정적인 영향을 미쳐 전반적인 삶의 만족도가 높아진다.

3) 초대박 인생은 루틴에서 시작된다: 나만의 초대박 인생 습관 만들기

초대박 인생이 오게 하는 방법으로 '나만의 성공 루틴'을 구축하는 구체적 달성 방법은 다음과 같다.

(1) 성공의 방향을 설정하라
⊙ 뚜렷한 성공의 이정표 설정하기

루틴은 단순한 습관의 집합이 아니다. 명확한 방향성을 가진 루틴만이 인생을 성공으로 이끈다. 초대박 인생을 원한다면 가장 먼저 해야 할 일은, 정확한 방향을 설정하는 것이다.

이 방향이 흔들리면 아무리 열심히 달려도 결과는 허무하다. 나침반 없는 항해는 표류일 뿐이다.

성공이란 결국 "어디에 도달할 것인가?"에 대한 명확한 선언이다. 무엇을 성공이라고 정의할 것인가? 이 질문에 자신 있게 대답할 수 있어야, 그에 맞는 루틴이 설계된다. 돈인가? 영향력인가? 시간적 자유인가? 아니면 창조적인 삶인가? 목표가 흐리면 삶의 흐름도 흐릿해진다. 성공을 구체화하라. 단 하나의 이정표로 말할 수 있어야 한다.

성공의 방향은 '비전'과 '전략'을 포함해야 한다. 비전은 먼 곳을 바라보는 망원경이고, 전략은 오늘 할 일을 결정하는 나침반이다. 비전 없는 루틴은 반복 속에 지치고, 전략 없는 비전은 헛된 꿈으로 끝난다. 비전으로 동기를 확보하고, 전략으로 현실을 설계하라. 초대박 인생은 이 두 가지 균형에서 시작된다.

당신의 목표를 종이에 써 보라. 단순히 "성공하고 싶다."가 아니라,

"3년 안에 월 수익 2000만 원을 만들고, 5년 안에 강연가와 저자로 독립하겠다."처럼 수치화하고 시점을 명확히 하라. 시한이 없는 목표는 영원히 미뤄지는 꿈에 불과하다. 목표는 모호할수록 동기가 약해지고, 구체적일수록 추진력이 강해진다.

또한, 방향은 자기 자신과 일치해야 한다. 남들이 말하는 '성공 공식'에 휘둘리지 마라. 성공의 정의는 철저히 개인적이어야 한다. 타인의 기대가 아니라, 나의 가치에 맞는 방향을 설정하라. 남이 세운 기준을 쫓아가다 보면, 인생의 본질을 잃는다. 나의 성향, 재능, 열정과 조화를 이루는 방향을 정하라.

방향을 정했다면, 그것을 시각화하라. 비전을 구체적으로 이미지로 그려 보는 것이다. 비전 보드를 만들어도 좋고, 글로 서술해도 좋다. 중요한 건 매일 그것을 보고 각성하는 것이다. 뚜렷한 방향은 루틴의 동력이 되며, 지치지 않고 버티는 원천이 된다.

또한, 방향 설정은 일회성 이벤트가 아니다. 정기적으로 점검하고 보완해야 한다. 3개월마다 나의 목표와 방향이 여전히 유효한지를 검토하라. 세상은 변하고, 나도 성장한다. 방향은 고정된 것이 아니라, 끊임없이 조정되는 항로다. 방향이 흐트러졌다면 루틴도 무너진다. 루틴의 핵심은 '목표에 일치된 반복'이다.

성공의 방향을 설정할 때 반드시 고려해야 할 또 하나는 '가치'다. 돈을 벌기 위한 루틴과 가치를 지키기 위한 루틴은 완전히 다르다. 가치를 무시한 성공은 오래가지 못한다. 내가 지키고 싶은 삶의 기준이 무엇인지 분명히 하라. 그것이 나를 지탱하는 축이 된다.

성공의 방향이 명확하면, 어떤 루틴이 필요한지도 자연스럽게 보인다. 건강 관리, 학습, 네트워킹, 콘텐츠 생산, 시간 관리 등 각 루틴의 목적이 '하나의 방향'을 향하고 있어야 한다. 방향 없는 루틴은 피곤만 남기고, 방향이 있는 루틴은 성과를 남긴다.

당신의 인생은 지금 어디로 향하고 있는가? 매일 쌓는 루틴이 그 방향과 일치하고 있는가? 자신 있게 "그렇다."라고 말할 수 없다면 지금 당장 방향을 다시 설정해야 한다. 방향이 명확한 사람은 느리게 가도 결국 도착하지만, 방향이 틀린 사람은 아무리 빨라도 실패한다.

초대박 인생은 우연이 아니다. 명확한 방향 설정에서 출발한다. 그 방향이 정해져야 비로소 성공 루틴도 살아난다. 성공의 길은 결국, 내가 어디로 가고 있는지 스스로 알고 있는 사람만이 끝까지 도달할 수 있다.

(2) 성과로 이어지는 성공 루틴을 설계하라

⊙ 반복 및 성장 가능한 시스템 구축

루틴의 진짜 가치는 반복 그 자체가 아니라, 반복을 통해 성과를 만들어 내는 구조에 있다. 아무리 열심히 반복해도, 그 결과가 달라지지 않는다면 그것은 '성공 루틴'이 아니라 '무의미한 습관'일 뿐이다. 초대박 인생을 살고 싶다면, 반드시 성과로 연결되는 루틴을 설계하라.

성과는 우연히 만들어지지 않는다. 반복 가능한 시스템, 측정 가능한 구조, 조정 가능한 전략이 있어야 비로소 루틴이 힘을 가진다. 여기서 핵심은 '성과 중심의 루틴'을 만드는 것이다. 단순히 일정 시간 무언가를 한다고 해서 루틴이 아니다. 성과가 반복되도록 설계된 일련의 행위들이 루틴이다.

가장 먼저 해야 할 일은 루틴의 '핵심 목표'를 설정하는 것이다. 루틴마다 반드시 "이 루틴을 통해 내가 얻고자 하는 구체적인 성과는 무엇인가?"라는 질문을 던져야 한다. 예를 들어, 아침 독서 루틴의 목적이 단순히 지식 습득이 아니라, 콘텐츠 창작력 향상이라면, 매일 읽은 내용을 콘텐츠로 전환하는 구조까지 포함시켜야 진짜 루틴이 된다.

성과 루틴의 두 번째 핵심은 '시스템화'다. 인간의 의지력은 한계가 있다. 성공하는 사람들은 루틴을 의지에 의존하지 않고, 시스템에 의존한다. 루틴이 시스템이 되면, 자동화되고 지속된다. 이를 위해서는 시간, 장소, 도구, 방식을 정형화하라. 매일 정해진 시간에 같은 장소에서 같은 방식으로 반복하는 구조가 성과를 만든다.

예를 들어 보자. 매일 콘텐츠를 생산하고 싶다면 다음과 같은 구조를 만들 수 있다.

> 시간: 매일 오전 8시
> 장소: 개인 사무실 책상
> 도구: 아이패드와 Notion
> 방식: 전날 수집한 키워드로 15분 브레인스토밍 후, 45분 작성

이처럼 정형화된 프로세스는 두뇌의 소모를 줄이고, 반복성과 생산성을 극대화한다. 생산성은 에너지 효율화에서 출발하며, 시스템은 이를 가능케 한다.

세 번째로 중요한 원칙은 측정 가능성이다. 성공 루틴은 감각이 아닌 데이터로 관리되어야 한다. 매일의 루틴을 수치화하고, 시각화하라. 루틴 달성률, 산출물의 수, 성과 지표 등을 체크하면서 나의 실행이 실제 결과로 이어지는지를 점검하라. 성과 없는 루틴은 반드시 수정하거나 제거해야 한다.

그리고 반드시 성장을 내장한 루틴을 설계하라. 단순한 반복은 정체

를 부른다. 매주, 매월 루틴의 난이도와 범위를 조금씩 확장해야 한다. 매일 같은 분량의 글을 쓰는 것이 아니라, 점점 더 완성도 높은 글을 목표로 하거나, 새로운 주제에 도전하는 방식으로 루틴을 진화시켜야 한다. 성공 루틴이란 곧, 성장 루틴이다.

또한, 피드백 시스템을 포함하라. 루틴은 실행만큼 복기도 중요하다. 하루가 끝난 후 반드시 자문하라. "오늘 루틴은 어떤 결과를 만들었는가?", "더 효율적인 방식은 없을까?" 이 과정을 통해 루틴은 더욱 날카로워지고, 성과는 가속화된다. 피드백 없는 루틴은 마모되고, 피드백이 있는 루틴은 진화한다.

마지막으로, 루틴은 삶과 통합되어야 한다. 성공 루틴은 억지로 끼워 넣는 것이 아니라, 자연스럽게 생활에 녹아드는 것이어야 한다. 나의 성향, 에너지 리듬, 일과 패턴과 어울리는 루틴을 만들어야 한다. 그래야 지속 가능하고, 그래야 결국 성과가 누적된다. 루틴은 삶의 일부가 되어야 한다. 그때 비로소 초대박 인생이 다가온다.

기억하라. 성공은 특별한 순간의 결과가 아니다. 매일 반복된 작지만 정확한 루틴의 누적이다. 루틴을 시스템으로 만들고, 성과로 연결되게 설계하라. 그 작은 반복이 당신의 인생을 기하급수적으로 바꿔 줄 것이다.

성과 중심 루틴 없이 초대박은 없다.

지금 당신의 루틴은, 성과를 생산하고 있는가? 아니면 단순한 반복으로 에너지를 소모하고 있는가? 그 차이가 인생의 방향을 완전히 뒤바꾼다.

(3) 중요한 것을 먼저 하라

⊙ **우선순위 정하기**

루틴을 아무리 열심히 반복해도, 우선순위가 잘못되면 인생은 절대로 바뀌지 않는다. 초대박 인생을 원한다면, 반드시 기억하라. 모든 것을 다 잘할 수는 없으니, 중요한 것을 먼저 잘하면 된다. 성공의 본질은 선택이고, 그 선택의 질이 곧 인생의 수준을 결정한다.

하루 24시간은 누구에게나 똑같다. 그러나 어떤 사람은 그 시간을 레버리지 삼아 수십 배의 성과를 내고, 어떤 사람은 늘 바쁘지만 제자리걸음이다. 차이는 '시간'이 아니라 '우선순위'다. 어디에 시간을 먼저 배치하느냐가 인생의 방향을 결정한다.

우선순위는 감이 아닌 전략으로 설정하라. 아침에 일어나서 '오늘 뭐부터 하지?'를 고민하는 사람은 이미 시간 전쟁에서 진 것이다. 성공하는 사람들은 하루를 시작하기 전에 이미 우선순위가 정리되어 있다. 전략적 루틴은 전날 밤에 완성된다. 매일 밤, 다음 날의 가장 중요한 3가지를 적어 두는 습관을 가져라.

우선순위 판단의 기준은 단 하나다. "이 일이 나를 성공에 얼마나 가깝게 만드는가?" 시급한 일보다 중요한 일을 먼저 하라. '시급한 일'은 항상 소리치고, '중요한 일'은 조용히 기다린다. 그러나 인생을 바꾸는 것은 늘 조용한 쪽이다. 단기 성과보다 장기 가치를 기준으로 정렬하라. 아이젠하워 매트릭스를 활용해 보라.

긴급하고 중요한 일

긴급하지 않지만 중요한 일

긴급하지만 중요하지 않은 일

긴급하지도 중요하지도 않은 일

이 중 '긴급하지 않지만 중요한 일'에 집중하라. 이 영역이야말로 초

대박 인생의 골든 존이다. 건강, 독서, 네트워킹, 콘텐츠 생산, 투자 공부처럼 당장 티 나지 않지만, 장기적으로 엄청난 성과를 만드는 일들이 여기에 있다.

중요한 일을 먼저 하지 못하는 사람들은 대개 두 가지 이유 때문이다. 하나는 두려움이고, 다른 하나는 명확한 목표의 부재다. 어려운 일을 미루는 건 실력이 부족한 게 아니라, 감정 관리 능력이 부족한 것이다. 감정에 끌려다니지 말고, 방향에 따라 움직여라. 감정은 변덕스럽지만, 목표는 흔들림이 없어야 한다.

루틴 안에서 우선순위를 적용하려면, 하루 중 가장 에너지가 높은 시간대를 확보하라. 그 시간에 가장 중요한 일을 배치하라. 예를 들어, 오전 9시~11시가 가장 집중되는 시간이라면, 이메일 확인이 아니라 콘텐츠 창작, 전략 기획, 매출과 직결되는 핵심 업무를 넣어야 한다. 에너지를 성과의 핵심에 배치하는 것이 진짜 우선순위의 기술이다.

또한, 우선순위는 유동적이다. 매일 바뀌는 상황에 맞춰 유연하게 조정할 줄 알아야 한다. 계획은 중요하지만, 계획보다 중요한 것은 판단이다. 새로운 기회가 생기거나 변수가 생겼을 때, 기존 루틴을 맹목적으로 고수하는 것이 아니라, 본질을 기준으로 재정렬할 줄 알아야 한다. 루틴은 도구이지, 목적이 아니다.

정기적인 우선순위 점검도 필수다. 주 1회, 월 1회 시간을 내어 이렇게 자문하라.

> "지금 내가 하고 있는 일들은 나를 어디로 데려가고 있는가?"
> "내 시간의 대부분이 진짜 중요한 일에 쓰이고 있는가?"
> "중요하지만 미루고 있는 일이 있다면, 그 이유는 무엇인가?"

이 질문은 나를 중심으로 되돌려 주는 나침반 역할을 한다.

마지막으로, 중요한 일을 먼저 하는 사람은 결국 '주도권'을 가진다. 우선순위를 타인에게 맡기지 마라. 요청, 연락, 부탁, 일정에 끌려다니는 삶에서 벗어나라. 내가 정한 우선순위에 따라 시간을 쓰는 삶, 그 삶이 초대박 인생의 뼈대를 이룬다.

모든 일이 중요한 건 아니다. 그러나 인생을 바꾸는 일은 반드시 있다. 그 일부터 시작하라. 지금 당장, 가장 중요한 한 가지에 몰입하라. 초대박 인생은 우선순위를 꿰뚫는 자의 것이다.

(4) 시간을 통제하라

⊙ 규칙적인 시간 관리

초대박 인생을 꿈꾸는가? 그렇다면 반드시 기억하라. 시간을 관리하는 자가 인생을 지배한다. 누구에게나 똑같이 주어지는 24시간으로 어떤 인생에서는 억대 성과를 만들고, 어떤 인생에서는 그저 하루를 소진하는 데 그친다. 차이는 '시간 사용의 질'이다.

시간은 절대 통과자가 아니다. 시간은 무기다. 그리고 그 무기를 다루는 방식이 곧 성과다. 많은 사람이 시간 부족을 말하지만, 사실은 '시간 부족'이 아니라 '시간 통제력 부족'이다. 초대박 인생은 시간을 통제하는 데서 시작된다. 시간을 흘려보내지 말고, 시간 위에 올라타라.

가장 먼저 해야 할 일은 시간의 흐름을 '가시화'하는 것이다. 눈에 보이지 않는 시간은 결코 통제할 수 없다. 하루의 시간을 30분 단위로 쪼개 기록해 보라. 지금 어디에 시간을 쓰고 있는지를 정확히 파악하라. 현실을 직시해야 전략이 나온다.

다음은 시간 블록 전략을 활용하라. 집중이 필요한 업무, 반복 루틴,

휴식 시간까지 모두 시간 블록으로 미리 고정하라.

> 예: 오전 6:00~6:30 기상 및 스트레칭
> 오전 6:30~7:30 콘텐츠 작성
> 오전 9:00~11:00 고도 집중 업무
> 오후 3:00~3:30 산책 및 리프레시

이런 식으로 하루를 '의식 있는 시간 배치'로 구성해야 한다. 시간이 정리되면, 인생도 정리된다.

중요한 것은 규칙성이다. 시간을 일정하게 사용하는 사람만이 루틴을 만들 수 있고, 루틴은 곧 성과다. 기분 따라 움직이는 시간 관리는 실패를 부른다. 뇌는 예측 가능한 환경에서 가장 잘 작동한다. 매일 같은 시간에 같은 일을 반복할수록 두뇌는 더 빠르게 몰입한다.

또한, 모든 시간에 에너지를 동일하게 배분하지 마라. 시간에는 골든 타임이 있다. 나의 집중력이 가장 높고, 창의성이 최고조에 이르는 시간대를 파악하고, 그 시간에 가장 중요한 일을 배치하라. 대부분의 사람에게는 오전 2~3시간이 '생산성의 황금 구간'이다. 이 시간을 보호하라. 누구에게도 양보하지 마라.

시간 통제의 핵심은 '선택과 배제'다. 무조건 다 하려고 하지 마라. 모든 일을 다 잘하려는 사람은 결국 중요한 일도 놓친다. "지금 이 시간에 반드시 해야 할 단 한 가지가 무엇인가?"라는 질문을 스스로에게 반복하라. 이 질문이 당신의 집중력을 지켜 줄 것이다.

또 하나 중요한 원칙은 '미리 계획된 시간만이 진짜 내 시간'이라는 사실이다. 미리 계획하지 않은 시간은 외부의 요청, 긴급한 메시지, 타인의 일정에 휘둘리게 된다. 하루가 시작되기 전, 하루를 완성하라. 하루 전날 밤 혹은 아침 일찍 하루를 설계하는 습관이 초대박 인생의 기초 체력이다.

그리고 반드시 '비워진 시간'을 만들어라. 통제 가능한 시간 속에는 의도적인 여백도 포함되어야 한다. 그 여백 속에서 새로운 아이디어가 나오고, 창의적 연결이 생긴다. 하루 30분은 아무것도 하지 말고 멍하니 있는 시간을 확보하라. 그 시간은 당신의 몰입력을 충전하는 숨구멍이 된다.

마지막으로, 시간 관리는 기술이 아닌 태도다. 단순히 일정표를 만드는 수준이 아니라, "나는 내 시간을 주도하고 있는가?"라는 질문 앞에 늘 깨어 있어야 한다. 스마트폰, 알림, SNS, 불필요한 회의, 불확실한 약속들로부터 내 시간을 지켜 내는 결단력이 필요하다. 시간은 보호해야 할 자산이다.

기억하라. 인생은 시간을 어떻게 쓰느냐에 따라 바뀐다. 시간을 낭비하는 것은 곧 기회를 낭비하는 것이다. 초대박 인생은 분 단위의 전략 속에서 탄생한다.

당신의 하루는 계획되어 있는가? 당신의 시간은 당신을 위해 쓰이고 있는가?

지금, 시간을 지배하라. 그래야 당신 인생의 흐름을 바꿀 수 있다. 초대박 인생은 시간을 통제하는 자의 것이다.

(5) 몸과 마음을 최적화하라

⊙ 건강한 습관 형성

초대박 인생을 위한 루틴은 강인한 체력과 안정된 정신 상태 위에서만 작동한다. 몸이 지치면 루틴은 무너지고, 마음이 무너지면 목표는 흔들린다. 어떤 전략, 어떤 루틴보다 먼저 다듬어야 할 것은 바로 자기 자신이라는 시스템이다. 결국, 성과는 몸과 마음이 만들어 내는 것이다.

아무리 훌륭한 계획이라도, 몸이 따라 주지 않으면 실현될 수 없다. 마찬가지로 아무리 멋진 목표라도, 멘탈이 흔들리면 끝까지 갈 수 없다. 초대박 인생을 만들고 싶다면 가장 먼저 물어야 할 질문은 이것이다.

"나는 내 몸과 마음을 관리하고 있는가?"

가장 먼저, 수면 루틴을 점검하라. 충분히 자지 못하는 사람은 절대 높은 생산성을 유지할 수 없다. 수면은 단순한 휴식이 아니라, 집중력, 감정 조절력, 창의성의 근본이다. 매일 일정한 시간에 자고 일어나는 습관을 들여라. 특히, 새벽 기상 루틴을 실행하는 사람일수록 수면의 질을 더욱 엄격히 관리해야 한다. 밤 11시 이전에 자는 것이 이상적이다.

다음으로, 식사와 수분 섭취를 관리하라. 초대박 인생을 꿈꾸는 사람에게 몸은 비즈니스 자산이다. 패스트푸드, 당분, 카페인 과잉은 피하라. 몸이 무겁고 졸리면 루틴이 흐트러지고, 감정도 불안정해진다. 하루 2L 이상의 물을 마시는 것도 뇌 활동에 중요하다. 몸에 들어가는 것을 철저히 관리하라. 몸은 당신의 사무실이자 공장이다.

운동은 선택이 아니라 필수다. 규칙적인 신체 활동은 에너지 회복, 감정 안정, 몰입력 향상에 직결된다. 매일 30분 이상 걷거나 가벼운 근력 운동을 하라. 굳이 헬스장이 아니어도 된다. 중요한 것은 '지속성'이다. 몸을 움직일수록 머리가 맑아지고, 행동이 빨라진다. 움직이는 몸이 결국 움직이는 인생을 만든다.

정신 관리 역시 놓쳐서는 안 된다. 마음은 생각의 그릇이자, 태도의 출발점이다. 부정적 감정, 불안, 스트레스는 실행력을 갉아먹는 주범이다. 하루에 단 10분이라도 마음의 정리를 위한 루틴을 확보하라. 명상, 호흡 훈련, 감사 일기, 조용한 산책 등 나만의 멘탈 케어 습관을 정립하라. 강한 루틴은 강한 멘탈에서 나온다.

또한, 디지털 피로를 관리하라. 초과된 스마트폰 사용, SNS 과몰입은 뇌를 산만하게 만들고, 집중력을 파괴한다. 하루 중 일정 시간은 '디지털 프리 존'을 만들어라. 특히 아침 기상 직후 1시간과 자기 전 1시간은 반드시 스마트폰에서 벗어나야 한다. 디지털 통제력이 곧 자기 통제력이다.

환경 역시 당신의 몸과 마음에 영향을 준다. 루틴을 위한 공간은 깔끔하고 기능적으로 정돈되어야 한다. 책상 위는 단순하게, 주변에는 시각적 자극을 최소화하라. 정돈된 공간이 정돈된 사고를 만든다. 특히 루틴 장소는 고정하는 것이 좋다. 장소의 고정은 행동의 자동화를 유도한다.

주간 루틴에는 반드시 회복 루틴을 포함시켜야 한다. 하루 30분, 주 1회는 아무것도 하지 않는 시간, 휴식을 위한 시간으로 비워 두라. 회복 없는 루틴은 언젠가 파열음을 낸다. 회복은 나약함이 아니라 성공을 위한 전략적 준비다.

기억하라. 몸과 마음이 망가지면 루틴은 무너지고, 루틴이 무너지면 인생도 흔들린다. 당신이 만든 성공 루틴의 강도는 결국, 당신 자신이라는 기계의 상태에 비례한다. 에너지를 잃지 말고, 감정을 흔들지 말라. 초대박 인생은 '최적화된 나'에서 출발한다.

지금, 당신의 몸과 마음은 성공을 지탱할 수 있는가? 루틴의 지속력은 건강에서 나오고, 성과의 깊이는 안정감에서 나온다. 초대박 인생을 설계하고 있다면, 반드시 당신 자신부터 최고의 컨디션으로 조율하라.

(6) 강한 집중력으로 성공 루틴을 실행하라

→ 목표에 몰입하는 집중의 기술

모든 루틴은 결국 '집중력'이라는 기반 위에서만 작동한다. 집중력이 약한 사람은 아무리 정교한 계획을 세워도 끝내 실행하지 못한다. 반면, 집중력이 강한 사람은 단순한 루틴도 놀라운 성과로 연결시킨다. 초대박 인생을 원하는가? 그렇다면 반드시 몰입력을 키워라.

집중이란 단순히 한 가지 일에만 매달리는 상태가 아니다. 그것은 의식의 에너지를 가장 중요한 목표에 전력으로 밀어 넣는 행위다. 지금 당장 내가 해야 할 한 가지에 '온전한 나'를 던질 수 있을 때, 비로소 성과는 눈에 띄게 달라진다. 산만함은 루틴의 적이며, 몰입은 루틴의 엔진이다.

가장 먼저, 집중이 깨지는 원인을 차단하라. 스마트폰 알림, SNS, 불필요한 메시지, 환경 소음 등은 끊임없이 당신의 인지 자원을 갉아먹는다. 루틴 수행 중에는 모든 방해 요소를 제거하라. 스마트폰은 무음으로 하고 다른 방에 두어라. 컴퓨터 브라우저는 작업에 필요한 것 외에는 모두 닫아라. 집중은 '무엇을 할 것인가'보다 '무엇을 차단할 것인가'에서 시작된다.

다음으로, 시간을 집중 단위로 나눠라. 인간의 집중력은 일정 시간이 지나면 급격히 떨어진다. 가장 효율적인 집중 전략 중 하나는 포모도로 기법이다. 25분 집중 후 5분 휴식을 취하고, 이를 4회 반복한 후 긴 휴식을 주는 방식이다. 이 리듬을 반복하면, 지치지 않고도 고강도 몰입을 유지할 수 있다.

또한, 작업의 시작 의식을 만들어라. 특정 음악을 틀고, 같은 시간대에, 같은 공간에서 루틴을 시작하는 습관을 들이면 뇌는 '이제 집중할 시간'임을 자동으로 인식한다. 집중은 훈련의 결과이며, 의식적 반복을 통해 자동화될 수 있다. 특정 행동이 몰입의 스위치가 되도록 설계하라.

중요한 일을 집중력의 황금 시간대에 배치하라. 대부분의 사람은 하루 중 오전 2~3시간이 가장 집중도가 높다. 이 시간에는 회의나 소소한 업무를 배치하지 말고, 당신의 인생을 바꾸는 핵심 작업을 투입하라. 고난도 업무, 창조적 사고, 전략 기획 등은 반드시 이 시간에 몰입해서 처리하라. 인생은 결국 이 시간의 질에 의해 결정된다.

몰입을 유지하려면 반드시 마무리 루틴이 필요하다. 루틴이 끝난 후 "내가 오늘 집중해서 한 일은 무엇인가?", "무엇이 방해되었는가?", "내일은 어떻게 더 잘할 수 있을까?"를 점검하라. 이 피드백 루틴이 집중력을 점점 정밀하게 다듬어 준다. 몰입은 반복으로 단련되고, 복기로 성장한다.

또한, 집중력은 감정 상태와도 깊은 관련이 있다. 스트레스를 줄이고, 감정을 정리할 줄 알아야 몰입이 가능하다. 루틴 전 5분간 심호흡을 하거나, 짧은 산책을 하는 것만으로도 뇌가 안정되고 집중이 올라간다. 마음이 산란한 상태에서는 어떤 루틴도 지속될 수 없다. 감정을 다스려야 집중을 다스릴 수 있다.

집중력은 체력의 영향도 받는다. 수면 부족, 피로, 영양 불균형은 집중력을 뿌리부터 무너뜨린다. 루틴 실행력은 결국 몸과 뇌의 에너지 총량에 따라 결정된다. 자신에게 가장 적합한 '몰입 시간대'를 파악하고, 그 시간엔 무조건 최고의 컨디션으로 집중할 수 있도록 준비하라.

마지막으로, 몰입의 가장 강력한 기술은 '한 번에 한 가지에만 몰입하는 것'이다. 멀티태스킹은 집중력을 파괴하고, 루틴의 질을 떨어뜨린다. 루틴 중에는 오직 하나의 작업만 하라. 글을 쓸 땐 쓰는 데 집중하고, 공부할 땐 읽는 데만 몰입하라. 이 단순한 원칙이 당신의 성과를 몇 배로 끌어올릴 것이다.

 초대박 인생은 산만한 삶에서 탄생하지 않는다. 한 가지에 몰입하는 강한 집중력에서 출발한다. 지금, 이 순간 가장 중요한 일에 온 힘을 쏟는 법을 익혀라. 루틴은 집중으로 완성되며, 몰입은 성과로 보답한다.

03

나만의 운빨을 키워라!

1) 빌 게이츠도 실천한 아침 주문: 성공을 부르는 긍정 확언의 힘

성공과 행운은 결코 하늘에서 뚝 떨어지는 선물이 아니다. 그것은 철저히 만들어지고 길러지는 시스템이다. 나는 평범한 삶의 조건조차 갖추지 못한 어린 시절부터, 매일을 버티고 견디는 과정을 통해 이 진리를 몸으로 배웠다.

'운'이라는 단어는 나에게 막연한 바람이 아닌, 절박한 생존의 전략이었고, 끝내 나를 일으켜 세운 삶의 열쇠였다.

어릴 적, 우리 집은 늘 가난했다. 방과 후 친구들이 운동장에서 공을 차며 웃고 있을 때, 나는 연탄 배달을 하러 동네를 돌았다. 살을 에는 겨울바람 속, 발은 얼고 손은 터졌지만, 진짜 아팠던 건 누군가에게 들킬까 하는 두려운 마음이었다. 한번은 연탄을 나르다 초등학교 여동창을 마주쳤고, 나는 반사적으로 벽 뒤로 몸을 숨겼다. 그 짧은 순간, 나의 자존심은 산산조각 났고, 세상이 나를 비웃는 것 같았다.

고등학교 땐 아버지가 하시던 구멍가게를 도우며 막걸리 통을 짊어지고 험한 산길을 오르내렸다. 플라스틱 통은 내 몸무게의 절반을 넘었고, 눈이 쌓인 길 위에서 넘어질 때마다, "이쯤 되면 포기해도 되지 않나?"라는 유혹이 밀려왔다. 그러나 포기할 수 없었다. 그때 나는 버티는 법, 울면서도 걷는 법, 무너져도 일어나는 법을 배웠다.

대학 졸업 후 은행에 들어가 생계를 책임졌지만, 현실은 바뀌지 않았다. 월급은 늘 빠듯했고, 야근과 스트레스는 내 몸과 마음을 조금씩 갉아먹었다. 일곱 식구를 혼자 부양하며 살다 보니 '내 몫'이라는 단어조차 사치였다. 그러던 어느 날, 회사는 명예퇴직금도 없이 나를 강제로 내쫓았다. 세상이 무너졌다고 느낄 만한 순간이었다. 그러나 나는 무너지지 않았다. 내 안에 하나 남은 것이 있었다. "나는 질 때마다 이기는 법을 배운다." 이 확신 하나로 다시 시작했고, 그때부터 운을 시스템으로 바꾸는 작업을 시작했다.

우선, 운을 만드는 나만의 습관을 구축하였다. 내가 제일 먼저 바꾼 건 생각과 말이었다. 아침에 눈을 뜨자마자 외친다.

"나는 이제 운도 엄청 좋고 돈도 엄청 번다.", "나는 오늘 더 부자가 되었고 더 건강해졌다.", "돈과 회원이 쏟아져 들어온다.", "나는 잘된다! 잘돼! 잘되고말고! 나는 정말 잘된다!" 이것은 주문이 아니라 심리 프로그래밍이다. 말은 나의 감정을 바꾸고, 감정은 행동을 바꾸며, 결국 운의 흐름까지 바꿔 놓는다. 나는 아예 책상과 벽, 모니터 주변 곳곳에 '위풍당당', '폭발적 성장', '돈벼락 투자자문 연 60% 이상의 수익률로 세계를 제패한다! 했다!'라는 문장을 붙여 두었다. 그 문장들은 무의식 깊숙이 각인되었고, 내 삶의 방향타가 되었다. 빌 게이츠가 매일 아침 "나는 운이 좋다."라고 되뇐다는 이야기를 듣고 확신을 얻었다. 나 또한 운을 불러들이는 자는 운을 다스릴 수 있다는 믿음으로 살기 시작했다. 주변 환경도 철저히 정리했다. 지저분한 공간은 흐릿한 마음을 만든다는 걸 알게 되었고, 나는 언제나 운이 들어올 준비가 되어 있어야 했다.

나는 실패를 기반으로 운을 끌어왔다. 가난에서 벗어나기 위해 주식투자를 시작했지만, 현실은 냉정했다. 12번이나 깡통을 차고, 총 11억 원을 잃었다. 자괴감, 수치심, 공포, 패배감… 온갖 감정이 나를 집어삼켰지만, 단 한 번도 포기하지 않았다. 왜냐하면, 실패 속에 운의 씨앗이 있다는 걸 알았기 때문이다. 나는 매일 실패를 복기했다. 왜 틀렸는지, 어떤 신호를 놓쳤는지, 무엇을 바꿔야 하는지. 그 과정을 반복하며 마침내 나만의 'K13 투자 모델'을 완성했다. 그리고 2021년, 65세의 나이에 드디어 경제적 자유를 이루었다. 그날 느낀 감정은 환호가 아니라 깊은 안도의 한숨이었다. 너무 많은 것을 견디고, 너무 오랫동안 참고 버텼기에.

나는 거기서 멈추지 않고 성공 이후에도 운을 키워 갔다. 나의 경험을 더 많은 사람과 나누기 위해 책을 쓰고, 강연을 하고, 유튜브 채널을 개설했다. 처음에는 작게 시작했던 유사 투자자문 사업이 빠르게 성장했고, 마침내 2024년 정식 투자자문회사를 인수했다. 2025년에는 야심차게 '돈벼락 투자자문' 신상품을 출시했고, 놀랍게도 예약제로 전환될 만큼 폭발적인 반응을 얻었다. 고객의 신뢰는 운이 아닌 준비된 실력의 결과였다. 이제는 미국 진출을 목표로, 글로벌 투자자문회사 설립을 준비 중이다. 미국 주식시장에 도전하며, '한국의 워런 버핏'을 넘어 세계적인 투자자가 되는 것이 나의 다음 목표다.

나는 언제나 비현실적인 목표를 세운다. "그건 무리야."라는 소리를 들을 때, 오히려 자신감이 생긴다. 왜냐하면, 나는 안다. 말도 안 되는 목표가 말도 안 되는 운을 데려온다는 것을. 실패를 두려워하지 않고, 계속 나아가다 보면 어느 순간 운이 붙는다. 그리고 그 운은 단단한 기반 위에 자리를 잡는다.

결국, 운은 내가 만드는 것이다. 운은 하늘이 주는 선물이 아니라, 내가 스스로 설계하고 만들어 가는 능력이다. 매일 목표를 쓰고, 확언을 반복하고, 실패를 복기하며, 긍정적인 환경을 유지하라. 그것이 바로 '운빨 시스템'이며, 그것이 쌓이면 반드시 기적 같은 성공이 찾아온다. 누구나 운을 가질 수 있다. 그러나 운을 자기편으로 만드는 사람은 극히 드물다. 당신은 그 드문 사람이 될 수 있다. 지금, 이 순간부터 당신의 운을 디자인하라.

나만의 운빨을 부르는 긍정 확언들

1 긍정적인 마인드를 갖는다.

* 내 계좌가 지금 비록 마이너스 파란색으로 물들었어도 몇 달 후에는 반드시 플러스 빨간색으로 물들 것이다.
* 자! 이 고비를 넘기면 뒤집는 패가 된다.
* 시장이 많이 주면 많이 먹고, 적게 주면 적게 먹는다.
  (시장과 함께, 시장을 따라)
* 모든 것을 잃는다고 해도 '꿈과 희망'을 잃지 않는다면 잃는 것이 없다.
* 모든 것을 빼앗겨도 실력은 남는다.

2 주식시장 3대 신념을 체화한다.

* 주식시장은 영원하며 반드시 추가 상승한다.
* 살아만 있으면 기회는 반드시 온다.
* 내가 산 주식은 99% 이상이 살아서 돌아왔고, 반드시 10% 이상 상승한다.

3 자기 확언/확신 외치기를 한다(간절한 마음으로, 이루어졌다고 생각하면서 무한 반복).

1) 기상 시
* 나는 이제 운도 엄청 좋고 돈도 엄청 번다.
* 나는 오늘도 더 부자가 되었고 더 건강해졌다.

* 돈과 회원이 쏟아져 들어온다.
* 나는 잘된다! 잘돼! 잘되고말고! 나는 정말 잘된다!

2) 화장실
* 나는 이제 운도 엄청 좋고 돈도 엄청 번다.
* 나는 오늘도 더 부자가 되었고 더 건강해졌다.
* 현금 100억 확보, 체중 60kg 확보, 건강 120세 확보, 좋은 운 확보했다.
* 나는 이제 주식 투자도 엄청 좋아하고 돈도 엄청 번다.
* 나는 이제 엄청 큰 돈을 끌어당기는 엄청 강력한 자석이다.
* 나는 이제 주식시장이 천당이고 현금자동인출기다.
* 나는 이제 나의 지적 능력으로 엄청 큰 돈을 번다.

3) 아침 운동 플랭크 시
* 조급하지 말라. 끝이 없다. 평생 한다.
* 느린 것이 가장 빠르다.
* 속도를 버리고 복리를 취하자.

4) 컴퓨터 켜기 바로 전에 다짐을 한다.
* 나는 이제 평생 벌어먹을 승률 99% 이상의 주식 투자 기술을 가지고 있다.
* 내가 이제 무엇을 두려워하랴! 나는 이제 내가 생각하고 원하는 대로 된다.
* 꿈을 갖고 크고 길게 멀리 보자.
* 탐욕과 공포, 조급과 미련을 버리자.
* 나는 주조다. 나는 주식으로 1조 이상을 번다.

5) 컴퓨터 켜고 나서 작은 노트에 매일 적으면서 확언을 외친다 (달성을 못 해도 실현된 것처럼 시각화한다).

* 됐다! 오늘도 실현이익 천만 원 이상 벌었다. (3번)
* 됐다! 이번 달도 실현이익 2억 원 이상 벌었다. (3번)
* 됐다! 올해에는 실현이익 20억 원 이상 벌었다. (3번)
* 고맙습니다. 감사합니다. 사랑합니다.

6) 매매 노트에 확언을 기재한다.

* 나는 이제 돈의 끌어당김의 법칙이 엄청 나를 도와주고 있다.
* 나는 이제 마법의 복리 법칙이 엄청 나를 도와주고 있다.
* 나는 이제 선순환 복리 구조에 들어섰다.
* 나는 이제 7전 8기를 넘어서서 성공했다.

7) 주식시장 개장 후에도 수시로 확언을 외친다.

* 됐다! 오늘도 실현이익 천만 원 이상 벌었다.
* 됐다! 오늘도 즐겁고 행복한 제2의 인생을 살고 있다.
* 됐다! 대박 대운이 온 새로운 세상을 즐겨라!
* 내가 이제 무엇을 두려워하랴!
* 나는 이제 내가 생각하고 원하는 대로 된다!
* 나는 이제 더 이상 아무것도 피하지 않는다!
* 나는 이제 하늘도 나를 엄청 도와주고 있다.
* 나는 이제 하느님도 나를 엄청 도와주고 있다.
* 나는 이제 세상의 모든 것과 일, 시간도 나를 도와주고 있다. 고맙습니다. 감사합니다. 사랑합니다.

8) 주가 폭락 시에는 심리 관리용 확언을 외친다.

* 또 나빠져 → 또 더 좋아져

* 또 폭락 → 또 더 올라
* 우주가 한 말, 천사가 한 말, 괜찮아!

9) 걷는 중에도 확언을 되뇐다.
* 나는 이제 운도 엄청 좋고 돈도 엄청 번다.
* 나는 오늘도 더 부자가 되었고 더 건강해졌다.
* 됐다! 오늘도 실현이익 천만 원 이상 벌었다.
* 됐다! 오늘도 즐겁고 행복한 제2의 인생을 살고 있다.
* 지금, 이 순간 즐겁고 신바람 나고 행복하게 살고 있다. 고맙습니다. 감사합니다. 사랑합니다.

10) 운동 중에도 개수를 하나, 둘, 셋, 세는 대신 기도문으로 대체한다.
* 사천억, 무대뽀, 자신감, 우상향, 감사하고, 감동하고, 감탄하고, 감격하고, 나는 잘된다, 잘돼! 잘되고말고! 나는 정말 잘된다! 하면 된다! 할 수 있다! 할 것이다! 한다 했다! 120세! 120세! 120세! 120세!(20개, 무한 반복)

11) 기타 긍정 확언
* 최고의 복수는 최고의 성공이다!
* 그래! 여기까지 잘 왔다! 앞으로도 더 잘될 거야!
* 나는 이미 왕관을 썼다! 내가 이제 무엇을 두려워하랴!
* 나는 질 때마다 이기는 법을 배운다!
* 나는 나쁜 일이 생기면 반드시 더 좋은 일이 생긴다!
* 힘들 때는 내 인생 중 가장 힘들었을 때를 생각하라!
* 돈은 결코 나를 버리지 않는다! 나를 배신하지 않는다!
* 그럼에도 불구하고 나는 일조 부자가 되었다!

* 인생은 상상하는 만큼 바뀐다. 크게 상상하라!
* 내가 믿을 수 있는 것은 오직 나 자신과 내가 갖고 있는 현금뿐이다!
* 나는 만사지복, 전화위복, 행운의 화신, 행복의 화신이다!
* 패왕색 패기, 위풍당당, 폭발적 성장!, 세계 제패!
* 돈벼락 투자자문 연 60% 이상의 수익률로 세계를 제패한다! 했다!
* 오늘이 내 인생의 마지막 날인 것처럼, 그리고 영원히 살 것처럼 산다!
* 지금까지는 스파링이었다. 이제부터가 시작이다!
* 실패와 도전을 성공의 과정으로 여기고 설렘을 즐기자!

< 나의 확언 노트 >

2) 초대박 인생을 부르는 나만의 좋은 운 끌어당기기

초대박 인생이 오게 하는 방법으로 '나만의 좋은 운을 끌어당기는 법'을 만들었을 때 얻을 수 있는 강점과 장점은 다음과 같다.

첫째, 긍정적 에너지와 높은 자신감을 유지할 수 있다. 좋은 운을 끌어당기는 법을 실천하는 과정에서 자연스럽게 긍정적인 사고가 습관화된다. 긍정적인 생각은 개인의 자존감과 자신감을 높이며, 이는 곧 다양한 상황에서 적극적으로 도전하고 더 큰 목표를 이루도록 도와준다. 또한, 긍정적인 에너지는 주변 사람들에게 좋은 인상을 주고, 인간관계에서도 더 많은 기회를 만들어 준다.

둘째, 기회를 알아보는 통찰력이 향상된다. 나만의 좋은 운을 끌어당기는 법을 꾸준히 실천하면 주변의 기회를 보다 명확하게 인식하고 이를 적극적으로 활용할 수 있는 능력이 길러진다. 기회가 왔을 때 신속하게 반응하고 최적의 결정을 내릴 수 있는 직관력과 판단력이 강화되어, 남들이 놓치기 쉬운 기회를 자신의 것으로 만드는 능력이 탁월해진다.

셋째, 삶의 만족도와 행복감을 크게 증진시킨다. 좋은 운을 의식적으로 끌어당기려는 노력 자체가 삶의 모든 순간에 의미를 부여하고 긍정적인 기대감을 만들어 낸다. 이렇게 삶의 다양한 순간에서 작은 성공과 행운을 발견하고 감사하게 되면 일상에서도 행복감을 더 많이 느끼게 된다. 또한, 이는 스트레스 감소와 정신적 안정으로 이어져 장기적으로 높은 삶의 질을 유지할 수 있다.

넷째, 회복 탄력성이 강해진다. 행운을 끌어당기는 법은 어려움이나 위기 상황에서도 긍정적이고 희망적인 관점을 유지하는 습관을 길러준다. 이러한 습관은 실패와 좌절을 빠르게 극복하고 다시 일어서는 능력을 높여 준다. 회복 탄력성이 높아지면 위기를 오히려 기회로 전환하는 강력한 힘을 발휘할 수 있다.

다섯째, 인간관계와 네트워크가 확장된다. 좋은 운을 끌어당기는 과정에서 긍정적이고 밝은 에너지를 지속해서 유지하면 사람들은 자연스럽게 당신 곁으로 모이게 된다. 이로 인해 폭넓고 긍정적인 인간관계를 구축할 수 있고, 이는 사회적, 직업적 기회 확대로 연결된다. 나를 돕고자 하는 사람들과의 관계가 깊어져 상호 발전을 위한 시너지 효과를 극대화할 수 있다.

여섯째, 목표 달성 속도가 빨라진다. 나만의 좋은 운을 끌어당기는 법을 일상에 적용하면 목표 달성을 향한 행동력이 많이 증가한다. 긍정적인 마인드로 꾸준히 도전하고 행동하면 목표까지의 길이 단축되고, 더욱 효율적인 성과를 얻을 수 있게 된다. 목표를 이루는 과정에서 느끼는 성취감 또한 계속해서 목표 달성을 가속화시키는 강력한 동력이 된다.

마지막으로, 삶의 통제력을 높인다. 운이 좋아지기를 기다리는 것이 아니라, 스스로 좋은 운을 끌어당기려는 적극적인 태도를 가지면 삶을 통제할 수 있다는 자신감을 얻는다. 자신의 운명을 스스로 결정하고 개척한다는 강력한 자기 효능감은 더욱 적극적이고 능동적인 삶을 살아갈 수 있게 하며, 이는 장기적인 성공과 지속 가능한 행복을 보장한다.

3) 초대박 인생을 여는 행운의 열쇠 6개

초대박 인생이 오게 하는 방법으로 '나만의 좋은 운을 끌어당기는 법'을 만드는 구체적 달성 방법은 다음과 같다.

(1) 꿈과 희망을 명확히 그려라

⊙ 확실한 도달 지점 설정하기

운은 결코 우연이 아니다. 운은 명확한 꿈과 희망을 품고 있는 사람에게 찾아온다. 초대박 인생을 살아가는 사람들은 운이 좋아서 성공한 것이 아니다. 그들은 먼저 자신의 꿈을 또렷하게 그렸고, 그 꿈을 향해 달려가는 도중에 '기회'라는 이름의 운을 마주한 것이다.

운은 막연함 속에서는 움직이지 않는다. 흐릿한 희망, 막연한 바람, 대충 세운 목표에는 운이 반응하지 않는다. 우주는 구체적인 주문에만 응답한다. 따라서 진짜 운빨을 키우고 싶다면, 인생의 도달 지점을 명확히 하라. 어디를 향하고 있는지 뚜렷하게 그려야 운도 방향을 잡는다.

가장 먼저 해야 할 일은 꿈을 현실 언어로 정의하는 것이다. "성공하고 싶다.", "부자가 되고 싶다.", "자유롭게 살고 싶다."라는 선언은 너무 추상적이다. 초대박 인생을 위한 꿈은 구체적이어야 한다. 예를 들어, "나는 5년 안에 연 5억의 순수익을 내는 1인 지식 기업가가 되어, 유튜브·강연·책으로 사람들에게 영향력을 끼친다." 이렇게 명확히 그려야 한다.

이런 꿈을 설정할 때 중요한 요소는 기한, 수치, 감정, 장면이다. 언제까지, 어느 정도로, 어떤 느낌으로, 어떤 환경에서 그 꿈을 실현하고 싶은지를 머릿속에서 생생하게 시각화하라. 꿈은 구체적으로 설정할수록 내면의 추진력을 강하게 자극하고, 현실을 꿈에 맞춰 재편성하기 시작한다.

희망 또한 똑같다. 희망은 단순한 낙관이 아니다. 그것은 의도된 확신이며, 전략적 기대감이다. 불확실한 미래에 대해 '기대할 수 있는 이유'를 만들어 주는 것이 희망이다. 그리고 그 희망은 명확한 꿈에서 비롯된다. 희망이 꺼질 때는 목표가 흐려졌을 때다. 반대로, 목표가 뚜렷해지면 다시 희망은 살아난다.

꿈을 현실화하기 위해서는 매일 그 꿈과 접촉하는 시간이 필요하다. 비전 보드를 만들어 책상 앞에 붙여 두고, 매일 아침 그 그림을 보는 것. 미래 일기를 써서 마치 이미 이루어진 듯한 감정 상태를 느끼는 것. 이 모든 것이 희망을 지속시키는 연료가 된다. 꿈은 심장으로 느끼고, 뇌로 설계하고, 손으로 쓰고, 몸으로 실천하는 것이다.

그리고 반드시 꿈을 '말하라.' 소리 내어 선언하고, 사람들에게 말하고, 나 자신에게 반복해서 들려줘라. 말하는 순간, 뇌는 그 꿈을 실행 가능한 목표로 인식하기 시작한다. 또 말할수록 우주는 당신을 그 방향으로 이끌 기회와 사람을 붙여 주기 시작한다. 운은 발화된 꿈의 주파수를 따라온다.

단, 꿈을 말할 때는 자신의 말에 책임을 질 수 있어야 한다. 단순한 공상이나 허황된 말이 아니라, 매일 그 꿈을 향해 한 발씩 전진하고 있는 '실행의 증거'가 뒷받침되어야 한다. 그렇게 움직일 때, 운도 방향을 틀고 당신 쪽으로 들어온다. 운은 움직이는 자에게 붙는다.

마지막으로, 꿈은 반드시 자신만의 언어로 정의하라. 타인의 기준, 사회의 시선, 유행하는 성공 모델에 휘둘리지 말고, 내 가슴이 진짜로 뛰는 목표를 그려야 한다. 내가 왜 이 꿈을 꾸는지, 왜 이 방향이어야 하는지에 대한 '내면의 이유'가 있을 때, 운도 진심을 알아보고 반응한다.

기억하라. 흐릿한 꿈은 운도 잃게 만들고, 선명한 꿈은 운을 끌어당긴다.

꿈은 운의 시작이고, 희망은 성공의 연료다. 당신의 꿈은 지금 얼마나 선명한가?

그 선명도가 곧, 당신의 운빨을 결정짓는다.

(2) 긍정적인 생각이 운명을 바꾼다

㉠ 긍정적 사고 습관화하기

초대박 인생을 살아가는 사람들은 공통적으로 생각의 방향이 다르다. 그들은 문제 앞에서도 가능성을 먼저 본다. 실패를 만나도 기회를 떠올린다. 우연처럼 보이는 '운'은 사실 그들의 생각 습관이 만들어 낸 것이다. 결국, 운의 시작은 사고방식에 있다.

긍정적인 생각은 단순히 "잘될 거야."라고 되뇌는 낙관주의가 아니다. 긍정적 사고란 현실을 직시하면서도, 그 안에서 성장과 기회의 가능성을 끝까지 붙잡는 태도다. 절망적인 상황 속에서도 "이 안에서 내가 통제할 수 있는 건 무엇인가?", "이 경험이 나를 어떻게 강하게 만들 수 있는가?"를 끊임없이 묻는 것이 진짜 긍정이다.

생각이 바뀌면 언어가 바뀌고, 언어가 바뀌면 행동이 바뀐다. 그리고 행동이 바뀌면 결국 운명이 바뀐다.

사고방식 → 언어 습관 → 행동 패턴 → 결과 → 운

이 구조를 이해해야 한다. 아무리 외부의 기회를 잡아도, 내면의 생각 구조가 부정적이라면 그 기회를 버리고 만다.

긍정적 사고는 훈련 가능한 습관이다. 가장 먼저, 스스로의 언어를 점검하라. "나는 원래 안 돼.", "요즘 되는 게 없어.", "이런 건 나랑 안 맞아."와 같은 말이 일상적으로 입에 붙어 있다면 이미 당신의 사고 체계는 '불운의 회로'에 접속돼 있는 것이다.

말은 생각의 거울이자 운을 부르는 주문이다. 말의 톤, 단어, 감정을 바꾸는 것만으로도 생각의 방향이 달라지고, 나의 기운도 달라진다.

다음으로, 매일 감사 루틴을 만들어라. 하루를 마치며 "오늘 나에게 운이 좋았던 순간은 무엇이었는가?", "작지만 기쁜 일이 무엇이었는가?"를 적어 보라. 이것은 단순한 감정 훈련이 아니다. 내가 '운이 좋다'고 느끼는 순간이 많아질수록 뇌는 그 방향의 데이터를 수집하고, 다시 그 운을 끌어오는 행동을 하게 된다.

운이 좋은 사람은 운이 좋다고 '믿는 사람'이다. 또한, 비교를 멈추고 자신만의 기준을 세워라. 부정적 사고는 타인의 삶을 기준으로 내 삶을 바라볼 때 자주 발생한다. 초대박 인생을 사는 사람은 언제나 내 삶의 기준, 내 성장의 척도, 내 기쁨의 정의를 가지고 있다. 외부가 아니라 내부에 기준이 있을 때, 사고는 흔들리지 않고 일관성을 갖는다.

긍정적 사고는 위기 상황에서 더욱 진가를 발휘한다. 사업이 흔들릴 때, 성과가 저조할 때, 건강이 나빠졌을 때… 바로 그 순간이 운이 들어올 준비가 되는 시간이다. 왜냐하면, 위기의 순간은 전환의 문이 열리는 시점이기 때문이다. 이때 부정에 빠져 무너질 것인가, 긍정의 힘으로 문을 열 것인가는 전적으로 '습관화된 사고'에 달려 있다.

긍정적인 사람은 '이 또한 지나간다.'가 아니라, '이 또한 성장의 계기가 된다.'라고 생각한다. 그들은 실패 속에서 방향을 바꾸고, 손실 속에서 가치를 찾아낸다. 그렇게 훈련된 긍정은 단순한 태도를 넘어서, 운을 끌어당기는 강력한 자기 시스템이 된다.

단, 억지 긍정은 독이 된다. 현실을 외면하고 "잘될 거야."만 외치는 것은 자기기만이다. 진짜 긍정은 냉정한 분석과 함께 오는 낙관이며, 실행으로 뒷받침되는 기대감이다. 긍정은 행동이 뒤따를 때 운으로 바뀐다. 생각만 긍정적이고 손을 놓고 있다면, 그것은 공상에 불과하다.

마지막으로, 긍정적 사고는 주변에도 영향을 미친다. 같은 팀, 같은 가정, 같은 공간 안에서 누가 긍정의 에너지를 전파하는가에 따라 분위기가 달라진다. 그리고 그 분위기가 결과를 만든다. 긍정의 사람은 주변의 운까지 끌어당기는 운의 자석이 된다.

기억하라. 생각이 부정적이면 운이 와도 못 본다. 생각이 긍정적이면 아직 오지 않은 운도 스스로 끌어당긴다.

운은 긍정적으로 생각하고 행동하는 자에게 기울어진다. 지금, 당신의 사고방식은 어떤 운을 부르고 있는가?

(3) 운이 찾아오게 자신을 준비하라
⊙ 잠재력을 깨워 행운 맞이하기

운은 기다리는 것이 아니라 맞이하는 것이다. 진짜 운은 준비된 자 앞에만 고개를 내민다. 운이 없다고 말하는 사람들의 공통점은 준비가 되어 있지 않다는 것이다. 기회는 모두에게 오지 않는다. 준비된 사람에게만 온다. 그리고 더 중요한 건, 그 기회를 잡을 수 있는 능력이 있는가이다.

초대박 인생을 꿈꾸는 사람은 절대 운을 운명에 맡기지 않는다. 그들은 언제나 말한다. "운은 내가 만드는 것이다." 그리고 그 말은 결코 허언이 아니다. 그들은 운이 찾아왔을 때 놓치지 않도록 끊임없이 자신을 정비하고, 준비하며, 성장시킨다.

가장 먼저 해야 할 일은 잠재력이라는 금광을 캐내는 일이다. 누구나 안에 엄청난 가능성을 지니고 있다. 문제는 대부분이 그 가능성을 사용하지 않고 평생을 살아간다는 점이다. 잠재력을 깨우는 첫걸음은 자신을 과소평가하지 않는 것이다. "나는 아직 준비가 안 됐어.", "지금은 때가 아니야." 같은 말이 바로 운을 밀어내는 습관이다.

잠재력을 깨우기 위해선, 먼저 작은 도전을 시작하라. 도전이 새로운 회로를 열고, 경험이 잠재된 능력을 호출한다. 실수하고, 부족하고, 어설픈 상태에서라도 시도하라. 시도하는 자만이 자신의 가능성을 확장할 수 있다. 준비되어서 시작하는 것이 아니라, 시작하면서 준비가 된다.

또한, 자신을 다듬는 공부와 훈련은 운을 끌어당기는 자석과 같다. 유튜브 영상 하나를 만들더라도 기술을 익히고, 시장을 분석하고, 시청자 반응을 정리하라. 이런 태도 자체가 이미 '운을 맞이할 준비'다. 기회는 전문성과 성실성 앞에서 고개를 숙인다.

자기 관리도 준비의 핵심이다. 운이 왔을 때 감정이 흐트러져 있으면 판단이 흐려지고, 체력이 바닥나 있으면 행동을 미룬다. 그렇기에 규칙적인 생활, 체력 관리, 감정 정비는 단순한 습관이 아니라 '기회를 맞이할 수 있는 기반'이다. 준비는 단순히 지식만이 아니라 몸과 마음, 태도 전반의 세팅이다.

중요한 것은 운이 올 시기를 예측할 수 없다는 점이다. 그렇기 때문에 더욱 철저한 준비가 필요하다. 언제든 기회가 문을 두드릴 수 있다는 전제 아래, 오늘 하루를 대하라. 아무리 평범한 하루일지라도 그날 만난 사람이 당신의 운명을 바꾸는 연결 고리가 될 수 있다. 그 기회를 살리려면 지금 당장 '준비된 사람'이어야 한다.

또한, 기록하라. 생각과 아이디어, 경험과 통찰을 메모하고 정리하는 습관은 기회를 구체화시키는 훈련이다. 운은 지나가지만, 기록된 사고는 기회를 붙잡는 도구가 된다. 미처 활용하지 못한 가능성도 기록을 통해 언젠가 다시 불려 온다.

네트워킹 역시 중요하다. 운은 사람을 통해 온다. 새로운 사람과의 연결, 오래된 인맥과의 재접촉, 나를 드러내는 콘텐츠 하나가 전혀 예기치 못한 기회를 데려온다. 하지만 준비되지 않은 사람에게는 아무 효과가 없다. 내가 누구인지 명확히 말할 수 있는 사람만이, 운의 다리를 건넌다.

마지막으로, 운을 맞이할 수 있는 질문을 매일 던져 보라.

"오늘 어떤 기회가 나를 찾아올 수 있을까?"

"지금 내가 준비하고 있는 것이 진짜 기회와 연결되는가?"

"내가 오늘 한 행동 중, 미래의 기회를 당겨 올 수 있는 건 무엇이었는가?"

이 질문은 단순한 셀프 체크가 아니다. 뇌의 방향을 제시하는 명령어이며, 잠재력을 깨우는 시그널이다.

기억하라. 운은 준비된 자의 편이다. 그리고 준비는 단 한 번의 완벽함이 아니라, 매일의 점검과 훈련, 성실한 반복이다.

당신의 준비 상태가 곧 당신의 운을 결정한다.

지금 당장, 운이 와도 괜찮을 만큼 준비된 사람으로 살아가라.

(4) 성공의 계기를 잡는 직관력을 길러라
→ 행운의 기회를 붙잡는 감각 키우기

운은 모든 사람에게 동일하게 찾아오지 않는다. 운이 찾아와도 알아채는 사람만이 그것을 기회로 만든다. 많은 사람이 "나에겐 기회가 없었다."라고 말하지만, 실제로는 기회가 와도 보지 못하고, 느끼지 못하고, 잡지 못했을 뿐이다. 초대박 인생을 사는 사람들은 기회를 감지하는 감각, 즉 직관력이 탁월하다.

직관은 단순한 '감'이 아니다. 그것은 깊이 있는 경험과 날카로운 관찰, 빠른 결단력이 축적된 결과다. 직관력이 뛰어난 사람은 변화의 미세한 신호를 포착하고, 누구보다 빠르게 방향을 틀며, 결과적으로 '운 좋은 사람'으로 평가받는다. 그러나 그들의 운은 결코 우연이 아니다. 직관력은 훈련의 산물이다.

직관력을 키우기 위해 가장 먼저 해야 할 일은 자기 자신과의 연결을 회복하는 일이다. 많은 사람은 외부 정보에만 의존하고, 자신 안의 '감각'에는 무감각하다. "나는 무엇에 끌리는가?", "지금, 이 상황이 주는 메시지는 무엇인가?", "왜 이 장면에서 심장이 반응했는가?"라는 질문을 자주 던지며 스스로의 반응에 민감해져야 한다. 자기 감각에 대한 민감도가 직관의 시작이다.

다음으로는 다양한 경험을 쌓는 것이다. 직관은 풍부한 사례와 경험치 위에서 정교해진다. 같은 상황을 수백 번 겪은 사람만이 패턴을 읽고 변칙을 알아차릴 수 있다. 새로운 일, 낯선 분야, 다른 업종 사람들과의 교류는 직관의 소재를 늘려 주는 훈련장이 된다. 운은 예측 불가능한 곳에서 자주 나오기에, 경계 밖으로 나가는 경험이 필요하다.

또한, 관찰력을 극대화하라. 직관력이 뛰어난 사람은 겉으로 보이는 현상만 보지 않는다. 표정, 분위기, 미묘한 흐름, 사람들의 반응, 시장의 작은 변화까지 놓치지 않는다. 매일 10분이라도 관찰 일기를 써 보라. 오늘 하루, 어떤 변화가 느껴졌는가? 무심코 지나친 장면 속에 어떤 메시지가 있었는가? 관찰은 직관의 근육이다. 많이 볼수록, 더 깊게 느끼게 된다.

직관력은 예민함과 침착함을 동시에 요구한다. 예민함은 감지하는 능력이고, 침착함은 그것을 결정으로 연결하는 힘이다. 기회는 감정적으로 과열될수록 놓치기 쉽다. 따라서 호흡을 가다듬고, 자신과 대화하며 결정하는 습관이 중요하다. 직관은 충동이 아니다. 속도가 빠르되, 통찰이 깃든 반응이다.

실패도 직관의 토양이 된다. 한 번의 잘못된 판단, 놓친 기회, 지나간 연결 속에서 우리는 '기회가 왔을 때의 느낌'을 복기하게 된다. 그 복기가 다음 기회 앞에서의 직관력을 키워 준다. 운은 실패의 패턴을 분석한 사람에게 다음 카드를 건넨다. 실패는 직관을 훈련시키는 최고의 스승이다.

또한, 콘텐츠 소비의 질을 높여라. 직관력은 내가 무엇을 보고, 듣고, 읽느냐에 따라 달라진다. 수준 높은 사람들의 대화, 깊이 있는 책, 다양한 관점의 강연 등은 당신의 '직관적 사고 네트워크'를 확장시켜 준다. 얕은 자극보다 깊은 사유가 필요하다. 깊이 있는 인풋이 있어야, 날카로운 인사이트가 튀어나온다.

중요한 것은 직관은 반드시 행동으로 연결되어야 한다는 점이다. 아무리 강하게 느껴져도 실행하지 않으면 그것은 사라진다. 직관의 위력은 실행을 통해 검증되고 확장된다. 따라서 "느낌이 온다."라는 신호를 받았다면, 망설이지 말고 최소한의 시도부터 하라. 운은 감지한 자가 아닌, 움직인 자의 편이다.

마지막으로 직관은 혼자 있을 때 가장 잘 들린다. 조용한 산책, 묵상, 사색의 시간은 마음속 소리를 듣게 한다. 늘 바쁘고 시끄러운 일상 속에선 운의 신호도 묻힌다. 매일 10분, 자기 내면과 연결되는 시간을 만들어라. 그 시간에 당신은, 당신만의 운과 연결된다.

기억하라. 운은 신호를 보낸다. 문제는 그것을 느낄 수 있느냐, 그리고 반응하느냐다.

직관은 단순한 느낌이 아니라, 성공을 감지하고 실행으로 옮기는 감각이다.

초대박 인생은 결국, 기회를 읽는 감각이 만든다. 지금 당신은 기회를 감지할 수 있는 준비가 되어 있는가?

(5) 행동이 운을 만든다

→ 적극적 행동력 키우기

운을 기다리는 사람과 운을 만들어 내는 사람의 차이는 단 하나, 행동력이다. 운은 앉아만 있는 사람에게 오지 않는다. 행동하는 자만이 기회를 만나고, 기회는 움직이는 사람에게 문을 연다. 초대박 인생을 살아가는 사람은 '운 좋은 사람'이 아니라, '행동력으로 운을 만든 사람'이다. 운이 오기를 바라는가? 그렇다면 가장 먼저 움직여야 한다. 생각만 많고 손을 놀리지 않는다면, 운은 당신 곁을 그냥 지나간다. 생각은 계획의 출발점일 뿐, 운을 끌어오는 건 오직 행동이다. 실행 없는 열정은 공상이고, 움직이지 않는 꿈은 망상일 뿐이다.

행동이 운을 만드는 첫 번째 이유는 행동 속에 정보와 기회가 숨어 있기 때문이다. 가만히 있는 사람은 절대 새로운 사람을 만나지 못하고, 전혀 다른 결과도 만들어 내지 못한다. 한 번의 미팅, 하나의 전화, 짧은 피드백 요청이 상상도 못 한 연결 고리가 되곤 한다. 운은 관계의 네트워크를 타고 오며, 행동은 그 네트워크의 출발점이다. 두 번째 이유는 행동이 자존감과 자기 신뢰를 끌어올리기 때문이다. 작은 행동 하나를 해내는 순간 "나는 할 수 있다."라는 감각이 생기고, 그 감각은 다음 행동의 연료가 된다. 이런 반복 구조 안에서 행동 → 성취감 → 지속 동력 → 새로운 기회 → 운 작동이라는 흐름이 생기며, 행동은 곧 내면의 에너지를 외부 성과로 전환하는 강력한 매개가 된다.

하지만 대부분의 사람은 '완벽하게 준비된 상태'에서만 움직이려 한다. 그러나 초대박 인생을 사는 사람들은 절대 그렇게 하지 않는다. 그들은 '지금 가능한 만큼' 행동한다. 10이 아니더라도 1을 한다. 완벽보다 속도를, 준비보다 실행을, 분석보다 반응을 중시한다. 그러기 위해선 행동력을 키우기 위한 실질적 전략이 필요하다.

첫째, 하루 한 가지 '결과 중심 행동'을 정하라. 읽기보다 쓰기, 고민보다 연락, 구상보다 제작 등 실제 무언가를 만들어 내는 행동이 우선이다. 둘째, 5분 행동 규칙을 적용하라. '일단 5분만 해 보자.'라는 마음으로 시작하라. 대부분의 저항은 시작 이전에 끝난다. 일단 손을 대면, 행동은 연쇄된다. 셋째, 행동한 것을 기록하라. 실행한 루틴, 전화한 건수, 콘텐츠 올린 횟수 등 '행동의 흔적'을 수치화하면 뇌는 다음 행동에 더 쉽게 반응한다.

또한, 행동은 단발로 끝나지 않아야 한다. 지속성이 핵심이다. 하루의 작은 행동도 그것이 30일간 반복되면 흐름을 만들고, 90일이면 습관이 되며, 1년이면 완전히 다른 인생 지형을 형성한다. 지속되는 행동은 결국 운을 만든다. 그리고 중요한 점 하나. 행동은 반드시 노출을 동반해야 한다. 가만히 혼자서 노력만 하고 세상에 드러내지 않으면, 아무도 당신을 알아보지 못한다. 글을 썼다면 발표하라. 콘텐츠를 만들었다면 업로드하라. 사업 아이템이 있다면 시장에 던져 보라. 운은 세상에 나선 사람에게만 반응한다.

마지막으로, 행동력은 훈련되는 자산이다. 타고나는 것이 아니다. 처음엔 작고 소심한 행동이어도, 반복 속에 두려움은 사라지고, 실행력은 근육처럼 자란다. 행동하는 습관이 자리 잡는 순간, 당신은 운을 만들어 내는 사람으로 전환된다. 기억하라. 운은 움직이는 사람의 것이다. 움직일수록 운의 반경은 넓어지고, 시도할수록 인생의 확률은 높아진다. 오늘, 무엇을 행동할 것인가? 그 결정이 곧, 당신의 다음 운명을 설계할 것이다.

(6) 위기를 기회로 전환하라
⊖ 전화위복의 힘

누구에게나 위기는 찾아온다. 하지만 같은 위기 속에서도 어떤 사람은 무너지고, 어떤 사람은 도약한다. 초대박 인생을 사는 사람들은 위기를 피하지 않는다. 오히려 위기를 기회로 전환하는 능력을 통해 운을 자기 쪽으로 끌어당긴다. 그들은 '운 좋은 사람'이 아니라, '운을 재구성할 줄 아는 사람'이다. 인생에서 진짜 중요한 것은 지금 좋은 일이 생기고 있느냐가 아니라, 나쁜 일이 생겼을 때 어떻게 반응하느냐다. 위기 상황은 운의 씨앗이 숨겨진 땅이다. 똑같은 사건을 누군가는 저주로 끝내고, 누군가는 반전의 기회로 만든다. 그 차이는 외부 조건이 아니라, 내부 해석력에서 갈린다.

전화위복은 단순한 낙관이 아니다. 그것은 위기 속에서 의미를 재해석하고, 방향을 새롭게 설계하는 실질적 전략이다. "왜 나에게 이런 일이 생겼는가?"라는 질문에서 멈추지 말고, "이 일을 통해 나는 무엇을 배워야 하는가?", "이 상황을 통해 어떤 전환점을 만들 수 있는가?"라고 물어야 한다. 질문이 바뀌면 해석이 바뀌고, 해석이 바뀌면 행동이 바뀐다. 그 행동이 결국 운명을 바꾸는 핵심이 된다.

첫 번째 전략은 위기를 감정이 아닌 데이터로 바라보는 힘이다. 감정적으로 반응하면 위기는 고통이고, 기회는 숨어 버린다. 하지만 위기의 원인을 구조적으로 분석하고, 실패의 패턴을 정리하며, 통제 가능한 영역을 찾는 사람은 그 안에서 다음 단계로 나아갈 실마리를 찾는다. 초대박 인생은 감정의 소모보다, 인식의 전환에 집중하는 삶이다. 감정을 거두고 구조를 들여다보는 훈련이 되어 있어야 위기를 분석할 수 있다.

두 번째 전략은 행동의 전환이다. 위기를 느끼면 대부분의 사람은 멈추고 움츠러든다. 그러나 반대로 위기의 순간을 '가장 빠르게 새롭게 시도해 볼 수 있는 기회'로 여기는 사람은 움직인다. 실패한 사업에서 새로운 시장의 기회를 보고, 좌절한 인간관계 속에서 새로운 정체성을 구축한다. 반응하지 말고, 주도하라. 그 한 걸음이 위기를 운의 출발점으로 바꾼다. 기회는 기다리는 자가 아니라, 다시 움직이는 자에게 찾아온다.

세 번째는 이야기화하는 능력이다. 당장의 위기는 괴롭고 치명적일 수 있지만, 그 위기를 극복한 이야기는 누군가에게 큰 울림이 되고, 나에게는 강력한 자산이 된다. 초대박 인생을 사는 사람은 실패와 위기조차 콘텐츠로 전환한다. 경험은 곧 가치이고, 극복은 곧 브랜딩이다. 또한, 회복 탄력성은 연습할 수 있다. 하루가 끝날 때 작게라도 스스로 물어보라. "오늘 나를 흔든 상황은 무엇이었는가?", "그때 나는 어떻게 대응했는가?", "내일 같은 상황이 온다면 나는 무엇을 다르게 할 수 있을까?" 이 작은 복기 습관이 위기 대처력을 키워 주고, 결국 위기를 기회로 재구성하는 자동 반응 시스템을 만들어 준다.

네 번째는 관점을 확장하는 것이다. 지금의 위기는 일시적인 실패일 수 있지만, 장기적인 관점에서 보면 새로운 전환점이 될 수 있다. 인생은 선형이 아니라 곡선이다. 가장 깊이 내려간 순간이 가장 크게 올라가는 반동점이 될 수 있다. 그 가능성을 믿는 사람이 끝까지 버티고, 그 버팀이 결국 '운의 반등'으로 이어진다. 지금의 고통은 곧 반등을 위한 에너지다. 시야를 넓히고 시간을 앞당겨 보는 눈을 길러야 한다.

마지막으로, 위기의 순간엔 혼자 버티지 말라. 때로는 믿을 수 있는 사람과의 대화, 피드백, 조언이 내 시야를 넓히고 감정을 안정시킨다. 혼자일 때 위기는 고통이지만, 함께일 때 위기는 성장의 자산이 된다. 운은 사람을 통해 오기도 하고, 사람을 통해 버려지기도 한다. 도움을 요청하고 연결을 확장하는 것 또한 위기 대응의 지혜다.

　기억하라. 위기는 끝이 아니라 리셋 버튼이다. 그 순간을 어떻게 다루느냐에 따라 운명은 다시 쓰인다. 초대박 인생은 위기를 '전환점'으로 삼은 사람들의 연속된 선택이 만든 결과다. 지금 당신이 겪는 위기, 그 안에 인생을 반전시킬 기회가 숨어 있다.

04

나만의 꾸준함과
회복 탄력성으로 무장하라!

1) 초대박 인생을 부르는 포기하지 않는 힘

　나는 나이가 들수록 내게 특별한 재능이 없다는 사실을 점점 더 실감했다. 주변 친구들과 비교하면 더욱 그랬다. 누구는 노래를 잘하고, 누구는 운동에 능하며, 또 누구는 손재주나 눈썰미가 뛰어났다. 반면 나는 손재주도 없고, 발재간도 없고, 말솜씨도 부족했으며, 그림이나 글씨, 게임이나 스포츠에서도 두각을 보이지 못했다. 당구, 고스톱, 포커, 춤, 노래 등 어느 하나도 자신 있게 말할 수 없었다. 남들은 한두 번만 배워도 능숙하게 해내는 일을 나는 서너 시간씩 걸려도 제대로 하지 못하는 경우가 많았다. 그래서 한때는 이런 나의 부족함이 유전적 한계라 여기며 아버지를 원망한 적도 있었다.

　그러던 어느 날, 한 자기계발서를 읽던 중 "잘하는 것과 못하는 것을 나눠 적어 보라."라는 문장을 접했다. 못하는 목록은 금방 채워졌지만, 잘하는 것에는 단 한 줄도 쓰지 못해 한참을 고민했다. 그때 불현듯 떠오른 것이 하나 있었다. 바로 '꾸준함'이다. 누구보다 느리지만, 누구보다 오래가는 힘. 나는 모든 분야에서 눈에 띄진 않았지만, 한번 시작하면 끝까지 해내려는 끈기만큼은 자신 있었다. 그 꾸준함은 그동안 나의 단점을 하나씩 보완하게 해 준 유일한 힘이었다.

　나는 지금 내가 잘하게 된 거의 모든 것을 후천적 노력과 반복 연습을 통해 만들어 왔다. 글쓰기, 차트 분석, 투자 전략 설계, 운동 습관, 건강 관리, 강의력까지… 그 어느 것도 타고난 재능이 아니라, 반복된 실패 속에서 쌓아 올린 결과물이었다. "꾸준함이 모든 것을 이긴다."라는 말은 단순한 구호가 아니라, 나의 실전 경험이 담긴 진리였다. 그러나 그 꾸준함을 유지하는 일은 말처럼 쉽지 않았다. 실천력을 방해하는 요소는 늘 존재했고, 때로는 유혹과 무기력에 무너질 뻔한 순간도 많았다.

그래서 나는 명확한 목표 설정을 꾸준함의 출발점으로 삼았다. 막연한 열심은 오래가지 않는다. 하루에 반드시 실천할 성공 루틴을 정하고, 구체적인 실행 계획을 수립했다. 예를 들어 하루 1,000개 이상 주식 차트 분석, 주 3회 이상 헬스장 방문, 일정 기간 내 바디 프로필 촬영, 정해진 날짜에 책 출간, 유튜브 콘텐츠 주 5회 업로드 등 세부적이고 측정 가능한 목표를 만들었다. 그리고 이 목표들이 내 일상에 자연스럽게 스며들도록 루틴을 설계했다.

주식 투자에서는 특히 꾸준함과 회복 탄력성이 중요했다. 나는 무려 12번이나 계좌를 깡통으로 만들었고, 총 11억 원의 손실을 경험했다. 그러나 그때마다 좌절 대신 분석을 선택했고, 실패 원인을 철저히 복기하며 전략을 수정했다. 그렇게 탄생한 것이 'K13 투자 모델'이다. 이 모델을 통해 나는 2021년 한 해에만 13억 원의 실현이익을 얻었고, 경제적 자유를 이루는 전환점을 맞이했다. 이 모든 과정은 꾸준함 없이는 불가능했으며, 매번 무너질 듯한 상황에서도 다시 일어설 수 있었던 힘은 회복 탄력성이었다.

건강 루틴에서도 같은 원리가 적용되었다. 회음 호흡, 케겔 운동, 명상, 투자 노트와 확언 노트를 쓰는 습관은 처음엔 낯설고 어색했지만, 매일 30분 이상 시간을 투자하며 반복하자 어느새 익숙한 루틴이 되었다. 전립선 건강은 의사도 놀랄 정도로 회복되었고, 일상 에너지도 현저히 증가했다. 이렇게 루틴은 하나둘 삶의 전반으로 확장되었고, 나는 점점 더 강해졌다. 나는 이러한 루틴을 통해 다양한 성과를 이뤄 냈다. 윗몸일으키기 1,111회, 턱걸이 34회, 65세에 두 번의 바디 프로필 촬영 성공, 3년 동안 매일 유튜브 라이브 방송을 진행하는 등, 숫자로 증명된 결과들이 바로 그것이다. 이는 단순한 기록이 아니라, 꾸준함이 만들어 낸 정직한 결실이었다.

강의 분야에서도 위기는 있었다. 내가 열정을 쏟았던 강의 계약이 갑작스레 해지되었을 때, 깊은 배신감과 무기력이 몰려왔다. 그러나 과거 은행에서 명예퇴직금도 받지 못하고 강제퇴직을 당했던 경험 덕분에, 나는 다시 행동을 선택할 수 있었다. "내 자산과 내 능력만이 진짜 기반이다."라는 신념 아래, 바로 나만의 회사를 설립했고, 단기간 내 과거 성과를 능가하는 결과를 만들어 냈다. 위기를 기회로 바꾼 힘은 꾸준함과 회복 탄력성이라는 두 개의 축이었다.

또한, 루틴을 꾸준히 유지하기 위해 감정 조절의 중요성도 절실히 느꼈다. 하기 싫은 날도 있었고, 예기치 못한 일정으로 계획이 틀어지는 날도 있었다. 그럴 땐 '완벽함'보다 '지속성'을 선택했다. 하루를 놓쳤다고 자책하지 않고, 다음 날 다시 시작하는 자세가 결국 진짜 꾸준함이라는 것을 깨달았다. 365일 중 60일을 쉬었다고 해도, 305일을 실천했다면 이미 해낸 것이다.

스스로에게 작은 성공을 인정하고 보상하는 것도 지속성을 높이는 데 큰 도움이 되었다. 매일 목표를 성취했을 때 스스로를 칭찬하고, 일정 주기마다 작게나마 보상을 주며 동기를 유지했다. 이런 습관은 내 안의 자존감을 서서히 높였고, 더 큰 목표를 설정하고 도전할 수 있는 추진력을 만들어 줬다. 나는 루틴과 보상 시스템을 엮어 하나의 지속 가능 구조로 발전시켰고, 그것이 나의 삶을 바꾸는 핵심이 되었다.

결국, 꾸준함은 선택이 아니라 태도다. 회복 탄력성은 그 태도를 유지하기 위한 내면의 에너지다. 나는 실패를 회피하지 않고 직면했고, 분석했고, 바꿨다. 그러면서도 멈추지 않았고, 다시 시작했다. 나에게 대박 인생을 안겨 준 것은 단순한 근성이 아니라, 꾸준함을 습관화하고, 회복 탄력성을 시스템화한 전략적 실행력이었다. 나는 앞으로도 그 힘을 기반으로 더 많은 도전과 성장을 이어 갈 것이다.

2) 초대박 인생을 여는 내면의 엔진

초대박 인생이 오게 하는 방법으로 '나만의 꾸준함과 회복 탄력성'을 가졌을 때 얻을 수 있는 강점과 장점은 다음과 같다.

초대박 인생을 사는 사람들은 대부분 특별한 비밀이 있을 것 같지만, 그들이 가진 공통된 무기는 의외로 단순하다. 바로 꾸준함과 회복 탄력성, 이 두 가지 내면의 힘이다. 멋지게 시작하는 것보다, 끝까지 가는 것이 중요하고, 한 번의 실패에 멈추지 않고 다시 일어서는 태도가 성공의 판도를 바꾼다. 이 두 가지 자질이 결합되면 인생 전체를 선도할 수 있는 핵심 경쟁력을 갖게 된다.

첫째, 꾸준함은 복리로 작용하는 실력의 기반이다. 단 하루 1%씩만 나아가도 1년 뒤에는 완전히 다른 사람이 된다. 꾸준한 사람은 성과의 속도를 조급하게 바라보지 않는다. 매일의 루틴을 통해 자신만의 리듬을 만들고, 그 반복 속에서 점점 더 깊이 있는 역량을 키워 나간다. 특히 변화가 빠른 시대일수록 꾸준함은 예측 불가능한 외부 환경에 흔들리지 않는 '내부 기준'을 형성하는 무기가 된다. 결과가 없더라도 지속할 수 있는 힘, 그것이 꾸준함이 가진 가장 큰 자산이다.

둘째, 회복 탄력성은 실패를 자산으로 바꾸는 전환 능력이다. 실패 없는 성공은 없다. 그러나 실패를 경험하고도 다시 일어나는 사람은 극소수다. 회복 탄력성이 높은 사람은 좌절의 늪에서 오래 머물지 않고, 실패의 원인을 학습한 후 재도전에 나선다. 또한 감정의 회복이 빠르고, 스스로를 비난하지 않으며, 오히려 위기를 성장의 기회로 인식한다. 실패를 경험할수록 더 단단해지고, 멘탈이 강해지며, 결정적으로 더 현명한 판단력을 갖추게 된다.

셋째, 꾸준함과 회복 탄력성이 결합되면 압도적인 실행력이 생긴다. 실행력은 단순히 계획을 행동으로 옮기는 능력이 아니다. 중단하지 않고, 실수하더라도 다시 시작하는 힘까지 포함된다. 많은 사람이 완벽한 준비가 끝나야만 움직인다. 그러나 이 두 가지를 갖춘 사람은 불완전한 상태에서도 일단 실행하고, 넘어지면 복귀하고, 결국 성과를 낸다. 실행 → 실패 → 복기 → 재실행의 순환 구조를 반복할 수 있는 사람만이 장기적으로 초대박 인생의 트랙 위에 설 수 있다.

넷째, 자기 확신과 내면의 안정감이 커진다. 꾸준한 행동을 통해 "나는 해낼 수 있다."라는 자기 효능감이 쌓이고, 회복 탄력성 덕분에 실패 앞에서도 스스로를 잃지 않는다. 이는 곧 자신에 대한 깊은 신뢰로 이어지며, 어떤 위기나 변화 앞에서도 중심을 지킬 수 있는 힘이 된다. 외부의 인정이나 조건에 흔들리지 않고 스스로를 끌고 가는 리더십이 만들어진다. 이 내면의 확신은 초대박 인생의 원동력이다.

다섯째, 인간관계와 사회적 신뢰에서 우위를 점하게 된다. 꾸준한 사람은 주변 사람들에게 신뢰를 주고, 회복 탄력성이 높은 사람은 감정적으로 흔들리지 않기에 갈등 상황에서도 중심을 잡는다. 이 두 가지는 협업과 리더십에 모두 필요한 자질이며, 결국 사람을 이끄는 사람으로 성장하게 만든다. 초대박 인생은 혼자 이룰 수 없다. 꾸준함과 회복력은 관계의 내구성까지 함께 만들어 낸다.

기억하라. 한 번에 크게 이기는 사람보다, 오래 지치지 않고 계속 가는 사람이 이긴다. 꾸준함은 당신을 앞으로 밀어주고, 회복 탄력성은 당신이 멈추지 않도록 잡아 준다. 이 두 가지를 내면화한 순간, 초대박 인생은 선택이 아닌 필연이 된다.

3) 초대박 인생을 이끄는 꾸준함과 회복 탄력성의 법칙

초대박 인생이 오게 하는 '나만의 꾸준함과 회복 탄력성'을 갖출 수 있는 구체적 달성 방법은 다음과 같다.

(1) 일상을 바꾸는 작은 습관으로 시작하라

⊙ 꾸준함의 출발점

초대박 인생을 만드는 가장 강력한 무기는 '재능'도, '환경'도 아닌 꾸준함이다. 그러나 대부분의 사람은 이 꾸준함을 거창하게 시작하려 한다. 거대한 계획, 완벽한 일정표, 높은 목표⋯ 하지만 기억하라. 꾸준함은 작게 시작해야 크게 간다. 일상을 바꾸는 작은 습관 하나에서 모든 성공의 기초 체력이 만들어진다.

많은 사람이 꾸준하지 못한 이유는 의지가 부족해서가 아니라, 출발이 너무 무겁기 때문이다. 매일 10페이지씩 책을 읽겠다고 결심하면서도, 시작은커녕 책상 앞에 앉기도 벅차다. 이유는 간단하다. 습관이 아니라 결심으로 시작했기 때문이다. 결심은 감정에 휘둘리고, 습관은 시스템을 따른다. 그래서 초대박 인생을 원한다면, 거창한 계획보다 작은 루틴 하나를 정립하라.

　가장 먼저 해야 할 일은 '작고 구체적인 행동'으로 습관을 정하는 것이다. 예를 들어, "운동하겠다."라는 선언은 실패하기 쉽다. 하지만 "매일 아침 눈 뜨자마자 10분간 스트레칭을 하겠다."라는 습관은 유지될 가능성이 높다. 추상적인 다짐이 아니라, 측정 가능한 행동으로 루틴을 설계하라.

　다음은 습관을 일상 속에 '묶어 두는 기술'을 적용하는 것이다. 기존에 하고 있는 일과 새로운 습관을 연결하면 실천 확률이 급격히 올라간다. 이를 '습관 연쇄(Chain Habit)'라고 한다. 예를 들어 아침 세수 후 → 물 한 잔 마시기, 커피 내릴 때 → 오디오북 듣기처럼 이미 굳어진 행동에 새로운 습관을 끼워 넣는 방식은 꾸준함을 자연스럽게 만든다.

　또한, 성공의 기준을 '실행 여부'로 낮추어라. 결과 중심의 사고는 초반 루틴을 좌절시키기 쉽다. 예: "3kg 감량해야 해." → "오늘 식사 기록만 하자."로 바꾸라. 이런 사고 전환은 실패에 대한 압박을 줄이고, 행동의 지속성을 높여 준다. 작은 성공을 반복하며 뇌는 "나는 꾸준한 사람이다."라는 정체성을 형성하기 시작한다.

　꾸준함의 또 다른 비결은 기록이다. 습관 달성 체크리스트, 캘린더 표시, 메모 앱 활용 등으로 내가 쌓아 가고 있는 반복을 '눈에 보이게' 하라. 기록은 피드백이며, 피드백은 동기다. 눈에 보이는 성과는 자신감을 키우고, 자신감은 꾸준함의 연료가 된다.

　중요한 건 완벽함이 아니라, 복귀력이다. 습관을 빠트릴 때도 있고, 무너질 때도 있다. 그때 "나는 역시 꾸준하지 못해."가 아니라, "이틀 빠졌지만, 오늘 다시 한다."라고 말할 수 있어야 진짜 꾸준함이다. 꾸준한 사람은 실수하지 않는 사람이 아니라, 실수 후 돌아오는 사람이다.

그리고 습관에는 '의미 부여'가 필요하다. 단순한 반복은 지루하고 피로하다. 하지만 "이 아침 스트레칭은 내 하루 에너지를 채우는 출발점이다.", "이 글쓰기 30분은 내 인생을 바꾸는 투자다."라는 식으로 습관의 '정체성과 비전'을 부여하면, 꾸준함은 의무가 아니라 사명이 된다.

마지막으로, 꾸준함은 자기 사랑의 표현이다. 매일 나를 위해 반복하는 행동은 나 자신을 신뢰하는 기초가 된다. 나를 믿을 수 있을 때 비로소 외부의 불확실성에도 흔들리지 않는다. 초대박 인생은 그 무엇보다 '지속 가능한 나'를 만드는 일에서 시작된다.

기억하라. 하루 5분의 작은 습관이 1년 뒤 인생의 지형을 완전히 바꾼다. 지금부터 시작하라. 작게, 구체적으로, 그리고 매일 반복하라. 꾸준함은 특별한 능력이 아니라, '지속되는 작음'이 만든 기적이다.

(2) 동기부여 요소를 마련하라
⊙ 꾸준함을 유지하는 연료

꾸준함은 결심만으로 유지되지 않는다. 어느 누구도 매일 같은 열정과 집중력을 유지할 수 없다. 초반에는 의지로 밀어붙일 수 있지만, 시간이 지날수록 습관은 지치고, 동력은 떨어진다. 결국, 꾸준함을 유지하려면 반드시 지속 가능한 동기부여 시스템이 필요하다. 그것이 바로 꾸준함의 '연료'다.

가장 먼저 해야 할 일은, 내가 왜 이 루틴을 유지해야 하는지에 대한 이유를 명확히 하는 것이다. 단순히 "좋은 습관이니까."라는 막연한 이유는 약하다. "이 습관을 통해 나는 무엇을 얻고 싶은가?", "이 루틴이 내 인생의 어떤 방향성과 연결되는가?"라는 질문을 던지고, 명확한 답을 글로 써 보아야 한다. 동기란 '감정'이 아니라 '의미'에서 나온다. 의미 있는 습관만이 오래간다.

　두 번째는 단기 성취 지점을 설정하는 것이다. 장기 목표만 바라보면 루틴은 점점 무거워진다. 그러나 작은 이정표를 세우고, 그것을 통과할 때마다 성취감을 느끼면 행동은 가볍고, 유지력은 높아진다. '일주일간 빠지지 않고 실행하기', '10일 연속 루틴 유지 후 보상하기'처럼 짧고 분명한 기준을 설정하라. 루틴은 버티는 것이 아니라, 성취하며 가는 것이다.

　세 번째는 시각화 도구를 적극적으로 활용하는 것이다. 시각은 가장 강력한 동기부여 수단이다. 달력에 체크하기, 앱으로 루틴을 기록하기, 성취 그래프를 벽에 붙여 두기 등, 내가 하고 있는 노력이 '눈에 보이게' 만들면, 뇌는 그 행동을 더 가치 있게 인식하고 반복한다. 작더라도 시각적 진척이 눈에 들어오면, 꾸준함은 의무가 아니라 '성과 축적의 기쁨'으로 전환된다.

　네 번째는 감정에 의존하지 않고 감정을 조율하는 것이다. 사람은 누구나 귀찮고 하기 싫은 날이 있다. 그때 중요한 것은 '기분이 내키지 않더라도 움직이는 훈련'이다. 이 훈련이 반복되면, 루틴은 기분의 영향을 받지 않고 자동으로 작동하는 단계로 발전한다. 감정이 좋은 날만 실행하는 루틴은 불안정하다. 반면 감정이 어떻든 지속되는 루틴은 '강력한 무기'가 된다.

　다섯 번째는 보상의 구조를 설계하는 것이다. 인간은 결국 보상에 반응한다. 보상은 반드시 크거나 화려할 필요가 없다. '일주일간 루틴을 지키면 좋아하는 카페에 가기', '30일 달성 후 작은 선물 주기'처럼 실행과 결과 사이에 명확한 보상을 연결하라. 보상은 뇌의 보상회로를 자극하며, 다음 루틴의 지속성을 높여 주는 연료가 된다.

여섯 번째는 함께하는 사람을 만드는 것이다. 혼자만의 꾸준함은 외로워지기 쉽고, 무너질 때 다시 일으켜 줄 자원이 없다. 그러나 함께 실천하는 사람, 서로 점검하고 응원하는 파트너가 있다면 루틴은 공동의 약속이 되고, 책임감도 생긴다. '혼자 할 수 있는 일'이 아니라 '함께해서 더 오래가는 일'로 루틴을 전환하라. 사람은 가장 강력한 동기다.

마지막으로, 동기부여는 '기분'이 아니라 '환경'에서 나온다는 사실을 기억하라. 실행하기 쉬운 구조, 방해 요소 없는 공간, 나를 자극하는 책상 위 문구 하나까지 모두 동기의 일부다. 매일 같은 시간, 같은 장소, 같은 방식으로 루틴을 반복할 수 있는 환경을 만든다면, 꾸준함은 의지가 아닌 시스템으로 유지된다. 루틴의 지속은 결국 '환경 설계'의 승부다.

기억하라. 습관을 만드는 것은 어렵지 않다. 진짜 힘든 건 그것을 지속하는 일이다. 그리고 지속을 가능하게 만드는 것은 바로 끊임없이 보강되는 동기 시스템이다. 초대박 인생은 꾸준함이 만든 결과이며, 그 꾸준함은 동기부여라는 연료를 통해 살아 숨 쉰다.

(3) 매 순간 성취를 느껴라

→ 일상이 주는 가장 위대한 보상, 성취감의 힘

꾸준함이 무너지기 쉬운 결정적 이유는 '보상 체감의 부재'다. 사람은 당장의 만족이나 기쁨이 느껴지지 않으면 쉽게 동기를 잃는다. 아무리 의미 있는 루틴이라도 성취를 전혀 느끼지 못하면 반복이 지루함으로 변하고, 결국 포기로 이어진다. 초대박 인생은 거대한 성과로만 이루어지는 것이 아니라, 일상의 작은 성취를 매 순간 느낄 줄 아는 사람에게 주어지는 상이다.

많은 사람이 결과가 있어야만 성취라고 여긴다. 하지만 진짜 성취는 결과가 아니라 과정 중에서 자각된다. 오늘 하루 루틴을 지킨 것, 어제보다 한 문장 더 잘 쓴 것, 새로운 아이디어가 떠올랐던 순간, 고객의 미묘한 반응을 이끌어 낸 대화 하나가 모두 성취다. 이 작고 섬세한 경험들을 자각하지 못하면, 우리는 계속해서 '나는 아직 멀었다.'라는 결핍의 프레임에 갇히게 된다.

그래서 가장 먼저 해야 할 일은 성취의 기준을 재정의하는 것이다. 남과 비교하거나 결과만으로 판단하지 말고, 오직 '어제보다 나아졌는가?', '오늘의 내가 나에게 부끄럽지 않은가?'를 기준으로 삼아야 한다. 자기 기준 안에서 매일 성장의 흔적을 발견하는 능력, 그 감각이 바로 꾸준함을 유지하는 힘이다. 성취란 도착점이 아니라 인식의 기술이다.

이 성취를 더 깊게 체감하려면 기록하라. 오늘 잘한 세 가지를 적어 보는 습관만으로도 뇌는 '나는 전진 중이다.'라는 신호를 받아들이게 된다. 기록된 성취는 시각화되고, 시각화된 성취는 동기부여가 된다. 이 단순한 피드백 루틴 하나가 자기 효능감을 회복시키고, 내일도 다시 루틴을 실행하게 만드는 내적 시스템이 된다.

중요한 것은 이 성취가 감정적으로 느껴지도록 '체화'시키는 것이다. 단순히 인식만 하고 지나치지 말고, 스스로를 칭찬하고 감정을 이입해야 한다. "지금, 이 습관이 나를 만든다.", "나는 해내고 있다."라는 자기 확언을 반복할수록 성취감은 강화된다. 반복된 성취감은 결국 '나는 매일 성장하고 있다.'라는 신념을 만들고, 이 신념은 습관을 장기적 성과로 연결시킨다.

또한, 루틴에 의미를 부여해야 한다. 운동은 단순한 체중 조절이 아니라 활기찬 삶의 기반이고, 독서는 단순한 정보 수집이 아니라 영향력 있는 언어의 축적이다. 의미 있는 루틴은 작아도 위대하게 느껴진다. 성취감은 감정이 아니라, 행동에 깃든 가치를 인식하는 태도에서 나온다.

이러한 성취는 타인과의 연결 속에서 더욱 확장된다. 내 루틴이 누군가에게 영감을 주고 있다는 사실을 인식하는 순간, 단순한 습관도 사명감으로 격상된다. 혼자만의 성취가 아닌, 누군가와 나누는 가치가 되었을 때, 성취감은 단순한 기쁨이 아니라 지속 가능한 에너지가 된다.

마지막으로 성취를 '성과'로 연결해 주는 마감 지점을 정하라. 예를 들어, 30일간 루틴을 유지했다면 그것은 하나의 프로젝트 완료다. 이 축적된 기록이 당신의 자산이 되며, 다음 단계의 도전을 가능하게 한다. 작은 성취들이 모여 결국 초대박 인생의 기반이 된다.

기억하라. 꾸준함은 결심이 아니라 감정에서 출발하고, 감정은 성취에서 비롯된다. 작게라도 느끼고, 작게라도 자각하고, 매일 '나는 해내고 있다.'라는 신호를 뇌에 주입하라. 당신이 오늘 느끼는 그 작은 성취감이, 내일의 운명을 바꾼다.

(4) 감정을 효과적으로 관리하라

⊙ 멘탈 관리의 기술

꾸준함은 감정의 지배를 받지 않을 때 지속된다. 감정이 들쭉날쭉하면 루틴도 흔들리고, 결국 계획과 의지는 현실 앞에서 무력해진다. 초대박 인생을 살고자 한다면 반드시 배워야 할 기술이 있다. 그것은 바로 감정을 다스리는 능력, 즉 멘탈 관리다. 아무리 똑똑하고 계획이 뛰어나도 감정에 끌려다니는 사람은 결코 큰 흐름을 주도하지 못한다.

감정은 본능이지만, 관리할 수 있다. 가장 먼저 해야 할 일은 자신의 감정 패턴을 인식하는 것이다. 언제 불안이 커지고, 어떤 상황에서 동기부여가 떨어지며, 누구와의 관계가 에너지를 소모시키는지를 명확히 파악해야 한다. 감정은 갑자기 나타나는 것이 아니라, 패턴에 따라 작동한다는 사실을 이해하라. 인식은 통제의 출발점이다.

다음은 감정을 억누르거나 피하려 하지 말고 적절히 해석하고 분리하는 기술을 익혀야 한다. '불안하다', '짜증 난다', '우울하다'라는 감정 그 자체보다, 그 감정을 바라보는 관점이 문제를 키운다. "지금, 이 감정은 나를 보호하려는 신호인가?", "이 불편함이 나에게 알려 주려는 메시지는 무엇인가?"라고 물어보면, 감정은 적이 아니라 정보가 된다. 감정을 도구화하라.

감정은 몸과 연결되어 있다. 따라서 멘탈 관리는 몸 상태의 관리와 함께 이루어져야 한다. 수면 부족, 과로, 소화 불량은 감정을 불안정하게 만들고, 루틴 유지에도 악영향을 준다. 매일 일정한 시간에 자고, 규칙적으로 식사하며, 산책이나 가벼운 운동을 통해 몸에 생기를 불어넣어야 한다. 멘탈의 힘은 신체의 에너지에서 출발한다.

하루 중 감정이 가장 무너지는 시간대를 파악하고, 그 시간에 대비된 '멘탈 리셋 루틴'을 준비해 두는 것도 효과적이다. 예를 들어, 오후 3시 이후 집중력이 떨어지는 시점에 10분간 명상하거나, 짧은 음악을 듣는 시간을 두는 식이다. 감정을 관리한다는 것은, 미리 무너질 순간을 알고 그 순간에 대처할 장치를 갖춘다는 뜻이다.

또한, 감정은 말로 풀수록 다스려진다. 매일 짧은 감정 일기를 쓰거나, 신뢰할 수 있는 사람과의 대화를 통해 내면을 정리하는 시간을 가져보라. 억눌린 감정은 루틴을 깨지만, 표현된 감정은 에너지를 회복시킨다. 감정을 밖으로 꺼내는 행위는 루틴을 보호하는 정화 과정이다.

비교 감정도 멘탈을 약화시키는 대표적인 독소다. 남들과 비교해 초조해지고, 자책하며 자신을 깎아내리는 감정은 성과와 전혀 관계없는 피로를 유발한다. 자신의 기준, 자신의 리듬, 자신의 미션에 집중하라. 내가 정한 프레임 안에서만 감정을 운영하는 사람만이 멘탈의 주도권을 가진다.

마지막으로, 루틴과 목표를 감정이 아닌 '원칙'으로 관리하는 시스템을 갖춰야 한다. 기분이 좋을 때만 실행하는 사람은 결국 감정의 노예가 된다. 반면 기분과 관계없이 움직이는 사람은 시스템의 주인이 된다. 감정이 들떠도 루틴을 지키고, 감정이 무너져도 계획대로 움직일 수 있어야 진짜 강하다. 멘탈 관리란 감정의 파도 위에 흔들리지 않는 중심을 세우는 일이다.

기억하라. 꾸준함은 감정이 아닌 구조에서 나오고, 구조는 감정에 끌려다니지 않는 원칙에서 시작된다. 감정을 적으로 보지 말고, 조율할 수 있는 에너지로 바꾸는 사람. 그 사람이 결국 초대박 인생의 속도와 방향을 주도하게 된다.

(5) 변화에 능동적으로 대응하라

⊙ 변화에 흔들리지 않는 적응력 키우기

변화는 예고 없이 찾아온다. 예측 불가능한 시대, 급변하는 환경 속에서 중요한 것은 완벽한 계획이 아니다. 핵심은 얼마나 빠르고 유연하게 적응하는가다. 초대박 인생은 변화에 휩쓸리는 사람이 아니라, 변화를 받아들이고 방향을 주도하는 사람에게 주어진다. 시대는 정답을 가진 자보다, 반응을 잘하는 자를 살아남게 한다.

변화 앞에서 무너지는 사람은 대개 두려움에 사로잡혀 있다. 익숙함을 놓는 것이 불안하고, 새로운 것을 배우는 것이 고통스럽기 때문이다. 하지만 기억하라. 변화는 언제나 성장의 기회를 품고 있다. 성장은 안전지대 밖에서 일어나고, 적응력은 불확실성을 통과하면서 길러진다. 그러므로 변화를 회피하지 말고 먼저 다가가라. 내가 먼저 선택한 변화는 위협이 아니라 도약이다.

변화에 능동적으로 대응하려면, 먼저 기민한 관찰력이 필요하다. 트렌드의 흐름, 사람들의 요구, 시장의 움직임, 기술의 발전 등 외부의 변화 징후를 민감하게 읽어 내야 한다. 작은 징후에 반응하는 능력은 갑작스러운 위기에서 기회를 발견하게 하고, 누구보다 빠르게 방향을 전환하게 해 준다. 성공은 결국 빠른 적응력에서 파생된 선택의 결과다.

또한, 내면의 유연성도 중요하다. 완고한 사고방식, 고정된 자기 이미지, '원래 하던 방식'에 대한 고집은 변화 앞에서 나를 가장 먼저 무너뜨리는 장애물이다. 반면, 자신을 끊임없이 점검하고, 필요할 때 과감하게 '새로운 나'로 갈아탈 줄 아는 사람은 환경의 변화를 오히려 성장의 도구로 삼는다. 변화는 나를 무너뜨리는 것이 아니라, 나를 재정비하게 만든다.

실행 관점에서 변화에 적응하려면 플랜 B와 유연한 전략 구조가 필요하다. 하나의 길만 바라보고 움직이는 것은 불확실성에 무방비로 노출되는 것이다. 여러 시나리오를 준비하고, 핵심 목표는 유지하되 방법은 유동적으로 가져가라. 변하지 않아야 할 것과 유연하게 바꿔야 할 것을 구분하는 능력이, 변화의 물결 위에서 균형을 잡게 해 준다.

정서적 측면에서 변화에 대응하려면 회복 탄력성을 내면화해야 한다. 갑작스러운 실패나 방향 수정은 감정적으로 부담을 준다. 하지만 그때일수록 "지금은 전환의 순간이다.", "변화는 내 선택을 넓히는 기회다."라는 식의 언어적 재프레이밍이 필요하다. 감정은 변화보다 느리게 반응한다. 생각을 먼저 바꿔야 감정이 뒤따르고, 감정이 따라야 행동이 가능해진다.

　변화는 나를 성장하게 하는 도구가 될 수도 있고, 나를 혼란에 빠뜨릴 변수가 될 수도 있다. 그 차이는 바로 내가 변화를 어떻게 해석하고 반응하느냐에 달려 있다. 적응력은 버티는 기술이 아니라, 해석의 기술이다. 변화가 왔을 때 "왜 지금?"이 아니라, "이 변화 속에서 나는 무엇을 할 수 있는가?"라고 질문하는 사람이 바로 환경을 주도하는 사람이다.

　마지막으로, 능동적 적응력은 반복 훈련으로 체득된다. 작은 변화를 일부러 일상에 끌어들이는 습관을 들여라. 익숙한 길이 아닌 다른 길로 걷기, 새로운 방식으로 일 처리하기, 한 달에 한 번은 완전히 새로운 영역을 경험하기 같은 루틴을 통해 내면의 유연성을 키워야 한다. 작은 변화에 강한 사람만이 큰 변화 앞에서 흔들리지 않는다.

　기억하라. 변화는 위기가 아니라, 적응하는 자에게만 허락되는 성장의 무대다. 변화를 두려워하지 말고, 기회로 해석하고, 그 안에서 나를 새롭게 정의하라. 초대박 인생은 결국 변화에 능동적으로 적응해 낸 자의 삶이다.

(6) 완벽주의를 피하라
⊖ 진전을 위한 유연성

　꾸준함의 적은 게으름이 아니다. 오히려 완벽주의가 꾸준함을 가장 먼저 무너뜨린다. 완벽하게 시작해야 한다는 강박, 실수 없이 진행되어야 한다는 집착, 계획대로 흘러가지 않으면 무가치하다는 인식은 행동을 늦추고, 실행을 마비시킨다. 초대박 인생을 사는 사람들은 완벽하게 하지 않는다. 그들은 불완전한 상태로도 밀고 나가며, 진행 중에 완성시켜 나간다.

완벽주의는 겉보기엔 성실하고 철저해 보이지만, 실상은 두려움에서 비롯된 방어기제다. 실수에 대한 불안, 평가에 대한 예민함, 통제되지 않는 상황에 대한 불편함이 완벽이라는 허상 뒤에 숨어 있다. 그러나 진짜 실행력은 불완전함을 받아들이는 태도에서 나온다. 시작은 조잡해도 괜찮다. 중요한 건 시작했고, 지속하고 있으며, 나아가고 있다는 사실이다.

첫 번째로 해야 할 일은 기준을 '완성'이 아니라 '진전'으로 바꾸는 것이다. 하루 한 줄이라도 글을 썼다면 전진한 것이고, 피곤한 날에도 10분이라도 루틴을 지켰다면 그것은 이미 성공이다. "완벽히 했는가?"보다 "전보다 나아졌는가?"를 기준으로 판단하라. 꾸준함은 비교가 아니라 누적이고, 성공은 완성보다 지속의 결과다.

두 번째는 '결과'보다 '패턴'을 신뢰하는 사고를 갖는 것이다. 한 번의 완벽한 결과보다 중요한 건 매일 반복되는 루틴이라는 패턴이다. 성공은 한 번의 대단한 순간이 아니라, 평범한 하루가 쌓여 이뤄지는 과정이다. 완벽을 위한 준비는 끝나지 않는 시작을 만들고, 패턴을 믿는 사람은 불완전해도 매일 한 걸음씩 내디딘다. 시작이 완벽할 필요는 없다. 끝이 완성되면 된다.

세 번째는 실패와 불완전함을 학습의 재료로 받아들이는 마인드셋을 갖추는 것이다. 완벽주의자는 실패를 회피하고, 실행을 미루고, 스스로를 자책한다. 반면 유연한 사람은 실패를 '진행 과정 중 하나'로 인식하고, 그 속에서 피드백을 찾아낸다. 루틴이 깨졌다면 왜 깨졌는지를 분석하고, 다시 조정하면 된다. 문제는 실수가 아니라, 회복하지 않는 것이다.

네 번째는 '최대한 잘하기'보다 '최소한 실행하기'를 우선하는 전략이 필요하다. 힘든 날엔 루틴의 강도를 낮추되, 흐름 자체는 멈추지 않도록 하라. 운동을 1시간 못 하겠다면 스트레칭이라도 하고, 콘텐츠를 만들 여력이 없다면 아이디어 메모만 남겨도 좋다. 이런 유연함이 루틴을 이어 주고, 루틴의 지속이 결국 진짜 완성을 만든다. 완벽은 흐름을 끊고, 유연함은 흐름을 살린다.

다섯 번째는 비교를 내려놓는 것이다. 완벽주의는 타인의 성과와 나를 비교하면서 증폭된다. 남들은 깔끔하게 잘 해내는 것 같은데, 나는 항상 부족하고 어설퍼 보일 때, 자존감은 떨어지고 멈추고 싶어진다. 하지만 비교는 착시다. 누구나 처음은 엉성하고 불완전했다. 중요한 건 완성도가 아니라 '내 속도'로 계속 가고 있다는 사실이다. 완벽보다 성실이 오래간다.

마지막으로, 루틴은 완벽하게 맞아떨어지는 시스템이 아니라 끊임없이 조정되는 유기적 흐름이어야 한다. 피곤한 날, 환경이 바뀐 날, 기분이 흔들린 날은 전혀 다른 루틴이 필요할 수 있다. 그때마다 유연하게 대응하며 구조를 바꾸고, 핵심만 유지해 가는 사람이 진짜 성과를 만든다. 완벽하게 계획한 삶은 무너지고, 유연하게 적응하는 삶은 축적된다.

기억하라. 완벽하지 않아도 된다. 완벽하려고 하지 말고, 계속하라. 지금 당장은 부족해도, 매일 움직이는 당신이 결국 완성의 주인공이 된다. 초대박 인생은 완벽한 사람의 것이 아니라, 멈추지 않는 사람의 것이다.

나만의 스트레스 해소 방법 10가지

1. 턱걸이 1번 25회, 4번 하기(총 100번)
2. 스쾃 1번 100회, 4번 하기(총 400번)
3. 헬스장 가서 3시간 이상 운동하기
4. 산책 3시간 이상 하기
5. "힘들 때는 내 인생 중 가장 힘들었을 때를 생각하라!" 크게 외치기 100회
6. "나는 질 때마다 이기는 법을 배운다!" 크게 외치기 100회
7. "나는 나쁜 일이 생기면 반드시 더 좋은 일이 생긴다!" 크게 외치기 100회
8. 회음 호흡과 명상 30분 이상 하기
9. 과거 최악의 상황과 전화위복의 사례 기억 회상 30분 이상 하기
10. 소고기 400g 이상 배 터지게 먹고 일찍 자기

05

나만의 돈 불리는
능력을 일구어라!

1) 자본주의 사회에서
   나만의 돈 불리는 능력 키우기

　내 인생에서 가장 뼈아픈 후회가 있다면, 그것은 오랜 세월 직장에 다니면서도 '돈 불리는 능력'을 키우지 못했다는 사실이다. 젊었을 때, 나는 막연한 믿음을 가졌다. '언젠가는 나에게도 기회가 올 것이고, 그때쯤이면 뭔가 나아지겠지.' 그렇게 생각하며 하루하루 버티는 데 급급했다. 하지만 현실은 너무도 잔인했다. 예고 없이 닥친 강제퇴직의 순간, 나는 그동안 쌓아 온 모든 것이 무너지는 경험을 했다. 성실히 일하고, 야근을 마다하지 않고, 묵묵히 견디며 30년을 보냈지만, 그 결말은 명예퇴직금을 1원도 받지 못하는 차가운 퇴직 통보서 한 장이었다.

　퇴직 이후의 삶은 상상 이상으로 혹독했다. 수입은 끊기고 지출은 줄어들지 않았다. 통장 잔고는 모래처럼 스르르 빠져나갔고, 마치 바닥이 없는 어둠 속으로 빠져드는 기분이었다. 앞으로 살아야 할 시간이 아직 수십 년 남았다는 사실이 오히려 두려움이 되었다.

　또한, 현실은 내가 40년 넘게 부모를 부양했음에도 불구하고, 자식들에게는 아무것도 기대할 수 없는 시대가 되었다. 자식들은 각자의 삶이 너무 벅찼고, 나 역시 그들을 원망할 수 없었다. 나는 부모를 모신 마지막 세대였고, 자식에게 부양받지 못하는 첫 세대가 되었다. 곧 노인 빈곤층으로 전락하여 향후 내 앞에 펼쳐질 노후가 축복이 아닌 비참하고 처참한 재앙이 될 수밖에 없는 불 보듯이 뻔한 사실에 나는 더욱더 참담함을 느꼈다.

　지나간 시간을 돌아보면 한 가지는 분명했다. 나는 너무도 안일한 생각 속에서 안주하고 있었고, 그런 자신을 용서할 수 없었다. 월급을 꼬

박꼬박 받으며 '저축만 하면 언젠가 나아지겠지.' 했던 그 기대가 얼마나 무모했던가. 『부자 아빠 가난한 아빠』라는 책을 이미 30년 전에 읽었지만, 행동으로 옮기지 않았다. '바쁘다'라는 핑계로, '지금은 여유가 없다'라는 자기합리화로, 나는 가장 중요한 경제적 훈련을 외면하고 말았다. 그리고 그 대가는 혹독했다.

퇴직 후, 나는 어둠 속에서 방황했다. 매일 밤, 눈을 감으면 스스로에 대한 원망과 절망이 몰려왔다. "왜 그때 준비하지 않았을까?", "왜 그렇게 안일하게 살았을까?" 그 물음들이 내 안에서 메아리쳤다. 무엇보다 경제적 능력은 누구도 대신 키워 줄 수 없다는 진리가 너무 늦게 나를 찾아왔다.

살아남기 위해 나는 주식 투자에 뛰어들었다. 하지만 그 시작은 무모했고, 결과는 치명적이었다. 제대로 된 지식도 없이, 조급한 마음에 무리한 투자를 반복했고, 손실은 눈덩이처럼 불어났다. 하루가 멀다 하고 후회가 쌓였고, 나는 스스로를 믿지 못하게 되었다. 이제는 분명하게 말할 수 있다. 자본주의 사회에서 경제적 자유를 얻기 위해서는 단순한 저축이나 근면만으로는 절대 부족하다. 안 먹고, 안 쓰고 매년 천만 원을 저축한다 해도 30년을 모아야 3억 원 남짓이다. 이는 경제적 자유는커녕 평범한 노후조차 보장하기 어려운 금액이다.

따라서 반드시 필요한 것이 있다. 바로 돈을 불리는 능력, 즉 자산을 스스로 증식시키는 기술이다. 나도 이 진리를 외면하고 살았다. 월급에만 의존한 삶은, 퇴직과 동시에 붕괴되었다. 부동산 투자도 무지하게 뛰어들었다가, 실패를 맛보았다. 집을 팔고 전세로 옮긴 후 남은 돈으로 땅을 샀지만, 오히려 집에 투자한 것보다도 못한 참담한 결과를 보았다. 투자 지식 없이 움직인 결과는 늘 똑같았다. 후회. 손실. 무기력. 이제는 알았다. 지식이 없는 투자는 도박이며, 공부하지 않는 투자는 무모함이다. 경제적 자유를 원한다면 반드시 투자 공부를 해야 한다. 책을 읽고, 시장을 분석하고, 현장을 발로 뛰며 감각을 익혀야 한다. 중개업자나 지인의 말에만 의존해선 안 된다. 투자란 결국 내 돈을 책임지는 일이다.

돈이란 단순한 숫자가 아니다. 그것은 삶의 질, 자존감, 선택권, 존엄과 직결된다. 자본주의 사회에서 돈이 없다면 아무리 성실해도, 아무리 착해도 자유를 얻을 수 없다. 돈이 없으면 병원도, 교육도, 여가도 모두 제한된다. 그리고 늙어서는 누구도 나의 생계를 대신해 주지 않는다.

자식도, 국가도, 사회도 내 노후를 책임지지 않는다. 나는 40년 넘게 부모를 봉양했다. 하지만 내 자식은 그렇지 않다. 그들도 살기 바쁘고, 자기 삶이 감당조차 되지 않는다. 그걸 원망해서는 안 된다. 그건 시대가 바뀐 것이다. 그렇다면 방법은 하나다. 내가 나의 노후를 책임지는 능력, 바로 돈을 불리는 능력을 지금 이 순간부터 키우는 것이다. 돈 불리는 능력은 하루아침에 만들어지지 않는다. 하지만 누구나 훈련할 수 있다. 적은 금액이라도 정기적으로 투자하고, 경제 흐름을 읽는 훈련을 하고, 좋은 책을 읽고, 투자자와 교류하고, 실패도 기록하며 복기한다. 이러한 작은 반복이 쌓이면 반드시 변화가 온다. 나도 그렇게 살아남았고, 65세에 마침내 경제적 자유를 이루었다. 그 자유는 절대 남이 만들어 주지 않는다. 오직 스스로 만들어야만 진짜 자유가 된다. 지금 당신이 어디에 있든 상관없다.

지금부터 시작하면 된다. 지금 이 글을 읽는 이 순간부터, 당신의 경제적 자유는 시작된다. 책을 펴고, 지갑을 관리하고, 하루 10분이라도 투자 공부를 시작하라. 그것이 바로 당신이 나와 같은 후회를 반복하지 않는 가장 현실적인 출발선이다. 지금 당장 시작하라. 당신의 인생은 오직 당신의 손으로 바꿀 수 있다. 지금, 당신만의 돈 불리는 능력을 일구어라. 다음 표와 같이 당신이 매년 20%의 수익률을 거두는 '돈 불리는 능력'을 일구면, 당신은 초대박 인생을 누릴 수 있다.

수익비교표

모은 돈을 복리효과를 통해 불리는 것이 중요

	0년	1년	2년	3년	4년	5년	6년	7년	8년	9년	10년	40년
1. 원금100 + 매년 20저축	100	120	140	160	180	200	220	240	260	280	300	900
2. 원금100 + 매년 연수익률 20%	100	120	144	173	207	249	299	358	430	516	619	146,900
3. 원금100 + 매년 20저축 + 매년 연수익률 20%	100	140	188	245	314	397	493	612	754	925	1,130	146,900+알파
1. 원금100 + 매년 20저축	100	120	140	160	180	200	220	240	260	280	300	900
2. 원금100 + 매년 연수익률 30%	100	130	169	220	286	372	484	629	818	1,063	1,382	3조 6천억
3. 원금100 + 매년 20저축 + 매년 연수익률 30%	100	150	215	300	410	553	739	981	1,295	1,704	2,235	3조 6천억+알파

2) 나만의 돈 불리는 능력, 초대박 인생의 시작

초대박 인생이 오게 하는 방법으로 '나만의 돈 불리는 능력'을 가졌을 때 얻을 수 있는 강점과 장점은 다음과 같다.

첫째, 경제적 독립과 자유를 누리게 된다. 돈을 불리는 능력을 가진 사람은 타인이나 사회적 조건에 의존하지 않고 삶을 스스로 통제할 수 있다. 경제적 독립은 단순히 돈의 많고 적음을 넘어 삶의 선택권과 자유를 의미한다. 이는 삶의 질을 높이고 중요한 결정들을 내릴 때 경제적 제약에서 자유로워지게 한다. 또한, 경제적 자유는 마음의 여유를 제공하고, 개인적 꿈과 비전을 실현하는 강력한 추진력이 된다.

둘째, 자신감과 자기 효능감이 크게 증가한다. 돈을 불리는 능력이 뛰어난 사람은 자신의 선택과 판단을 신뢰한다. 투자와 자산 관리에서의 성공 경험이 반복될수록 자기 능력에 대한 믿음이 강해지고, 더 큰 목표에 도전하는 자신감을 키우게 된다. 자기 효능감의 증가는 삶의 다양한 영역에서도 적극적인 태도를 갖게 하며, 개인의 지속 가능한 성장을 촉진하는 밑바탕이 된다.

셋째, 장기적인 미래 설계 능력이 향상된다. 돈을 불리는 능력을 가진 사람은 단기적 이익보다는 장기적 성장과 안정성을 우선시한다. 장기적 관점에서 재무적 목표와 계획을 명확히 설정하고, 이를 달성하기 위한 구체적인 전략을 마련한다. 이 능력은 인생 전체의 재정적 안정을 보장하며, 갑작스러운 위기나 변화에도 흔들림 없는 삶의 토대를 만들어 준다.

넷째, 스트레스와 불확실성을 효과적으로 관리할 수 있게 된다. 돈을 관리하고 늘릴 수 있는 능력은 예기치 않은 경제적 위기 상황에서도 효과적으로 대응하는 힘을 제공한다. 자산 관리 능력이 뛰어난 사람은 리스크 관리와 자산 배분 전략으로 불확실성에 미리 대비한다. 갑작스러운 경제 위기나 개인적 재정 문제에도 침착하게 대응할 수 있어 스트레스 상황에서 더욱 강한 회복력을 발휘할 수 있다.

다섯째, 인간관계의 질적 향상과 확장이 가능하다. 돈을 불리는 능력을 가진 사람은 금전적 성공뿐 아니라 사람과의 신뢰를 바탕으로 긍정적인 관계 구축에도 유리하다. 경제적 능력과 안정성은 주변 사람들로부터 인정과 존경을 받게 하며, 타인에게 긍정적 영향력을 행사할 기회를 증가시킨다. 또한, 경제적 여유는 공동체에도 기여할 수 있는 여력을 제공하며, 더 나은 인간관계를 형성하고 신뢰 기반의 네트워크를 구축하는 데 도움을 준다.

마지막으로, 삶의 선택권이 넓어지고 다양한 기회를 얻을 수 있다. 돈을 효과적으로 불리는 사람은 원하는 때에 원하는 방식으로 투자하고 소비할 수 있다. 여행, 교육, 여가 생활 등 다양한 분야에서 폭넓은 선택권을 가지고 인생 경험을 풍요롭게 만들 수 있다. 또한, 경제적 안정성을 바탕으로 새로운 투자 기회를 잡거나 자기계발에 적극적으로 투자할 수 있는 여력이 생긴다. 결과적으로 삶의 질과 행복감을 크게 높이고, 초대박의 가능성을 더욱 자주 경험할 수 있게 된다.

3) 초대박 인생을 위한 부의 황금 열쇠

초대박 인생이 오게 하는 '나만의 돈 불리는 능력'을 갖출 수 있는 구체적 달성 방법은 다음과 같다.

(1) 명확한 경제적 목표를 세워라

⊙ 경제적 자유의 첫걸음

돈은 흐름이다. 그러나 방향 없이 흐르는 돈은 금세 사라진다. 돈을 제대로 다루려면 가장 먼저 해야 할 일은 '얼마를 벌 것인가'가 아니라 '왜 벌 것인가'와 '얼마가 필요한가'를 명확히 하는 것이다. 경제적 자유는 소득이 많다고 얻어지는 것이 아니다. 그것은 명확한 목표와 계획을 가진 사람만이 누릴 수 있는 상태다.

대부분의 사람은 돈을 원한다고 말하면서도, 정확히 얼마나 필요한지 모른다. "부자가 되고 싶다."라는 말은 듣기 좋지만, 현실에서 실행 가능한 전략은 되지 못한다. 초대박 인생을 위해서는 반드시 수치화된 목표가 필요하다. "나는 3년 안에 월 순수익 1000만 원을 만들고, 10년 안에 자산 10억 원을 달성하겠다."라는 식의 구체적인 선언이 있어야만 행동이 집중되고 전략이 만들어진다.

목표는 추상적 바람이 아닌, 계획 가능한 숫자여야 한다. 이를 위해선 먼저 현재 자신의 경제적 상태를 정확히 파악해야 한다. 매월 고정 지출은 얼마인지, 순자산은 어느 수준인지, 수입의 구조는 어떤 형태로 이루어져 있는지 정리하라. 이 진단 없이는 목표가 공중에 떠 버린다. 현실 기반 없는 경제 목표는 욕심일 뿐 전략이 아니다.

다음으로 해야 할 일은 목표를 단계별로 쪼개는 것이다. '경제적 자유'라는 궁극적 상태를 향해 지금 무엇을 해야 하는지, 월 단위, 분기 단위로 계획을 나누고 구체적인 실천 항목을 설정하라. 예를 들어 '1단계: 지출 구조 최적화', '2단계: 고정 수입 외 파이프라인 추가', '3단계: 투자 자산으로 소득 분산' 등으로 나누면 실행력이 높아진다. 경제적 목표는 쪼갤수록 현실에 가까워진다.

또한, 경제 목표에는 반드시 시간제한(Time frame)이 있어야 한다. 기한 없는 목표는 긴장감을 주지 못하고, 우선순위에서도 밀린다. '언젠가는'이라는 말은 루틴을 무너뜨리는 가장 위험한 신호다. 목표에는 '언제까지', '어떻게', '얼마만큼'이라는 구체적 조건이 따라야만 한다. 목표는 명확할수록 운을 끌고 오고, 흐릴수록 시간을 흘려보낸다.

중요한 건, 이 목표가 자기 삶의 의미와 연결되어 있어야 한다는 점이다. 단순히 돈을 많이 벌기 위함이 아니라, 왜 그 돈이 필요한가, 그 돈으로 어떤 삶을 살고 싶은가를 자문해야 한다. 돈을 목표로 삼으면 쉽게 지치지만, 돈을 수단으로 삼으면 절대 멈추지 않는다. 목표가 클수록,

그 목표에 실리는 감정과 철학이 선명해야 한다.

그리고 목표는 선언하는 것으로 끝나선 안 된다. 매일 그것을 상기해야 한다. 종이에 적고, 스마트폰 배경 화면에 넣고, 루틴 노트에 반복해서 쓰며 뇌에 각인시키라. 뇌는 반복되는 언어에 반응하고, 반복된 명령에 따라 환경을 재구성한다. 명확한 목표는 의식을 각성시키고, 무의식을 동원하여 자원을 끌어오는 자석이 된다.

마지막으로 목표는 나만의 방식으로 만들어져야 한다. 누구의 기준도 아닌, 나의 인생에서 진정으로 필요하고 나를 뜨겁게 하는 숫자여야 한다. 그 목표가 사회적 허영이 아니라 내 삶의 본질과 연결되어 있을 때, 우리는 돈에 휘둘리지 않고, 돈을 도구로 다루는 사람이 된다. 초대박 인생은 돈의 크기로 결정되지 않는다. 명확한 목표를 가진 돈만이 진짜 자유를 선사한다.

기억하라. 돈을 버는 것보다 먼저 할 일은 방향을 세우는 것이다. 수치화하라. 시각화하라. 매일 떠올려라. 명확한 경제적 목표는 초대박 인생의 출발점이자, 재정 자유를 여는 가장 강력한 첫걸음이다.

(2) 재정 상태를 적극적으로 통제하라

⤳ 효과적인 예산 관리하기

돈은 관리하지 않으면 반드시 사라진다. 많은 사람이 "돈이 모이지 않는다."라고 말하지만, 사실 돈이 없는 것이 아니라 어디로 흘러갔는지 모르기 때문에 쌓이지 않는 것이다. 초대박 인생을 살고 싶다면, 가장 먼저 해야 할 일은 자신의 돈의 흐름을 장악하는 것이다. 벌기보다 중요한 건, 흐름을 설계하고 통제하는 힘이다.

경제적 성공은 우연히 만들어지지 않는다. 수입이 늘어나는 속도보다 지출이 통제되는 강도가 더 중요하다. 연봉이 올라도 씀씀이는 그대로 거나 더 커지면, 재정 상태는 오히려 악화된다. 그래서 먼저 할 일은 '내 돈이 정확히 어디에 쓰이고 있는가'를 파악하는 것이다. 가계부, 가계 앱, 엑셀 정리 등 어떤 방식이든 상관없다. 중요한 건 수치를 직면하는 것이다.

예산 관리는 단순한 절약이 아니다. 그것은 돈이 나가는 방향을 의식적으로 설계하는 과정이다. 지출은 크게 세 가지로 나뉜다. 생존을 위한 지출, 소모적인 지출, 미래를 위한 지출. 이 세 가지 항목에서 가장 많이 차지하는 영역이 어디인지 분석해 보라. 소모적인 지출이 과도하게 많다면 루틴을 수정해야 하고, 미래를 위한 지출이 지나치게 적다면 전략을 재구성해야 한다.

다음은 고정 지출과 변동 지출을 구분하고, 각 항목의 비율을 설정하는 것이다. 예를 들어 월수입의 50%는 필수 지출(주거, 식비, 교통 등), 20%는 미래 투자(저축, 금융 상품, 자기계발 등), 20%는 유동적 자율 지출(취미, 외식, 선물 등), 10%는 여유 자금 또는 예상치 못한 비용으로 구성하는 식이다. 이 구조를 기반으로 자신만의 예산 틀을 세우고 점검하라.

재정 통제의 핵심은 소비를 '인식'하는 것이다. 무의식적으로 결제하고, 습관처럼 사용하는 소비는 항상 낭비로 이어진다. 하지만 매번 결제 전 "이 소비는 나의 경제적 목표에 도움이 되는가?", "이 비용은 내 가치를 충족시키는가?"를 자문하면, 자연스럽게 흐름은 정리된다. 돈을 쓸 때 질문을 멈추지 않는 사람만이, 진짜 재정의 주인이 된다.

그리고 예산을 '통제'하려 하지 말고 '리듬'을 만들어야 한다. 억지로 참으며 아끼는 방식은 오래가지 못한다. 대신 내가 가치 있다고 여기는 곳엔 충분히 쓰되, 그렇지 않은 영역엔 단호히 지출을 줄이는 전략이 필요하다. 이것이 자기 기준 기반의 소비 설계이며, 이 기준이 서야 흔들리지 않는 돈의 흐름을 만들 수 있다.

또한, 예산 관리는 단지 비용 절감이 아니라 현금 흐름 최적화다. 수입이 들어오는 날짜, 고정비가 나가는 일정, 유동 지출이 집중되는 주기를 정리하고, 이를 바탕으로 월간-분기-연간 계획표를 짜는 습관이 필요하다. 이 습관이 쌓이면 자산의 이동 경로가 눈에 보이고, 어디를 조정해야 할지 정확히 판단할 수 있다. 돈이 보이는 순간부터 컨트롤할 수 있다.

마지막으로, 예산 관리는 습관이다. 단 한 달만 잘한다고 바뀌지 않는다. 최소 3개월, 이상적으로는 1년 이상 지속적으로 기록하고 점검하며 리듬을 익혀야 체화된다. 매달 '재정 리뷰 시간'을 정하고, 수입 대비 지출, 불필요한 소비, 가장 의미 있었던 소비 등을 정리하라. 이 피드백 루틴이 쌓일수록 재정은 강력한 무기가 된다.

기억하라. 돈이 들어오는 것보다, 지금 내 돈이 어디로 나가고 있는지를 아는 것이 먼저다. 수치를 마주하고, 흐름을 설계하고, 소비를 선택하라. 초대박 인생은 결국 돈의 흐름을 통제하는 자에게 열린다.

(3) 꾸준히 투자 공부를 하라

⊙ 지식이 곧 돈이다

돈을 버는 시대는 끝났다. 이제는 돈을 다루고, 불릴 수 있는 능력이 핵심 자산이 되는 시대다. 초대박 인생을 원하는 사람이라면, 반드시 돈이 작동하는 방식을 공부해야 한다. 단순히 많이 벌기만 해서는 안 된다. 돈이 나를 위해 일하게 만드는 구조, 바로 그것이 부를 만든다. 그리고 그 시작은 투자 공부다.

투자란 단순히 주식이나 부동산에 돈을 넣는 것이 아니다. 그것은 불확실한 미래에 대한 확률 높은 판단을 내리기 위해 지식과 정보를 축적하는 과정이다. 그래서 투자는 감이 아니라 구조이고, 운이 아니라 시스템이다. 꾸준히 투자 공부를 하지 않으면, 시장의 변화에 따라 감정적으로 반응하게 되고, 결국 손해의 연속을 겪게 된다.

많은 사람이 투자를 어렵게 느끼는 이유는 '한꺼번에 다 알아야 한다'는 부담 때문이다. 하지만 기억하라. 투자 공부는 복리로 축적되는 지식이다. 오늘 본 경제 뉴스 하나, 오늘 읽은 기업 리포트 하나, 오늘 배운 투자 용어 하나가 쌓이면 1년 후, 3년 후의 당신은 완전히 다른 위치에 서게 된다. 중요한 건 완벽한 이해보다 꾸준한 접촉이다.

시작은 작게, 범위는 넓게 하라. 주식, 채권, 부동산, ETF, 리츠, 코인, 인공지능 기반 투자까지 다양한 자산군에 대한 개념과 구조를 먼저 개괄적으로 이해하라. 그다음 자신과 맞는 분야를 좁혀 가며 깊이를 더해 가는 방식이 이상적이다. 초반에는 넓고 얕게, 중반에는 좁고 깊게, 후반에는 전략적으로 연결해야 실전에서 유리한 시야를 확보할 수 있다.

또한, 자신의 투자 성향을 파악하는 것도 공부의 중요한 일환이다. 수익률보다 멘탈이 먼저다. 장기적 투자가 가능한가, 리스크에 대한 내 내성은 어느 정도인가, 빠르게 판단하는 스타일인가, 신중하게 분석하는 타입인가를 분석하라. 이 성향 분석이 있어야 자기에게 맞는 투자 전략을 세울 수 있고, 타인의 방식을 무리하게 따라 하다가 무너지지 않는다.

정보는 선택의 결과를 좌우한다. 매일 경제 뉴스를 정해진 채널로 접하고, 전문 자료를 읽고, 리서치 기업의 보고서를 참고하는 습관을 들여라. 그리고 반드시 '기록'하라. 내가 내린 판단의 근거, 사고 흐름, 결과와 그에 대한 복기를 정리하면 나만의 투자 데이터베이스가 쌓이기 시작한다. 투자 공부는 책이 아니라, 일상 속 행동으로 이뤄지는 학습이다.

중요한 건, 이 공부가 '단발'이 아니라 '루틴'이 되어야 한다는 점이다. 하루 10분이라도 좋다. 아침 경제 기사 읽기, 유튜브 투자 콘텐츠 시청, 저녁 1페이지 리포트 필사 등, 작고 지속 가능한 루틴을 만들면 뇌는 투자적 사고 구조로 재편된다. 투자 감각은 타고나는 것이 아니라, 매일의 훈련으로 길러진다.

마지막으로, 투자 공부의 최종 목표는 판단력을 갖추는 것이다. 정보가 아무리 많아도 판단하지 못하면 소용없다. 정답은 없다. 다만, 충분한 지식과 경험을 바탕으로 내가 선택한 길을 믿고 갈 수 있는 힘이 필요하다. 이 힘은 절대 단기간에 만들어지지 않는다. 공부만이 당신의 선택을 '확신'으로 바꾸고, 그 확신이 돈을 불려 준다.

기억하라. 무지에는 반드시 대가가 따른다. 시장을 알지 못하면 감정대로 움직이고, 감정대로 움직이면 돈은 떠나간다. 지식을 축적하는 자만이 돈을 이긴다. 공부는 당신의 돈을 지켜 내는 가장 강력한 무기다.

(4) 위험을 최소화하고 수익을 극대화하라

⊖ 균형 잡힌 투자 전략

투자에서 가장 먼저 깨달아야 할 진실은 이것이다. 돈을 버는 것보다 지키는 것이 더 어렵고 중요하다. 수익률에만 집착하다가 모든 것을 잃는 경우는 많지만, 위험을 통제한 상태에서 장기적으로 부를 쌓아 가는 사람은 반드시 성공에 도달한다. 초대박 인생을 위해 필요한 건 '고수익'이 아니라, 지속 가능한 수익의 시스템이다.

투자란 단순히 수익률 싸움이 아니다. 그것은 리스크를 얼마나 정교하게 관리하면서 수익을 설계할 수 있는가의 싸움이다. 수익은 시장이 주지만, 위험 관리는 본인이 해야 한다. 그래서 투자 전략을 세울 때 가장 먼저 고려해야 할 것은 '어떻게 벌 것인가'가 아니라, '무엇을 지킬 것인가'다. 보존이 선행되지 않은 성장 전략은 구조적으로 불안정하다.

균형 잡힌 전략이란 안정성과 수익성의 조화 속에서 '내 돈의 흐름'을 설계하는 것이다. 공격적인 종목과 방어적인 자산을 적절히 배치하고, 단기적 수익 기회와 장기적 복리 구조를 동시에 고려하며, 상황에 따라 자산 비중을 조절할 수 있는 유연한 시스템을 만들어야 한다. 투자의 방향은 고정되지만, 전략은 유연해야 생존력이 생긴다.

다음으로 중요한 것은 포트폴리오 구성 원칙을 갖는 것이다. 주식, 채권, 부동산, 현금성 자산, 대체 투자 등 다양한 자산군을 어떻게 배분할 것인가에 따라 리스크 구조가 달라진다. 시장이 좋을 땐 수익을 키우되, 하락장에서는 방어할 수 있는 구조를 만들어야 한다. 수익이 나지 않는 시기에도 포트폴리오는 나를 지켜 주는 안전벨트가 되어야 한다.

그리고 반드시 기억할 것은 분산과 집중의 균형이다. 무조건 분산한다고 안전해지는 것이 아니다. 아무 전략 없이 자산을 나누는 것은 분산이 아니라 희석이다. 반대로, 한 자산에 집중하는 것은 리스크를 감당할 준비가 없다면 무모한 도박이다. 가장 좋은 전략은 '높은 확률의 기회를 중심에 두고, 다양한 시나리오에 대비한 안전장치를 갖춘 구조'를 만드는 것이다.

실행 전략에서 중요한 또 한 가지는 시장과 자신의 타이밍을 구분하는 것이다. 시장은 사이클로 움직이고, 나의 자금 상황이나 투자 성향은 고정돼 있지 않다. 시장이 하락할 때 기회를 보는 것도 중요하지만, 그보다 더 중요한 건 지금 내 포지션에서 무엇이 가능한가를 판단하는 현실감각이다. 전략은 환경보다 내 상태에 따라 결정되어야 한다.

또한, 투자 전략은 정기적으로 점검하고 조정해야 한다. 세상이 바뀌고, 나의 인생 단계도 바뀌기 때문이다. 30대와 50대의 투자 전략은 달라야 하고, 무자본 시기와 유자본 시기 역시 포트폴리오 구성은 완전히 달라야 한다. 변화에 따라 전략을 조정할 줄 아는 사람만이 리스크를 최소화하면서도 수익을 지켜 낸다.

마지막으로, 절대 잊지 말아야 할 것은 돈이 아니라 시스템이 수익을 만든다는 사실이다. 감정적으로 반응하지 않도록 매수·매도 원칙을 미리 정해 두고, 투자 판단의 기준을 명문화하며, 손실 관리 규칙을 설정해 두어야 한다. 그래야 흔들릴 때 전략이 나를 보호하고, 시장이 좋을 때 기회를 극대화할 수 있다. 전략은 안정성을 확보하고, 시스템은 복리를 만든다.

기억하라. 수익은 순간이고, 리스크 관리는 구조다. 초대박 인생을 사는 투자자는 수익률보다 지속 가능성에 집중한다. 당신의 전략은 리스크에 얼마나 강한가? 수익은 결국 그 질문에 대한 대답이다.

(5) 시간의 힘을 활용하라

⊙ 장기 투자의 강력한 효과

투자의 세계에서 가장 강력한 무기는 '천재적 분석력'도, '완벽한 타이밍'도 아니다. 바로 시간(Time)이다. 복리의 마법은 단기간에는 눈에 띄지 않지만, 시간이 쌓일수록 폭발적으로 자산을 증식시킨다. 초대박 인생을 살아가는 투자자들은 모두 시간의 힘을 이해하고, 그것을 전략화한 사람들이다.

많은 사람은 단기 수익에 집중한다. 빠르게 오르는 종목을 찾고, 남들보다 한발 먼저 정보를 캐내려 한다. 물론 단기 시세 차익도 중요하지만, 그것은 변동성의 영향을 크게 받는다. 반면 장기 투자는 시간이라는 복리 레버리지를 통해 안정성과 수익성을 동시에 확보하는 방법이다. 그 어떤 수단보다도 시간은 가장 강력한 복리 시스템이다.

장기 투자의 핵심은 일찍 시작하는 데 있다. 1년 먼저 시작한 투자자는 단순히 1년 치 수익을 더 가진 것이 아니라, 복리의 속도가 빨라지는 선상에 먼저 올라타게 된다. 특히 20대와 30대에게 있어 투자 시점의 조기화는 단순한 차이가 아닌, 미래 자산 격차의 근원이 된다. 시간을 빨리 투자할수록, 수익은 기하급수적으로 커진다.

그러나 장기 투자는 단순히 오래 보유한다고 성립되지 않는다. 좋은 자산에, 지속적인 학습과 점검을 병행하며, 흔들림 없이 유지하는 인내력이 핵심이다. 중간중간의 시장 변동이나 뉴스에 흔들려 팔아 버리면, 복리의 효과는 끊기고 다시 처음부터 시작해야 한다. 장기 투자는 심리전이다. 흔들릴 때 지키는 자만이 복리의 수혜자가 된다.

시간의 효과를 누리기 위해선 정기적이고 자동화된 투자 시스템을 구축해야 한다. 예를 들어, 매월 고정된 금액을 ETF나 우량 종목에 적립식으로 투자하는 습관은 장기적 수익의 기초가 된다. 이 시스템은 감정에 휘둘리지 않고 투자할 수 있게 하며, 시장의 고점과 저점을 예측하지 않아도 평균 수익률을 확보할 수 있게 만든다. 자동화는 장기 투자의 지속성을 높여 준다.

또한, 장기 투자에 적합한 자산을 선별하는 능력도 중요하다. 단기 이슈에 흔들리는 테마주보다, 장기적으로 산업 성장이 보장되는 기업, 꾸준한 배당과 실적을 내는 기업, 글로벌 트렌드에 부합하는 자산이 적합하다. 시간을 믿는다는 것은 결국 '자산의 미래'를 신뢰한다는 뜻이다. 그래서 장기 투자는 안목의 게임이기도 하다.

시간을 활용한 투자 전략은 심리적 안정감을 함께 제공한다. 단기 투자는 늘 수익률에 신경 쓰고, 매일 시장을 확인하며 피로감에 시달리게 되지만, 장기 투자자는 오히려 시장을 멀리서 관망하며 중심을 잡는다. 이 심리적 안정감은 다른 분야의 집중력과 생산성까지도 향상시킨다. 장기 투자자는 투자 그 자체에 중독되지 않고, 인생 전체를 균형 있게 경영할 수 있다.

마지막으로, 시간은 모든 실수를 회복할 수 있는 기회를 제공한다. 잘못된 판단도, 일시적인 손실도 시간이 지나면서 복구될 가능성이 커진다. 단, 그 시간을 활용하려면 먼저 '포기하지 않을 이유'가 있어야 한다. 장기 투자는 기다리는 투자가 아니라, 믿고 유지하는 투자다. 그 믿음을 뒷받침할 자기 철학이 없으면 시간은 버티기 어렵다.

기억하라. 부는 단기간에 만들어지지 않는다. 진짜 부자는 모두 '시간의 복리'를 경험한 사람이다. 지금의 선택이 10년 뒤의 자산 지형을 결정한다. 시간을 당신 편으로 만들어라. 그때 비로소 초대박 인생의 복리 그래프가 시작된다.

(6) 다양한 수입 파이프라인을 만들어라
　⊖ 재정적 독립의 기반 구축

초대박 인생을 이루고 싶다면 반드시 명심해야 할 원칙이 있다. 수입은 하나일 필요가 없다. 아니, 하나여서는 안 된다. 단일 수입원에 의존하는 삶은 언제나 불안정하고, 작은 변수에도 흔들린다. 진정한 재정적 독립은 여러 갈래의 수입 흐름을 확보할 때부터 가능해진다. 수입의 폭이 아니라, 구조가 인생의 안정성을 결정한다.

대부분의 사람은 한 직장, 한 사업, 한 고객에게 소득을 의존한다. 하지만 세상은 언제든 변하고, 그 흐름은 내가 통제할 수 없다. 그래서 수입 파이프라인은 '추가 수익'이 아니라, '생존을 위한 필수 전략'이어야 한다. 한 파이프라인이 막혀도 나머지가 흐를 수 있도록 분산되어 있는 구조, 그것이 초대박 인생의 안전망이다.

수입 파이프라인은 반드시 '거창한 사업'일 필요는 없다. 소규모 온라인 판매, 지식 콘텐츠 제작, 블로그 수익, 유튜브 광고, 전자책 판매, 강의, 프리랜서 업무, 부동산 임대, 배당소득 등 다양한 형태로 만들어질 수 있다. 핵심은 내가 잘할 수 있고, 작게라도 시작할 수 있으며, 시간이 지날수록 자동화되거나 확대 가능한 구조를 설계하는 것이다.

시작은 작아도 좋다. 중요한 건 '자동화 가능성'이다. 처음엔 시간과 노력을 들이지만, 일정 시점 이후에는 내가 일하지 않아도 흐르는 수익이 되어야 한다. 이것이 바로 자산형 수익, 시스템형 수익의 출발점이다. 처음부터 완벽한 수익이 아니라, '쌓일 수 있는 구조'를 만드는 데 집중하라. 반복 가능한 시스템을 만드는 것이 전략의 핵심이다.

두 번째로 고려할 것은 수입원 간의 상호 보완성이다. 서로 완전히 다른 영역에서 수입이 들어온다면, 하나가 침체되더라도 전체 시스템은 유지될 수 있다. 예를 들어 오프라인에서 강의 수입이 있다면, 온라인에서도 영상 강의나 디지털 제품으로 수익을 확장하라. 이처럼 한 전문성이 여러 형태의 수익으로 파생되도록 연결 구조를 설계하라.

수입 다각화의 또 하나의 장점은 자기 효능감의 극대화다. 단일한 업무 구조에서 벗어나 여러 역할을 수행하며 수익을 창출할 때, 사람은 자신을 더 입체적으로 인식하게 된다. '나는 다양한 방식으로 가치를 만들어 낼 수 있는 사람'이라는 믿음은 자기 확신을 키우고, 장기적인 실행력을 높인다. 여러 수입원은 돈을 넘어 자존감을 키워 준다.

또한, 다양한 수입원을 구축하는 과정 자체가 장기적으로 나의 시장 가치를 높이는 포트폴리오가 된다. 유튜브 운영 경험은 마케팅 실력이 되고, 전자책 제작은 콘텐츠 기획력이 되고, 강의는 설득력과 영향력을 키운다. 이것이 모이면 단순한 돈벌이가 아닌 브랜드로 확장될 수 있는 기반이 만들어진다.

마지막으로, 수입 파이프라인은 '한 번 만들고 끝'이 아니다. 계속 점검하고 조정해야 한다. 시장의 변화, 내 관심의 이동, 자원의 재분배에 따라 수입 구조도 유연하게 변해야 한다. 1년에 한 번은 '수입 구조 점검표'를 작성하고, 가장 강력한 파이프라인과 가장 약한 부분을 분석해 리소스를 재배치하라. 수입도 전략이고, 전략은 진화해야 한다.

기억하라. 수입의 개수는 자유의 개수와 비례한다. 흐름이 많을수록 삶은 흔들리지 않고, 선택은 넓어진다. 초대박 인생은 단일 수입이 아닌, 다중 수입 구조로 설계된 사람의 것이다.

Epilogue

오늘도 나는
초대박 인생을 꿈꾸며 산다

    나는 65세에 경제적 자유를 손에 넣었다. 인생의 끝자락이 아니라, 새로운 출발선이었다. 많은 사람이 '이제 나이 들어 뭘 하겠냐'고 말할 때, 나는 내 안에 피어오른 질문 하나를 붙들었다. "정말 이대로 끝낼 건가?" 나는 아니라고 외쳤고, 마침내 그 대답대로 살아가기 시작했다. 경제적 자유를 얻고 나서야 나는 진짜 자유가 무엇인지 알게 되었다. 그 것은 단지 돈이 많은 상태가 아니었다. 선택할 수 있는 삶, 멈추거나 달릴 수 있는 삶, 자신을 결정할 수 있는 권한이 있는 상태. 그 자유는 내 삶을 송두리째 바꿔 놓았다.

    그때부터 내 인생은 완전히 달라졌다. 나는 책을 쓰기 시작했고, 유튜브에 출연하며, 직접 채널을 만들어 나의 목소리로 세상과 소통했다. 주식 투자 강의, 유튜브 라이브 방송, 유사 투자자문업 등록, 투자자문사 인수, 돈벼락 자문 신상품 출시까지. 과거 직장인 시절엔 상상조차 못 했던 일들을 하나씩 현실로 만들어 냈다. 불가능해 보였던 영역을 뚫고 나가며, 내 삶은 새로운 차원으로 확장되었다. 지금도 나는 멈추지 않는다. 매일 도전하고, 매일 진화하고, 매일 다음 단계를 향해 나아간다.

물론 그 과정은 순탄치 않았다. 수많은 실패를 겪었고, 좌절의 쓴맛도 여러 번 봤다. 그러나 나는 그 어느 순간에도 포기하지 않았다. 쓰러질 수는 있어도, 주저앉을 수는 없었다. 실패는 성장의 연료였고, 좌절은 방향을 바꾸는 이정표였다. 그래서 지금, 나는 더 큰 꿈을 꾸고 있다. 단순한 경제적 자유를 넘어, 주식 투자 자문 및 일임 분야에서 세계를 제패하겠다는 꿈. 세상을 놀라게 할 진짜 '초대박 인생'을 이루겠다는 다짐. 그것이 지금의 나를 움직이는 에너지다.

나는 알게 되었다. 인간은 성장이 멈추면 무너진다. 삶의 의미도, 열정도, 행복도 무너진다. 아무 목표도 없이 하루하루를 소비하는 삶은, 사실상 살아 있지만 살아 있는 것이 아니다. 반복되는 일상 속에서 나는 내 영혼이 죽어 가는 것을 느꼈다. 그 순간 결심했다. '내 인생은 이렇게 끝나지 않는다.' 한번 사는 인생, 매일매일을 살아 있다고 느끼고 싶었다. 의미 있고, 치열하고, 도전적인 하루를 살고 싶었다. 그리고 그 길 끝에 반드시 '초대박 인생'이 기다리고 있을 거라 믿었다.

많은 이가 말한다. "그건 아무나 할 수 있는 게 아니야." 하지만 나는 단언한다. 아무나 시작할 수 있다. 그리고, 포기하지 않으면 결국 해낼 수 있다. 초대박 인생은 특별한 사람만을 위한 것이 아니다. 그건 매일 꿈을 꾸고, 그 꿈을 향해 한 걸음이라도 나아가는 사람만이 도달할 수 있는 곳이다. 나는 지금도 매일 초대박 인생을 꿈꾼다. 그 꿈이 오늘 하루를 이끄는 불씨가 된다. 그리고 그 불씨가 나를 살아 있게 만든다.

이제 나는 말할 수 있다. 행복은 먼 미래에 있는 것이 아니다. 꿈을 향해 달려가는 바로 지금, 이 순간, 나는 이미 행복하다. 가슴이 뛴다. 눈이 반짝인다. 몸은 피곤해도, 마음은 살아 있다. 이 감정은 직접 겪어 본 사람만이 알 수 있다. 누군가는 이 감정을 한 번도 느끼지 못한 채 평생을 보낸다. 나는 그런 삶을 살고 싶지 않았다. 그래서 나만의 초대박 인생을 만들기 위해, 오늘도 진심을 다해 산다.

그리고 이 책은, 그 여정을 다른 이들과 나누고 싶어 썼다. 간접 경험이 아니라, 나의 생생한 체험과 실전의 기록. 나는 이 책이 단순한 자기계발서가 아닌 실행의 설계도, 현실을 바꾸는 전략서가 되기를 바란다. 내가 느낀 이 뜨거운 삶의 온기를, 많은 사람이 함께 느낄 수 있기를 바란다.

당신도 시작할 수 있다. 지금 여기서. 나이도, 환경도 중요하지 않다. 중요한 건 단 하나, 포기하지 않는 마음, 도전하는 자세, 그리고 오늘 하루를 진심으로 사는 의지. 초대박 인생은 멀리 있지 않다. 바로 당신 안에 있다.

이제 당신 차례다.
나와 함께 초대박 인생을 향해, 담대하게 나아가자!

돈벼락 투자자문

(www.donbr.com)

목표 : 주식 투자 못하시는 분들에게도 큰 돈 벌어 주자!

✓ 발상의 대전환 (5천 명 이상의 주식 투자자를 가르친 경험)

* 지금까지 비행기 만드는 법부터 가르쳤다
  --〉모두가 포기했다
* 앞으로는 비행기 타는 법만 자문한다
  --〉모두가 성공한다
* 너무나도 어려운 주식 투자
  --〉너무나도 쉬워진 주식 투자

✓ 돈벼락 투자자문 무작정 따라 하기

주식 공부, 기계적 매매, 종목 선정, 분할 매매
  --〉그동안 너무너무 어려웠다
  --〉이제는 내가 할 필요가 없다
  --〉앞으로는 돈벼락 투자자문이 한다

버튼을 누르면 자판기처럼 최적의 종목이 바로 나온다
투자자는 투자자문대로 기계적으로 따라만 하면 된다
투자자는 하루 약 20분 시간 투자만 하면 된다

✓ 반드시 하셔야 할 분

1. 주식 투자에 실패한 경험이 있으신 분
2. 주식 투자 공부가 어려우신 분
3. 주식 투자 공부를 해도 그대로이신 분
4. 주식 투자 공부할 시간이 없으신 분
5. 자기 감정을 이기지 못하고 원칙을 못 지키시는 분
6. 기계적인 매매를 못 하시는 분

✓ 돈벼락 투자자문의 신의 한 수

분산, 분할, 분리 철학 구현 및 자문

1. 분산 : 40개 종목으로 분산
   (최적의 포트폴리오 구성)

2. 분할 : 종목당 4번 분할매수
   ("내가 사면 떨어진다"에 대비)

3. 분리 : 투자자산(Portfolio)을 총 100개로 분리
   (분할매수 --〉 분할매도 구현)

--〉 투자자 성향에 맞는 최적의 종목을 최적의 타이밍에 자문
--〉 100개가 톱니바퀴 돌아가듯이 돌아가면서 이익 실현

돈벼락 투자자문

"www.donbr.com"